Verlag Frank-Daniel Schulten

Elisabeth d' Espérance

Im Reich der Schatten

Erinnerungen eines Mediums

Vollständig überarbeitet
von Frank-Daniel Schulten

Edition Gothiclassics
Verlag Frank-Daniel Schulten

Die Originalausgabe erschien 1897 zu Berlin im *Verlag der Hofbuchhandlung von Karl Siegismund* unter dem Titel: *„Im Reiche der Schatten. Licht aus dem Jenseits*“. Die Vorlage stammt aus der Sammlung Daniel Hornfisher.

Lektorat, vollständige Überarbeitung des Ursprungstextes, Ergänzungen, Fußnoten und inhaltliche Korrekturen: Frank-Daniel Schulten.

1. Auflage, April 2023.

Verlag Frank-Daniel Schulten, Iserlohn.
www.fulcanelli.de.
schulten-verlag@gmx.de
Druck: BoD GmbH, Norderstedt.

Umschlaggestaltung: Grete C. Söcker, Emden.
Coverphoto: Adobe Stock. © by David Edwards.

Printed in Germany.
ISBN 10: 3-932961-76-5.
ISBN 13: 978-3-932961-76-2.

INHALT

E. d'Espérance

Jenseits der Schleier

Frank-Daniel Schulten

Die Schleier, die uns vom Unbekannten trennen, sind mannigfaltig. Zuweilen scheinen sie fest und undurchdringlich zu sein, dann wieder zart wie ein Dunst. Jene Frau, deren Leben dieses Buch schildert, ist dafür ein ganz besonderes Beispiel, denn hier betrifft bereits der erste dieser Schleier die Person an sich. Es war schon immer bekannt, dass der Name Elisabeth d'Espérance (der mal mit, mal ohne den französischen *accent aigu* geschrieben wurde), ein Pseudonym gewesen ist, wie es viele Medien der damaligen Zeit benutzten. Allerdings war man lange Zeit der festen Überzeugung, dass es sich dabei um die französisierte Fassung des englischen „Hope" gehandelt habe, dass ihr richtiger Name also Elisabeth Hope gewesen und dass ihr Geburtsjahr 1855 sei. Noch bis in die jüngste Zeit wurde dies so weiterkolportiert.[1] Erst aktuelle Forschungen konnten zeigen, dass diese Zuordnungen nicht korrekt sind. So wurden 2013 in einem Archiv persönliche Papiere des Mediums entdeckt, aus denen hervorgeht: „Mädchenname: Puttock d'Esperance, geboren am 20.11.1855. (...) Sie war verheiratet mit Thomas J. Reed d'Esperance, geboren in Durham City."[2]

Zusätzliche Untersuchungen haben indes nachgewiesen, dass diese Angaben ebenfalls fehlerhaft sind. So stellt sich die Frage: „Wer also war Madame d'Espérance? Anhand der öffentlichen englischen Geburts- und Sterberegister ist die einzige Person, die mit diesem Hintergrund identifiziert werden konnte Elizabeth Jane Puttock, geboren 1848 und getauft am 10. Dezember desselben Jahres in der St. James Church, Shoreditch, als Tochter von George Puttock und seiner Frau Elizabeth Jane Tovey. Die Geburtsurkunde für Elizabeth Jane Puttock bestätigt, dass sie am 20. November 1848 in 2 Browns Buildings, Clifton Street, Shoreditch, geboren wurde. Der Beruf ihres Vaters wurde als Seemann angegeben, was in gewisser Weise mit den Behauptungen übereinstimmt, dass ihr Vater ein Seekapitän war. Ebenfalls mit dem d'Espérance-Bericht übereinstimmend war, dass Elizabeth

[1] Siehe z. B. Baudouin (2021 A), S. 88 und 161.

[2] Price 2013, zitiert nach Parker & Warwood 2016, S. 235.

Jane Puttock einen Thomas Jackson Reed am 13. August 1870 in Newcastle-on-Tyne geheiratet hatte."[3] Einige weitere Diskrepanzen zwischen ihrer Autobiographie auf der einen und verifizierbaren Tatsachen auf der anderen Seite können auch auf fehlerhafte Erinnerungen oder leichte Ausschmückungen der Autorin zurückgeführt werden.

Der zweite und wichtigste Schleier, dem dieses Buch gewidmet ist, ist aber jener zwischen dem Reich des Physischen und dem der Toten, zwischen dem Schattenland und der Sphäre des Lebendigen. Äußerlich wird er hier repräsentiert von dem Vorhang des spiritualistischen Kabinetts, in dem das Medium sitzt. Dabei wirft die Autorin die berechtigte Frage auf, welche Welt nun tatsächlich die eine oder die andere sei. – Für sich selbst hat sie aber schließlich die Antwort gefunden, wie man am Ende dieses Buches sehen kann.

Mrs. Puttock alias „Madame d'Espérance" wird von ihren Zeitgenossen einhellig als außergewöhnlich charismatisch und charmant beschrieben, und noch heute genießt sie in Spiritualistenkreisen hohes Ansehen. Man kann dies nicht zuletzt an der Tatsache erkennen, dass man in den Räumen des Londoner *„College of Psychic Studies"* (vormals die *„London Spiritualist Alliance"*) nach wie vor ein Gemälde des Mediums findet, das an prominenter Stelle ausgestellt ist. Zu ihren Lebzeiten jedoch galt d'Espérance erst recht als Legende. Ihre Séancen, die sie in diesem Buch eingehend schildert, zogen Interessierte aus ganz Europa an, darunter auch bekannte Namen. So zählte der Sherlock-Holmes-Schöpfer Arthur Conan Doyle (1859-1930) zu ihren Bewunderern und widmete ihr einen längeren Abschnitt in seinem zweibändigen Werk *„The History of Spiritualism"*. Darin schreibt er: „Wir haben einen sehr ausführlichen Bericht (…) aus ihrer eigenen Feder, denn sie schrieb ein Buch mit dem Titel *‚Shadow Land'*, das (…) zu den bemerkenswertesten übersinnlichen Autobiographien in unserer [spiritualistischen] Li-

[3] Parker & Warwood 2016, S. 235.

teratur gehören dürfte. Man kann es nicht lesen, ohne vom Feingefühl und der Ehrlichkeit der Autorin beeindruckt zu sein."[4]

Auch Klara May (1864-1944), die Ehefrau des Schriftstellers Karl May (1842-1912), versuchte im Jahr 1907, die Adresse des Mediums herauszufinden. Ob sie tatsächlich Kontakt aufnahmen, ist leider nicht bekannt. Die Originalausgabe des vorliegenden Buches, *„Im Reiche der Schatten"*, befindet sich indes in Karl Mays Bibliothek.

Fig. 26. — Reproduction d'une photographie de Mme d'Espérance.

Elisabeth d'Espérance in jungen Jahren. Photo aus Gabriel Delanne, Les apparitions matérialisées des vivants & des morts, Tome II.

[4] Doyle 1926, Kapitel XVI.

Neben den zahlreichen anderen mediumistischen Fähigkeiten, die d'Espérance bei ihren Vorführungen darbot, waren es insbesondere ihre Materialisationserscheinungen, welche den Ruhm des Mediums begründeten. – Sowohl Geistergestalten als auch physische Objekte erschienen in ihrer Gegenwart. Der Augenzeuge William Armstrong schreibt dazu: „Ehemänner sind ihren Ehefrauen begegnet, Ehefrauen ihren Ehemännern. Eltern haben ihre lange verstorbenen Kinder getroffen und wiedererkannt; Kinder haben ihre Eltern erkannt und umarmt. Gestalten haben sich in ihrer Gegenwart materialisiert, sind an den Teilnehmern vorbeigegangen und lösten sich dann wieder auf. Man sah Schemen ohne Häupter, oder aber Köpfe, die über den Boden rollten und körperlos lachten. Blumen, Pflanzen und Früchte erschienen unter außergewöhnlichen Begleiterscheinungen. Die Sitzungsteilnehmer haben gesehen, wie das Medium von den Phantomen aus dem Kabinett geholt wurde. Sie haben gesehen, wie sich diese Gestalten neben ihr entmaterialisierten und dann wieder erneut aufbauten. All diese Dinge und noch viel mehr geschahen durch die Medialität von Mrs. d'Espérance."[5]

Ihre letzten Jahre verbrachte d'Espérance hauptsächlich in Deutschland, wo sie ihren eigenen Angaben zufolge während des Ersten Weltkriegs als englische Spionin verhaftet wurde, weswegen ihr die Hinrichtung drohte. Ganz zuletzt hielt sie sich in Kopenhagen auf. Hier führte d'Espérance noch einen Monat vor ihrem Tod im Jahre 1919 eine finale Séance durch, und in dieser Stadt ruht ihre Urne nach wie vor auf dem Bispebjerg-Friedhof. Die Vorstellung, dass ihr Schattenleib nun dort im Blütenmeer der berühmten Kirschbaumalleen umgeht, hätte ihr selbst sicher gut gefallen.

Das vorliegende Buch ist d'Espérances wichtigstes Vermächtnis. Es wurde mehrfach aufgelegt und teilweise noch zu ihren Lebzeiten in verschiedene Sprachen übersetzt. Die Verfasserin zeigt sich darin (wie auch in ihrem

---

[5] Armstrong 1880, S. 581.

einzigen anderen Werk „*Northern Light*") als talentierte Erzählerin, die ihr wechselvolles Leben zu einem faszinierenden Sittengemälde des ausklingenden 19. Jahrhunderts ausbreitet.

Ihr Hauptwerk inspirierte im Jahr 2000 die New Yorker Künstlerin und Filmemacherin Zoe Beloff zu einem experimentellen Kurzfilm, den man im Internet auf ihrer Homepage streamen kann.[6] Beloff schreibt zu dem Buch, das sie zu ihrem Film anregte: „*'Shadow Land'* ist die Lebensgeschichte der viktorianischen Spiritistin und des prominenten Mediums Elizabeth d'Espérance, die in ganz Europa für ihre dramatischen Ganzkörpermaterialisationen berühmt war, welche sie vor ihren verblüfften Zuschauern vorführte. Sie verwebt darin die Ereignisse ihres Lebens zu einer absolut fesselnden Erzählung. So schildert sie ihre Kindheit in der Gesellschaft jenseitiger „Schattenmenschen", sie berichtet von ihren frühen Experimenten mit dem automatischen Schreiben, und sie beschreibt ihre Séancen und die damit verbundenen Ängste vor dem Wahnsinn und dem Teufel. In reichhaltigen, spannenden Details erzählt sie von der Erfahrung, den veränderten Bewusstseinszustand der Medialität zu erleben, sowie von den Schrecken, ihre eigene Identität durch eine andere ersetzt zu sehen. ‚*Shadow Land'* ist die Geschichte einer außergewöhnlichen, lebenslangen Suche nach der Wahrheit, die in einer leidenschaftlichen visionären Erfahrung und einer Botschaft der Hoffnung mündet."[7]

---

[6] http://www.zoebeloff.com.
[7] a.a.O.

Madame d'Espérance in ihren späteren Lebensjahren.

Der dritte Schleier, der die Welten trennt, ist jener zwischen Wahrheit und Trug. – Nur allzu oft wurden Medien damals wie heute der Hochstaplerei oder mindestens der Selbsttäuschung überführt. Auch d'Espérance blieb davon nicht verschont. Ihrem guten Ruf konnte dies jedoch nicht dauerhaft schaden, denn die Phänomene in ihrer Gegenwart waren viel zu überzeugend und spektakulär. So nahm beispielsweise der berühmte schwedische Psychiater und Pionier der Psychoanalyse Poul Bjerre (1876-1964) im Jahr 1894 an einigen der Göteborger Séancen als kritischer Beobachter teil. Noch sechzig Jahre später war er von der Integrität des Mediums überzeugt. Auch wenn er nicht völlig ausschließen konnte, dass vereinzelt Tricks zum Einsatz kamen, hielt er stets an seiner früheren Überzeugung fest, dass einige der beobachteten Phänomene tatsächlich paranormal gewesen seien.[8]

Zu diesem Thema stellt der englische Okkultist Ramsey Dukes[9] in seinem Essay „*The Charlatan and the Magus*" die bemerkenswerte These auf, dass die Verwendung von Elementen des Schwindels bei übersinnlichen Ereignissen

[8] Siehe Bjerre 1958.
[9] Pseudonym für Lionel Snell.

eine Atmosphäre des Staunens schaffen kann, die den rationalen Verstand zu überlisten vermag. Dies könne dann die Grundlage für tatsächliche parapsychologische Phänomene bilden. Dukes schreibt: „Hier ist mein größter Trumpf: Wenn wir Magie eigentlich nur vortäuschen, könnten wir sie tatsächlich manifestieren."[10]

Auf diese Weise wurden vielleicht Erlebnisse ermöglicht, wie sie beispielsweise der Theosoph und Spiritualist William Oxley (1823-1905), schildert, der an den Séancen in Newcastle teilnahm und seinen Eindruck folgendermaßen beschreibt: „Kurz nachdem die Sitzung begonnen hatte und Mrs. d'Espérance ihren Platz in ihrem Teil des Kabinetts einnahm, schob ein kräftiger junger Mann die Vorhänge beiseite und stellte sich in die so entstandene Öffnung. Er war in einen Matrosenanzug gekleidet, mit einem weiten, hellen Oberhemd, einer dunklen Hose und einer blauen Stoffmütze, mit einem goldenen Spitzenband. Er breitete seine Hände aus (die groß und kräftig waren), und, dem mütterlichen Instinkt folgend, der die Gestalt als die ihres Sohnes erkannte, erhob sich die Dame von ihrem Sitz, und in zwei Schritten umarmten sich die beiden. Der Effekt, der sich mir bot, dieses Zusammentreffen von Mutter und Sohn mitzuerleben, waren tiefes Mitgefühl und Ehrfurcht. Wir standen vor einer Tatsache, die augenblicklich jedes Bedenken, jeden Zweifel und jegliche Skepsis in alle Winde zerstreute."[11]

Auch moderne Akademiker wie die Feminismusforscherin Marlene Tromp zeichnen ein eher positives Bild von Madame d'Espérance.[12] Exemplarisch sei hier die Spiritualismushistorikerin Elisabeth Warwood zitiert, die zu diesem Thema schreibt: „Ich habe fast sechs Jahre lang über Annie Fairlamb-Mellon [ein Medium und Zeitgenossin von d'Espérance] recherchiert, und vielleicht habe ich alle weltweit vorhandenen Hinweise auf sie in spiritistischen und anderen Publikationen zusammengetragen. Es fällt mir schwer, sie als simples, betrügerisches Medium zu bezeichnen. Hinter ihr steckte mehr, und vielleicht auch hinter d'Esperance. Aber nur weitere

---

[10] Dukes 1984.

[11] Oxley 1880, S. 105.

[12] Siehe Tromp 2006.

Nachforschungen können hier Klarheit schaffen. Die Motivationen derer, die sich damals und auch heute als Medium betätigen, sind weitaus vielschichtiger, als man gemeinhin versteht oder anerkennt."[13]

Was wird nun der geneigte Leser in diesem Buch hinter all den hier erwähnten (und weiteren) Schleiern entdecken? Er kann dieses Werk auf mancherlei Weisen rezipieren: vielleicht als spiritualistische Verteidigungsschrift gegen materialistische bzw. persönliche Angriffe, oder als die spannende Lebensgeschichte einer für die damalige Zeit erstaunlich emanzipierten Frau. Er mag es als Beweis für außergewöhnliche übersinnliche Fähigkeiten, andere Daseinsdimensionen und das Weiterleben nach dem Tode lesen. Vielleicht betrachtet er es auch als das Zeugnis einer spirituellen Suche oder aber als Beleg einer psychopathologischen, wahnhaften Störung. Ein anderer sieht es möglicherweise als *Gothic Novel* oder als ein kulturhistorisches Dokument des Fin de Siècle. Ganz egal, was er entdeckt: Lohnenswert ist es allemal, das Gewöhnliche hinter sich zu lassen, die Schleier zu lüften und hinauszutreten ins Unbekannte, ins Reich der Schatten, was auch immer dort auf uns warten mag.

[13] Parker & Warwood 2016, S. 262.

Quellenverzeichnis

Aksakov, A.: *Introduction*, in: *Shadow Land or Light from the Other Side by E. d'Espérance*, London 1897.
Aksakov, A.: *Eine erkannte materialisierte Erscheinung, Vom Herausgeber*, in: *Psychische Studien*, XXIV (Mai 1897), S. 209-220.
Aksakov, A.: *A Case of Partial Dematerialization of the Body of a Medium, Investigation and Discussion (translated from the French by Tracy Gould)*, Boston 1898.

Announcement. Form manifestations or materialisations, in: *The Medium and Daybreak*, 10, (5. September 1879), S. 492 und 557.

Anonymous: *The transition of Mr. Matthews Fidler*, in: *Light*, XXI, (1901), S. 295.

Armstrong, W.: *Spiritual soirées at Newcastle*, in: *The Medium and Daybreak*, 475, (9. und 10. Mai 1879), S. 285.
Armstrong, W.: *Mr. Armstrong's report*, in: *The Medium and Daybreak*, 545, (10. und 11. September 1880), S. 581.

Barkas, T. P.: *Marvellous psychological phenomena*, in: *The Medium and Daybreak*, 317(VII) (28. April 1876), S. 258.

Bates, J. P.: *Mrs. d'Espérance's last (for the present) sitting in England*, in: *The Medium and Daybreak*, 11, (24. September 1880), S. 547 und 613.

Besterman, T.: *The psychology of testimony in relation to paraphysical phenomena: Report of an experiment*, in: *Proceedings of the Society for Psychical Research*, 40, (1932), S. 363-387.

Bjerre, P.: *Erinnerungen an Mrs. d'Espérance*, in: *Neue Wissenschaft*, 7, (1958), S. 145-158.

Baudouin, P.: (2021 A): *SurNaturElles. Une histoire visuelle des femmes médiums*, Paris 2021, S. 88, 161-162.

Baudouin, P. (2021 B): *Apparitions. Les archives de la France hantée*, Paris 2021, S. 88, 161-162.
Baudouin, P. [Interview]: *„Die Geister scheinen sich treu zu bleiben. Auf Geisterjagd mit dem Photoapparat: Der Philosoph Philippe Baudouin erforscht die Fantografie"*, in: *ZEIT Verbrechen*, (14) 2022, S. 117-119.

Beloff, Z. (Regie): *Shadow Land or Light from the other Side*, Stereoskopischer 16-mm-Schwarz-Weiß-Film, (2000), Länge: 32 Minuten. Besetzung: Kate Valk, Paul Lazar, Gen Ken Montgomery, Luna Montgomery, Shelley Hirsch. Kamera: Eric Muzzy. Siehe: http://www.zoebeloff.com. [= Filmische Adaption des vorliegenden Buches].

Busch, O.: *En materialisationsséance i Stockholm, Efterått?*, in: *Tidskrift för Spiritism och Beskrägtade Ämnen*, 22, (März 1893), S. 1-4.

Carleson, R.: *Madame d'Espérance*, in: *Lyztran*, 4, (2008), S. 28-32.

Carrington, H.: *An examination and analysis of the evidence for „dematerialization" as demonstrated in Monsieur Aksakof's book A Case of Partial Dematerialization of a Medium*, in: *Proceedings of the American Society for Psychical Research*, (März 1907), S. 131-168.
Carrington, H.: *The Physical Phenomena of Mediumship: Fraudulent and Genuine*, New York 1920.

Claudewitz, K.: *Bjerre's Erindringer om Elisabeth d'Espérance*, in: *Dansk Tidsskrift for Psykisk Forskning*, 2, (November 2012), S. 30-34.

Delanne, G.: *Les apparitions matérialisées des vivants & des morts, Tome I: Les fantômes de vivants*, Paris 1909, S. 217, 222-223, 246, 253, 255-256, 501, 510.
Delanne, G.: *Les apparitions matérialisées des vivants & des morts, Tome II: Les âpparitions des morts*, Paris 1911, S. 65, 135, 170, 292, 311, 319, 342, 345, 351-352, 360-368, 376, 392, 395, 412, 414, 449-450, 465, 484, 488, 523, 588, 629-630, 632, 636, 649, 652, 653, 666-670, 672, 675-676, 678, 683-689, 695, 699, 702, 727-728, 739, 743-744, 747-748, 794, 803-804, 810.

d'Espérance, E.: *Shadow Land or Light from the Other Side*, London 1897.
d'Espérance, E.: *Im Reiche der Schatten. Licht aus dem Jenseits*, Berlin 1897.
d'Espérance, E.: *Au pays de l'ombre*, Paris 1899.
d'Espérance, E.: *No País das Sombras*, Rio de Janeiro 1918.
d'Espérance, E.: *Madam d'Espérance's personal experiences*, in: *Light*, XXV (1905), S. 254 und 31.
d'Espérance, E.: *Northern Light and other psychic Stories*, London 1899.

Doyle, A. C.: *The History of Spiritualism, Volume 2*, Cambridge 1926.

Dukes, R.: *The Charlatan and the Magus*, in: *The Lamp of Thoth*, Leeds, Yorkshire 1984.

[Editorial]: *Miss Wood Caught Personating a Spirit*, in: *The Medium and Daybreak*, (385), (17. August 1877), S. 523-524.
[Editorial]: *The seizure in Mrs. d'Espérance's circle*, in: *The Medium and Daybreak*, 11, (545) (10. September 1880), S. 580.
[Editorial]: *The mysteries of materialisation*, in: *The Medium and Daybreak*, 10, (546) (17. September 1880), S. 593-594.
[Editorial]: *Mrs. Sidgwick and the mediums*, in: *Science*, 7, (176) (1886), S. 554-555.
[Editorial]: *Materialisationsséancer I Kristiania. Efteråt?*, in: *Tidskrift för Spiritism och Besläktade ämnen*, 18, (1892), S. 169-173.

Fidler, M.: *Mrs. Espérance's séances*, in: *The Medium and Daybreak*, 526, (14), (Mai 1880), S. 305-308.
Fidler, M.: *Spiritualism in Sweden*, in: *Progressive Thinker*, (3. Mai 1890), S. 23.

Garborg, A.: *Materialisationsseancerna I Kristiania vaaren 1893, Hver 8de Dag, 21 og 22*, Oslo 1899.

Gauld, A.: *The Founders of Psychical Research*, London 1968.

Hamilton, T.: *Immortal Longings. F. W. H. Myers and the Victorian Search for Life after Death*, Exeter 2009.

Hedlund, T.: *Spiritiska trollkonster*, in: *Göteborgs Handels- and Sjöfarts Tidning* (22. März 1890), S. 68.

Hodgson, R., & Davey, S. J.: *The possibilities of mal-observation and lapse of memory from a practical point of view*, in: *Proceedings of the Society for Psychical Research*, 4, (1887), S. 381-495.

Inglis, B.: *Natural and Supernatural – A History of the Paranormal from Earliest Times to 1914*, London 1979.

Lindström, H.: *Gustaf Fröding och mediet*, in: *Spiritualisten*, 17, (1957), S. 5.

McCabe, J.: *Spiritualism: A Popular History from 1847*, London 1920.

Melton, J. G.: *Editorial, in: Encyclopedia of Occultism and Parapsychology*, Volume One, Farmington Hills, MI 1996.

Myers, F. W. H.: *On the method research pursued by the Society*, in: *Journal of the Society for Psychical Research*, 2, (1885), S. 29-32.

Nahm, M.: *The development and the phenomena of a circle for physical mediumship*, in: *Journal of Scientific Exploration*, 28, (2014), S. 229-283.

Oppenheim, J.: *The Other World: Spiritualism and Psychical Research in England, 1850-1914*, Cambridge 1985.

Orthwaite, F.: *Mrs. Espérance's séances*, in: *The Medium and Daybreak*, (483), (4. Juli 1879), S. 411.
Orthwaite, F.: *Features of the week*, in: *The Medium and Daybreak*, 10, (488), (8. August 1879), S. 492.
Orthwaite, F.: *Mrs. Espérance as a medium for materialisation*, in: *The Medium and Daybreak*, (495), (5. September 1879), S. 601.
Orthwaite, F.: *Materialisation at Miss Wood's circle*, in: *The Medium and Daybreak*, 10, (504), (28. November 1879), S. 746.

Owen, A.: *The Darkened Room. Women, Power, and Spiritualism in Late Nineteenth Century England*, London 1989.

Oxley, W.: *[Ohne Titel]*, in: *Herald of Progress*, (1), 1880, S. 105-107.

Parker, A.: *The Mind Body Problem and the issue of psychokinesis, in: Mysterious Minds: The Neurobiology of Psychics, Mediums, and Other Extraordinary People*, edited by S. Krippner and H. Friedman, Santa Barbara, CA 2010, S. 65-84.
Parker, A./Warwood, E.: *Revealing the Real Madame d'Espérance: An Historical and Psychological Investigation*, in: *Journal of Scientific Exploration* (2016), Vol. 30, No. 2, S. 233-266.

Podmore, F.: *Modern Spiritualism. A History and Criticism*, Volume 2, London 1902.

Price, L.: *Madame d'Espérance was probably a Puttock*, in: *Psypioneer*, 9, (8), (2013), S. 233-234.

Psyche (Ps.): *Counterblast to Spookland; or Glimpses of the Marvellous*, Sydney 1895.

Resurgam (Ps.): *The seizure séance*, in: *The Medium and Daybreak*, 11, (10. September 1880), S. 545 und 580-581.

Robertson, J.: *Spiritualism: The Open Door to the unseen Universe*, London 1908.

Seiling, M.: *Reply to Mr. Carrington's paper*, in: *Journal of the American Society for Psychical Research*, 1, (1907), S. 606-613.

Sidgwick, E.: *Results of a personal investigation into the physical phenomena of spiritualism. With some critical remarks on the evidence for the genuineness of such phenomena*, in: *Proceedings of the Society for Psychical Research*, 4, (1886), S. 45-74.

Taggard, S.: *Séance*, Lopen, Somerset 2019.

Tromp, M.: *Altered States. Sex, Nation, Drugs, and Self-Transformation in Victorian Spiritualism*, Albany, NY 2006, S. 14-16, 24-25, 47, 81-85, 87-91, 94-95, 100, 103, 109, 130, 155, 179, 181-186, 188-193, 195, 200, 203-204, 207, 211.

Warwood, E.: *Doubt about Madame d'Espérance's early life*, in: *Psypioneer*, 9, (9/10), (2013), S. 298-301.

Warwood, E.: *Catherine Elizabeth Wood and Annie Fairlamb. Correcting the record*, in: *Psypioneer*, 10, (11), 2014, S. 302-308.

Wilson, S. C. und Barber, Theodore X.: *The fantasy-prone personality: implications for understanding imagery, hypnosis, and parapsychological phenomena*, in: *Imagery: Current Theory, Research, and Application*, edited by Anees A. Sheikh, New York 1983, S. 340-387.

Wiseman, R.: *Observing the impossible: Eyewitness testimony for darkroom séances*, in: *Anomalous experiences: Essays from parapsychological and psychological perspectives*, edited by Matthew D. Smith, London 2010.

Geleitwort

Stern, leuchte licht und klar,
Du heut' von Gott gesandt,
Hilf unserer Geisterschar,
Strahl' in das Schattenland!

Hoffenden Herzens Kind,
Eile mit Helfershand,
Tröste, die traurig sind,
Unten im Schattenland!

Du sollst ein Wandrer sein:
Eile von Strand zu Strand,
Flöße Wunden Balsam ein,
Hoffnung im Schattenland!

Diese Worte treuer Wünsche, gebe ich diesem Buch mit in herzlichster, liebevoller Dankbarkeit und Verehrung für die Verfasserin von „*Shadow-Land*", von einem Geist aus dem Jenseits und einem Geist, der noch hier unten weilt.

Der Übersetzer

Die Geister unserer Lieben, der vorangegang'nen,
Sind bei uns, und sie sagen uns vom Himmel,
Der Ruhe der Verwaisten, der von Weh umfang'nen.
Dem Heim hoch oben überm Erdgetümmel.
O heil'ges Mahnen, o geheimnisvollen Hauches Wehen!
Ein Flüstern hört man aus des Todes Marmorhallen gehen.
Sie gingen von uns, und das starke Grab macht bang,
Doch sind sie nahe uns in stiller Nächte Wacht,
Und ihre Stimmen weilen um uns, wie der Sang,
Der Himmelslerche weilt im Ohr voll süßer Macht,
Wenn in dem Abendglüh'n sie aufwärts fliegend sich erhebet,
Und, dieser Erdenwelt entrückt, in Himmelshöhen schwebet.
Longfellow

Humnur Stafford ...,

... dessen leitende – obgleich unsichtbare – Hand und weise Ratschläge mir sicherer Halt und feste Stütze auf meinem Lebensweg waren, und jenen lieben Freunden im großen Jenseits, sowie denen, die auf Erden mir zur Seite standen, meinen treuen Helfern, Mitarbeitern und Gefährten auf der Reise durch die Schatten zum Licht ist dieses Buch in herzlicher Dankbarkeit und Liebe gewidmet

von

der Verfasserin.

Vorwort

Dieses Buch wurde mit Unterbrechungen während mehrerer Jahre geschrieben. Ich beabsichtigte, das Manuskript jemandem zu übergeben, der es nach meinem Tode veröffentlichen sollte. Aber nun, da ich meine Arbeit als Medium beendet habe, bin ich zu dem Schluss gekommen, dass ich nicht das Recht besitze, auf die Schultern eines anderen eine Last der Verantwortung zu legen, der zu entgehen ich selbst wünschen würde. So entschied ich mich, dass es besser ist, die Gelegenheit wahrzunehmen, jene Wahrheiten zu verteidigen, die ich hier wiederzugeben versucht habe, anstatt diese Arbeit anderen zu überlassen.

Ein noch wichtigerer Grund ist die Tatsache, dass die Selbstmorde derzeit zunehmen und ich niemals einen einzigen Fall gekannt habe, wo ein Mensch bei vollem Verstand sein Leben fortgeworfen hätte, wenn er an jene spiritualistischen Wahrheiten glaubt und sie auch wirklich weiß, jene Wahrheiten, die einen Teil meines täglichen Lebens seit meiner Kindheit gebildet haben.

Vor einigen Monaten veröffentlichte Stafford einen Artikel über den Materialismus, der in verschiedenen deutschen Zeitungen nachgedruckt wurde. Wenige Wochen danach erhielt ich einen Brief von Baron X., worin dieser schrieb, dass er soeben einen Prozess verloren hatte, was für ihn den Verlust von allem bedeutete. Er war zu der Auffassung gelangt, dass für ihn nichts übriggeblieben war, was des Lebens wert sei, und er ordnete bereits seine Angelegenheiten, ehe er Abschied von dieser Welt nehmen wollte. Da fiel ihm zufällig die Zeitung mit Staffords Artikel in die Hände. Er las die Abhandlung, schrieb dem Autor seinen Dank und beschloss, das Leben nochmals zu versuchen.

Dieser Umstand ermutigt mich zu hoffen, dass, wenn ich meine Erfahrungen bekanntgebe, einige andere meiner Mitmenschen innehalten und bedenken werden, ob mit der irdischen Existenz wirklich alles endet und ob sie nicht, wenn sie das große Geschenk des Lebens wegwerfen, einen Fehler begehen, für den sie wenige Augenblicke später alles in der Welt hingeben würden, um ihre schreckliche Tat ungeschehen zu machen.

Kapitel I.
Das alte Haus und seine Bewohner

„In allen Häusern, wo einst Menschen lebten,
Und starben, spukt es. Durch die offene Tür,
Stets harmlos hin sie als Gespenster schwebten,
von ihren Schritten nichts vernahmen wir.

Am Torweg, auf der Treppe wir sie finden,
Und in den Gängen kommen sie und geh'n,
Ein leiser Lufthauch, der kaum zu empfinden,
Ein Ahnen, dass wir sie sich regen seh'n."
Longfellow

Wenn man sich entschlossen hat, eine Geschichte zu erzählen, so ist es wohl das beste, von vorne zu beginnen. Ich habe deswegen versucht, mich auf eine passende Zeit oder auf eine Begebenheit aus meinem Leben zu besinnen, von der ich ausgehen könnte. Aber ich habe den Versuch wieder aufgegeben, weil ich mich an kein Ereignis erinnern kann, zu dem nicht wiederum ein Vorgang hinführt, der dann ebenfalls erzählt werden müsste. Daher muss ich wohl bis zu jener Zeit zurückkehren, als ich anfing zu existieren. Dies war kurz vor dem Krimkrieg, denn meine frühesten Erinnerungen sind mit der Heimkehr meines Vaters verbunden und mit der Freude, als der Frieden verkündet wurde. Ich konnte nicht verstehen, was dies alles bedeutete, aber da es meinen Vater nach Hause brachte, war es ein ausreichender Grund für mich zu frohlocken.

Die Erlebnisse, die ich zu erzählen habe, sind wunderbar und unbegreiflich, wenn man sie von dem gewöhnlichen Standpunkt des alltäglichen Lebens aus betrachtet. Manchmal habe ich versucht, mich in die Lage anderer hineinzuversetzen, mit ihren Augen zu sehen, mit ihrem Verstand zu urteilen, und ich bin ausnahmslos zu dem Schluss gekommen, dass sie wegen ihrer Zweifel an der Wirklichkeit dieser merkwürdigen Vorgänge nicht zu tadeln sind. Was mich betrifft, so sind diese Dinge mit mir aufgewachsen und mir von Anfang an vertraut gewesen, denn ich kann mich an keine Zeit erinnern, wo sie mir nicht vertraut und natürlich gewesen wären, so dass mir als einzig Merkwürdiges die Tatsache erschien, dass andere Leute nicht dieselben Ansichten haben sollten.

Ich konnte als Kind nie begreifen, dass meine Spielkameradinnen meine Vorstellungen von dem, was um uns herum vorging, nicht teilen wollten. Dies erbitterte mich oft über alle Maßen, und meine häufigen Zornesausbrüche wegen ihres Unglaubens erwarben mir den Ruf, eine „kleine Wildkatze" und entschieden „sonderbar" zu sein. Meiner Ansicht nach waren es aber immer die anderen Leute, die mir „sonderbar" erschienen, und ich empfand es als eine große Prüfung, mir die Ausrufe des Erstaunens und Unglaubens anhören zu müssen, die häufig meine Erzählungen von irgendetwas hervorriefen, was mir doch nur wie ein unbedeutendes Ereignis des alltäglichen Lebens vorkam.

Als ich jedoch älter wurde, fing ich an zu verstehen, dass nicht alle Menschen gleich begabt waren. Ich war großmütig genug, die anderen innerlich zu entschuldigen im Bewusstsein, dass ihr Verständnis leider einen beklagenswerten Mangel aufwies, der sie daran hinderte, all das zu sehen, zu hören und zu verstehen, was für mich doch so klar und deutlich war. Obwohl ich noch ein Kind war, nahm ich es dennoch als selbstverständlich auf mich, für sie Auge und Ohr zu sein. – Ähnlich wie es ein Blindenführer tun würde. Schließlich begegnete ich aber so vielen Zurückweisungen, dass ich mein Vorhaben, die Menschen zu belehren und aufzuklären, aufgab, obgleich ich die Unfähigkeit dieser Unwissenden bedauerte, die halb blind und halb taub dennoch fortfuhren, meine freundlichen Hilfeleistungen abzulehnen.

Während meiner frühesten Kindheit lebten wir in einem alten, großen, düsteren Haus im fernen Ostende Londons, in einem Haus, das einstmals ein imposantes Gebäude gewesen war. Das alte Gemäuer hatte gewiss schon Jahrhunderte gesehen, nun begann es merklich in Schutt und Trümmer zu zerfallen. Man sagte, dass es Oliver Cromwell entweder erbaut oder aber bewohnt habe. Ich kann nicht bestimmen, welche von beiden Ansichten die richtige war, jedenfalls unterschied es sich wesentlich von modernen Wohnungen. Groß, schwerfällig und düster war es, doch es wurde von einer Art Hoheit und Würde umgeben, die es unter allen anderen Gebäuden, die zu seinen Seiten wie Pilze emporschossen, besonders imposant hervortreten ließ.

Das Haus war dazu verurteilt, abgerissen zu werden, aber der Abbruch wurde von Jahr zu Jahr aufgeschoben, und unterdessen lebten wir darin. Dieses altertümliche Gebäude umgab ein Hof, in dem einige Bäume um ihr Dasein kämpften. Er war mit schwarzen und weißen Marmorvierecken gepflastert, sodass er an ein Schachbrett erinnerte. Zum Haus empor führten mehrere Marmorstufen, die einst schön gewesen, doch jetzt verblichen, ausgetreten und stellenweise zerbrochen waren. Die schwere, eichene, geschnitzte und eisenbeschlagene Tür am Ende der Treppe wurde auf jeder Seite von zwei großen Greifen bewacht, welche die Schrecken meiner Kindesseele waren.

Irgendjemand hatte diese Ungeheuer grün bemalt und ihnen rote Augen und Zungen gegeben. Diese eisenbeschlagene Tür gab Einlass in eine düstere, eichengetäfelte Halle, aus der man in mehrere unbenutzte, leere Wohnräume gelangte. Eine breite Treppe führte zum Obergeschoss des Hauses. Die meisten Zimmer hatten Eichenholzverkleidung und waren dunkel, die schmalen Fenster ließen niemals genügend Licht herein, um den Gemächern ein freundliches Aussehen zu geben.

Die Zimmer auf der Rückseite des Hauses, von denen man eine große grasbewachsene Fläche überschauen konnte, die vormals ein Garten gewesen war, boten einen lieblicheren Anblick. Das kam daher, dass man die ursprünglichen kleinen, umrahmten Butzenscheiben entfernt hatte. Stattdessen waren große französische Fenster, die bis auf die Erde reichten, an ihrer Stelle eingesetzt worden. In diesen Zimmern wohnten wir. Der übrige Teil des Hauses war unbenutzt, und die Räume blieben verschlossen, abgesehen von den Küchen und dem Untergeschoss, in dem ein altes Ehepaar wohnte, welches das Amt der Hausmannsleute zu verwalten hatte. Wie es kam, dass wir dort lebten, weiß ich nicht, wahrscheinlich weil das Grundstück bequem für meinen Vater gelegen war, und vielleicht auch deshalb, weil es trotz seines düsteren, altertümlichen Aussehens und seines Rufes, dass es dort spuke, doch ein viel ansehnlicheres und hervorragenderes Wohngebäude war, als die sonstige Umgebung aufzuweisen hatte. Von den Geistern, die in den vielen leeren Zimmern ihr Wesen trieben, wurden die allerschauerlichsten Geschichten erzählt, und meine kindliche Einbildungskraft wurde aufs höchste gereizt, wenn ich mir das Treiben dieser fremden Besucher ausmalte. Ich wusste nicht, was man sich unter Geistern vorzustellen hatte, aber ich bildete mir ein, sie seien von derselben Art wie die Greifen an der großen Eichentür auf der Höhe der Treppe, und ich fürchtete mich deshalb sehr vor ihnen. Zu dieser Zeit liebte ich es sehr, von einem leeren Zimmer ins andere zu wandern und mit meinen Puppen in den breiten, unteren Fensternischen zu sitzen. Von dort wurde ich dann oft mit einem Ausruf des Schreckens und Staunens von unserem Dienstmädchen fortgeholt, das meine Vorliebe für die verrufenen Zimmer „unheimlich" und „unnatürlich" fand. Dabei drohte sie mir mit den Geistern und deren Rache, wenn ich darauf bestehen würde, weiterhin alleine in ihr Reich einzudringen.

Ich konnte niemals die Bemerkungen des Kindermädchens über die Einsamkeit jener Zimmer verstehen, obgleich mich ihre Drohungen mit den Geistern sehr erschreckten. Für mich jedoch waren diese Räume niemals leer oder einsam. Fremde gingen fortwährend auf und ab, von einem Gemach ins andere, manche beachteten mich nicht, manche nickten mir lächelnd zu, wenn ich ihnen meine Puppen entgegenhielt. Ich wusste nicht, wer die Fremden waren, aber ich lernte sie bald an ihrem Äußeren zu erkennen und hielt eifrig Ausschau nach ihnen. Ich nahm meine Spielsachen mit mir, nur sie ihnen zu zeigen, und auch ein Bilderbuch, das ich höher schätzte als alles Übrige meines Eigentums.

Seitdem habe ich mich manchmal gewundert, wie es kam, dass man ein kleines Kind so oft allein in dem großen Haus umherwandern ließ, mit keinem anderen Gefährten als mit einer alten, zerrissenen Puppe. Aber da meine Mutter kränklich und lange Zeit ans Bett gefesselt war, fand sich wahrscheinlich mehr als genug Beschäftigung für unser Dienstmädchen. Es gab auch keine anderen Kinder, die mir Gesellschaft leisten konnten. Der kleine Bruder und die kleine Schwester lebten nach ihrer Geburt nur wenige Wochen, sodass meine frühesten Jahre sehr einsam waren. Ich blieb viel mir selbst überlassen und konnte tun, was ich wollte, so lange ich nicht meine Schürze schmutzig machte, denn dies war ein fast unverzeihliches Vergehen.

War mein Vater, ein Seekapitän, zu Hause, so verwandelte sich für mich die Welt. Seine Gegenwart war für mich so beglückend, dass ich mich im Himmel wähnte. Mein Vater war das einzige Wesen, das ganz und gar mir gehörte und dessen Liebe ich sicher war. Er war der Einzige, der mich ermutigte, von meinen Träumen und Phantasien zu sprechen, der Einzige, der mich niemals schalt oder böse mit mir sprach. Es war vollkommene Glückseligkeit für mich, auf seinen Knien zu sitzen und seinen Arm um mich geschlungen zu fühlen, oder mich in der geräumigen Kaminecke an seine Seite zu schmiegen und seine Hand zu halten, während ich den wunderbaren Geschichten lauschte, die er von den fremden Ländern erzählte, welche er besucht hatte. Außergewöhnliche Erzählungen waren es, und wie ich später erfuhr, bisweilen Eingebungen des Augenblicks, um meiner Liebe zum Außergewöhnlichen und Wunderbaren zu genügen. Doch ich nahm sie hin als ein reines Evangelium, weil mein Vater sie erzählt hatte. Trotz allem waren sie nicht wunderbarer als meine Träume, wenngleich vielfach von anderer Art.

Es war nichts Besonderes für mich, die Geschichten von Meerjungfrauen zu vernehmen, welche die bezauberten Seeleute in ihre Feenpaläste unter den Wogen lockten, nichts Befremdendes, von ihrer wunderschönen Musik zu erfahren, die nur wenige zu hören vermochten. All dies glaubte ich verstehen zu können, und es schien mir so vieles, was mein kleines Gehirn quälte, zu erklären. Dies schien ein Bindeglied zwischen mir und anderen Wesen zu bilden. Obschon ich Kind war, hatte ich das dunkle, kalte Gefühl empfunden, dass ich in mancherlei Hinsicht anders als andere Menschen war. Ich hatte selbst gehört, dass man mich als „sonderbar" bezeichnet hatte. Obgleich ich entschieden hatte, dass vielmehr die anderen Leute absonderlich waren, verursachte mir dennoch das Bewusstsein, dass es etwas gab, das mich von den anderen unterschied, eine nervöse, entsetzliche Angst, missverstanden zu werden, und zuweilen ein leidenschaftliches Auflehnen gegen jenes ungreifbare Etwas, das diesen Unterschied ausmachte.

Aber diese zauberischen Sagen, die mir mein Vater erzählte, versöhnten mich, ja ich war sogar froh, dass ich diese geheimnisvollen Laute und Klänge, denen gegenüber Alltagsmenschen taub und blind waren, so gut zu verstehen vermochte. Es ging mir wie seinen Helden und Heldinnen: Ich konnte Gesichter und Gestalten sehen, wo andere nur Nebel erblickten. Ich konnte Musik und Gesang hören, wo andere nur das Stöhnen des Windes vernahmen. So glaubte ich alles, was mein Vater mir von den Nymphen, von der Lorelei, den Nixen, dem Zauber der Meerjungfrauen, von Hexerei, Zauberformeln und ähnlichem erzählte, und der Gedanke, dass es auch andere Menschen gab, die mit diesen Dingen vertraut waren, war der größte Trost für mich. Ja, er ließ mich gewissermaßen das gerechte Urteil über mich selbst und über die „Sonderbarkeiten" derer finden, die nicht dieselben Dinge sehen und hören konnten wie ich. Als ich älter wurde und mit meinen Studien beschäftigt war, hatte ich weniger Zeit zum Träumen, weniger Zeit mit meinen „Schattenfreunden", wie ich sie nannte, zu verbringen.

Doch sobald ich von der Einförmigkeit des Schulzimmers befreit war, ging ich wieder in jene spukenden Räume. Meine Träume kehrten zurück, und meine Einbildung hatte freies Spiel beim Bevölkern der altmodischen Räume und Gänge. Ich gebrauche hier die Worte „Träume" und „Einbildungen", weil andere Menschen sie verwendeten und ich keine anderen Begriffe dafür kannte. Aber es sind nicht die richtigen Ausdrücke, da „Träume" und „Einbildungen" immer etwas Wahnhaftes und Unwirkliches bezeichnen. Meine besonderen „Träume" und „Phantasien" jedoch waren sehr real, viel realer als jeder andere Teil meines täglichen Lebens.

Für mich waren diese Zimmer niemals dunkel oder leer. Zuweilen sah ich beim Eintreten enttäuscht umher, weil ich keiner bekannten Gestalt begegnete, dann wieder wurde ich erschreckt, weil ich sie plötzlich mit Fremden bevölkert fand. Manchmal waren diese schattenhaften Gestalten so greifbar, so lebensecht, dass ich sie mit wirklichen menschlichen Besuchern verwechselte.

Fast nie ging ich in ein Zimmer, ohne mich nach irgendeinem schattenhaften Bewohner umzusehen, und selten spähte ich vergeblich nach ihnen. Manche sahen mich in einer freundlichen, liebenswürdigen Art an, und an diese gewöhnte ich mich vollständig. Andere nahmen keine Notiz von mir, gingen auf der Treppe oder in den Gängen an mir vorüber, als ob sie mich gar nicht sähen. Das ärgerte mich manchmal, und es empörte mich, dass mein Begrüßungslächeln unerwidert blieb.

Zu meinen Schattenfreunden gehörte eine ältere Dame, die immer in Schwarz gekleidet war, in irgendeinen weichen, seidenen Stoff, der an Atlas erinnerte, aber keiner war. Die weichen Spitzenrüschen ihrer eng anschließenden weißen Haube umrahmten ein liebes, altes Gesicht mit glatt gescheiteltem, grauem Haar. Ihre Haube war von sonderbarer, hoher Form. Von der Rückseite des Kopfschmucks zog sich ein breites, schwarzes Band, das unter ihrem Kinn mit einer Schleife gebunden war. Um ihre Schultern trug sie ein aus der Brust geknüpftes Spitzentuch. Diese Schattendame schien meistens ein besonderes Zimmer zu bewohnen, obgleich ich sie oftmals auch in anderen Gemächern sah. Dieser Raum war ziemlich lang und schmal, niedrig und dunkel, denn das kleine Fenster hatte nur bleigefasste Butzenscheiben, sogenannte Diamantfenster.

Als unsere Familie sich vergrößerte, wurde dieses Zimmer häufiger benutzt, und infolgedessen wurde das alte, vergitterte Fenster durch ein großes, französisches ersetzt, das bis auf die Erde reichte. Der altmodische Kamin wurde ebenfalls entfernt, und ein moderner Regulierofen nahm seine Stelle ein. Aber zu meinem großen Entzücken blieb die breite, tiefe Nische auf jeder Seite des Kaminplatzes erhalten. Bei diesen Fensternischen hinter den Vorhängen war nämlich mein Lieblingsplatz, die Kaminecke, wo ich ruhig sitzen und mich im Ofenlicht in mein Buch vertiefen konnte, ungestört und unbemerkt.

Nach diesen Veränderungen wurde jener Raum neu möbliert und in ein gemütliches Wohnzimmer verwandelt, und da es an das Schlafgemach meiner Mutter grenzte, wurde es von ihr als ihr besonderes Refugium genutzt, wo sie sich mit der Familiennäharbeit beschäftigte.

Oftmals fragte ich mich, wie meine Schattendame dieses Eindringen aufnehmen würde, denn ich missbilligte alles, was in die Rechte meiner Schattenfreunde eingriff. Es schien mir nämlich immer, als ob sie die rechtmäßigen Bewohner der unbenutzten Räume seien. Obwohl ich häufig von diesen schattenhaften Bewohnern unseres Heims sprach, war es mir am liebsten, wenn ich sie stillsitzend beobachten konnte. Der Gedanke, dass ich mit anderen ihre Bekanntschaft und Freundschaft teilen müsste, machte mich eifersüchtig, und ich fühlte mich durch die Tatsache beseligt, dass ich allein bevorzugt war, sie zu kennen.

Kapitel II.
Meine Leiden beginnen

Über diese schweigsamen Gestalten hatte ich viele Phantasien, und ich bildete mir manche Geschichten von ihnen ein. Oftmals fragte ich mich unruhig, was dies alles bedeutete und warum andere sie nicht sehen konnten. Aber da man mich meiner Träumereien wegen bestraft hatte – ich sprach manchmal von dem, was ich sah – wurde ich sehr vorsichtig, irgendjemandem von ihnen zu erzählen. Ich mochte es nicht, wenn man über mich lachte, und noch weniger, wenn man mich beschuldigte, nicht die Wahrheit gesagt zu haben. Zu der Zeit der Erneuerung des erwähnten Zimmers erzählte mir ein Kindermädchen eine Reihe von Geistergeschichten auf eine Weise, die mich so furchtsam machte, dass ich es nicht wagte, alleine in ein dunkles Zimmer zu gehen, und selbst wenn es bei Tageslicht oder Mondschein war, lebte ich in schrecklicher Angst, dass irgendein ruheloser Geist erscheinen könnte.

Nachdem ich Nacht für Nacht mit atemlosem Interesse diese haarsträubenden Geschichten gehört hatte, lag ich mit meinem Kopf unter dem Oberbett vergraben in wahrer Todesangst, dass ein Besucher vom Kirchhof seine Gegenwart bemerkbar machen könnte. Doch merkwürdigerweise brachte ich in meinen Gedanken meine Schattenfreunde niemals in Verbindung mit den gefürchteten Geistern. Diese flößten mir niemals Furcht ein. Ich konnte ihnen zu jeder Tages- oder Nachtzeit begegnen, ihre freundlichen Blicke im Vorübergehen erwidern oder ihnen erstaunt nachblicken, wenn sie mich nicht bemerkten. Ja, ich fürchtete mich sogar nicht vor den Geistern, wenn ich wusste, dass mir diese Freunde nahe waren. Ich fühlte eine Art Schutz und Sicherheit in ihrer Gegenwart und hatte niemals etwas dagegen, allein im Bett ohne Licht gelassen zu werden, wenn ich wusste, dass ein oder mehrere meiner Schattenfreunde im Zimmer waren.

In späteren Jahren habe ich vielmals gedacht, wie merkwürdig es war, dass diese scheinbar unnatürliche Art meines Daseins nicht mehr Verwunderung und Bemerkungen hervorrief. Aber, wie ich schon sagte: Die Gesundheit meiner Mutter war nicht befriedigend, und sie war tief in den Sorgen befangen, die ihr die rasch aufeinanderfolgenden Geburten meiner kleineren Geschwister verursachten. Unterdessen war ich sehr viel mir selbst überlassen, und obgleich ich nun schon ein großes, herangewachsenes Mädchen war, wurde ich doch selten zu irgendwelchen Pflichten herangezogen, außer zu meinen täglichen Lektionen und vielleicht zuweilen dazu, etwas von der Näharbeit für die Familie zu übernehmen. Diese mochte ich nicht sehr, und ich hatte, wie mir scheint, keinerlei Arbeit gerne außer jener des Zeichnens. Doch dafür fand ich selten Gelegenheit, da meine Mutter es als Zeitverschwendung betrachtete. Ich hatte oft eine Handarbeit begonnen. Jedoch blieb es dabei gewöhnlich, bis sie jemand ungeduldig wegen der langen Dauer für mich fertigstellte, wobei man mich wegen meiner Nachlässigkeit schalt. Ich ertrug den Tadel mit vollkommenem Gleichmut, solange mir genügend Muße blieb, meiner Lieblingsbeschäftigung nachzugehen, nämlich träumerisch meine Schattenfreunde zu beobachten und über ihre Geschichte zu sinnieren.

Eines Tages schließlich wurde meine Mutter ärgerlich über meine Versäumnisse, und sie befahl mir, ich solle mich in ihr Zimmer setzen und einen Saum nähen, der mir endlos vorkam. Nähmaschinenarbeit wurde von meiner Mutter verachtet, und sie hatte wiederholt erklärt, sie wollte so ein grässliches Ding nicht in ihrem Haus haben. So endete die für den Haushalt notwendige Arbeit nie, und ich dachte, sie bildete ein Hindernis für jede vernünftige Beschäftigung. Meiner Mutter erschien dies nicht so, sie fand darin zugleich Erholung und Vergnügen.

Ich nahm meinen Sitz neben dem niedrigen Arbeitstisch ein, an dem meine Mutter saß, und begann meine Näharbeit. Das Zimmer hatte jetzt nach den vorgenommenen Veränderungen ein ganz anderes Aussehen, und ich fragte mich, was meine Schattendame darüber denken würde. Als ich in Richtung jener Stelle blickte, an der ich sie zu sehen gewohnt war, war ich zugleich erstaunt und entzückt, die vertraute Gestalt in der Ecke am Kamin zu erblicken.

Sie hielt etwas in ihren Händen, und ihre Finger bewegten sich schnell, dann sah ich, dass sie strickte. Es war sehr lange her, dass ich jemanden stricken gesehen hatte, sodass mein Interesse sogleich erregt wurde, und ich beobachtete neugierig das Blinken der Nadeln. Dabei vergaß ich ganz die Gegenwart meiner Mutter sowie die Arbeit auf meinem Schoß. „Wohin siehst du?", fragte meine Mutter scharf. „Kannst du nicht mit deiner Arbeit fortfahren?" „Schau nur, Mama, die alte Dame strickt Strümpfe!" „Welche alte Dame?", sagte meine Mutter, und dann bemerkte ich, dass ich einen Fehler begangen hatte, denn ich sah das wohlbekannte Zusammenpressen der Lippen und die Falten auf ihrer Stirn, als sie fortfuhr: „Fängst du wieder an mit dieser Geschichte? Hast du noch nicht gelernt, so alt wie du schon bist, dass solche Phantasien wie diese ganz verächtlich und gottlos sind? Habe ich dir nicht schon wiederholt gesagt, dass ich dies nicht haben will? Du bist ein Mädchen, alt genug, deine Brüder zu lehren und ihnen ein gutes Beispiel zu geben, und anstatt dies zu tun, bereitest du mir mehr Sorgen als die anderen alle zusammen! Du machst ständig irgendwelche knabenhaften Streiche oder verträumst die Zeit und vernachlässigst alles Übrige! Du starrst ins Leere und erfindest Geschichten, um die Leute zu erschrecken. Ich dachte, mit zunehmendem Alter würdest du diese törichten Sachen aufgeben! Ich bin es leid, mich mit dir abzumühen, denn ich weiß nicht, was man tun kann, damit du dein abscheuliches und gottloses Betragen einsiehst!" Ich hörte diese lange Ermahnung mit traurigem, pochendem Herzen an, aber zur selben Zeit warf ich einen verstohlenen Blick zu meiner Schattendame und fragte mich, ob sie mich vielleicht ein wenig bedauern wurde. Ich bemitleidete mich selbst sehr und fühlte mich tief verletzt. Ich vermutete, dass irgendetwas nicht mit mir stimmte, was mich sehr bekümmerte. Mir war so oft gesagt worden, dass ich träume und dass ich mich schämen soll, Dinge zu erzählen, die nicht wahr seien. Dennoch fühlte ich Mitleid mit denen, die solche Bemerkungen machten, weil ihnen das Verständnis dafür mangelte. Trotzdem wollte ich nicht in den Verdacht geraten, lügnerisch zu sein, ich wollte so gerne einfach nur gut sein! Also versuchte ich mein Bestes zu tun und betete bis zur Erschöpfung um Hilfe, um wahrhaft gut zu werden und die Leute nicht so sehr zu verärgern – meine Mutter insbesondere.

Oftmals hatte ich an meinem Bett gekniet und so lange gebetet, bis mich der Schlaf übermannte, dass meine Phantasien mich endlich verlassen sollten oder dass ich nicht in Versuchung käme, von ihnen zu erzählen. Aber ach, meine Anstrengungen halfen mir niemals viel! Manchmal, besonders wenn mein Vater zu Hause war oder wir Gäste bei uns hatten, waren meine Schattenfreunde unsichtbar, und ich vergaß sie für eine Weile, denn es gab zu solchen Zeiten so viele andere Dinge zu denken.

Mein Vater liebte es, mich bei sich zu haben, und ich freute mich des Zusammenseins mit ihm. Ich hatte keine Altersgefährten, denn mir war der Umgang mit den Mädchen, welche dieselbe Schule besuchten, verboten worden. Ich hatte niemals Spielgefährten gehabt, außer wenn mein Vater zu Hause war. Dann schien es mir, als ob mein jungenhaftes Temperament in mir hervorbrach, und ich wurde wild und aufgeregt bei den Spielen und Streichen, zu denen mich mein Vater ermutigte.

Sobald er wieder fort war und das Haus seine gewohnte, ruhige Einförmigkeit des alltäglichen Lebens wieder angenommen hatte, kamen aber meine Träume wieder. Meine Schattenfreunde kehrten an ihren gewohnten Platz zurück, und ich hieß sie freudig willkommen. Sie waren etwas, das mir gehörte, mir allein, und ich war im Geheimen stolz, eine eigene Welt zu haben, zu der niemand sonst Einlass hatte. Manchmal drängte es mich in meiner Freude und in meinem Erstaunen dazu, mit jemandem über diese merkwürdigen Leute zu sprechen, die niemand außer mir selbst zu sehen schien. Meine Vertrauten waren gewöhnlich eine alte Dienerin und meine Großmutter, die zuweilen für einige Wochen zu uns kam. Beide hörten mir immer zu und machten ihre Bemerkungen. Es schien mir, dass sie teilnehmend waren. Wenigstens meine Großmama war es. Obgleich sie mir riet, weder an diese sonderbaren Dinge zu denken noch über sie zu sprechen und nicht den Leuten von meinen Schattenfreunden zu erzählen, raunte sie selbst dennoch oft wundersame Geschichten vom Übernatürlichen, so dass ich furchtsam und nicht eher wieder beruhigt war, bis ich meine Schattenfreunde wieder sah.

Ich dachte nie daran, dass an ihnen irgendetwas Übernatürliches war, ich nahm ihre Gegenwart als etwas völlig Selbstverständliches hin und war nur ängstlich in ihrer Abwesenheit. Ich wusste, dass niemand außer mir sie sah, hatte es aber aufgegeben, diese Tatsache zu begründen, und ich konnte mir es nur dadurch erklären, dass manche Leute „sonderbar" und „schwer von Begriff" waren.

Während ich eines Nachmittags schweigend den Vorwürfen und Klagen meiner Mutter zuhörte, mit meinen Augen über meine Arbeit gebeugt, waren meine Gedanken damit beschäftigt, die Ursache und Ungeheuerlichkeit meiner Gottlosigkeit zu bedenken, denn ich fühlte wirklich, dass ich viele der Vorwürfe verdiente, die man mir machte: Ich war nachlässig, das wusste ich. Unterrichtsstunden ermüdeten mich, und ich konnte die Worte nicht verstehen, die ich auswendig lernte. Ich konnte mich auf die Aufgaben, die ich am Abend gelesen hatte, am Morgen nicht erinnern. Ich vermochte auch meine Rechenexempel nicht richtig zu lösen, und wegen dieser Fehler wurde ich nicht in die nächste Klasse versetzt. Grammatik, Geographie und Geschichte waren so miteinander vermischt, dass ich kaum eins vom anderen zu unterscheiden wusste. Man erklärte, dass meine Handschrift nicht des Ansehens wert sei, während ich beim Nähen, das die starke Seite meiner Mutter war, niemals eine Nadel in die Hand nahm, ohne ins Traumland zu wandern, und ich konnte zum Bewusstsein des Alltagslebens nur durch eine scharfe Ermahnung zurückgebracht werden.

Mit einem Seufzer dachte ich an alle diese Unvollkommenheiten und fühlte, dass mir in mancher Beziehung etwas fehlte. Ich fragte mich, warum ich nicht wie andere Mädchen sein konnte. Ich konnte freilich auch wilde Streiche ausführen, klettern, ballspielen, reiten, laufen, springen und an den Spielen teilnehmen, die von meinem Vater und meinen jungen Vettern und Cousinen angeführt wurden, und ich vermochte es, mit ihnen bei den meisten ihrer übermütigen Tollereien zu wetteifern. Ich schien in diesen Momenten ein anderes Wesen zu sein. Mir selbst überlassen, verfiel ich aber wieder in die alte, träumerische Nachlässigkeit zurück, und in dem nun vielbeschäftigen Haushalt war dies ein unverzeihlicher Fehler! Ich fühlte all dies und nahm mir vor, mich zu ändern. Ich wollte fleißig studieren, ich wollte nicht länger in meiner Klasse zurückgesetzt werden wegen der schlecht geschriebenen Aufsätze und der nachlässigen Arbeit, ich wollte nähen, ich wollte mit den Kindern spielen, ich wollte zeigen, dass ich trotz alledem zu etwas nützlich war!

Als ich dieses Gelöbnis zur Besserung fasste, fühlte ich in mir schon den Keim wachsen, völlig gut zu werden, in der Erwartung, einmal jenes Muster von Gehorsam und Fleiß zu sein, das ich zu erreichen mir vorgenommen hatte. Ich fragte mich, ob meine Schattendame all dies hören und verstehen könne und ob sie wusste, wie sehr ich getadelt wurde. Ich fragte mich, wer sie war, ob sie jemals ein Mädchen von vierzehn Jahren gewesen war und lange Säume zu nähen hatte, und ob sie, wenn sie diese nicht gut ausgeführt hatte, auch angeherrscht worden war. Aber sie strickte, - war es nicht so? Vielleicht hatte sie niemals zu nähen gehabt, sondern hatte gestrickt –, gestrickt, gestrickt. Ich blickte auf zu ihr. Ja, dort strickte sie. Ihre Finger bewegten sich schnell, ich konnte die Nadeln unter ihren flinken Händen blitzen sehen. Ich bewunderte ihre Geschicklichkeit, denn ihre Augen waren nicht auf ihre Arbeit, sondern auf mich gerichtet. Meine Mutter konnte nicht stricken, hatte ich sie sagen hören. Ich dachte, dass ich es gerne lernen würde, es sah so freundlich und geschickt aus. Ich wollte meine Großmutter bitten, es mich zu lehren, denn ich wusste, dass sie stricken konnte, weil ich es bei ihr gesehen hatte. Aber sie konnte es längst nicht so gut wie meine Schattendame. Ich fragte mich, ob ich es von ihr lernen könne, aber nein – sie fing niemals etwas an, und ich musste doch sehen, wie der Vorgang begonnen wurde. Vielleicht könnte ich es schaffen, wenn meine Großmutter die Maschen für mich aufnehmen würde, denn dann könnte ich die Finger der Schattendame beobachten und versuchen, dasselbe zu tun – wenn sie doch nur etwas langsamer stricken würde!

Großmamas Finger konnten sich nicht so schnell bewegen, selbst wenn sie sich noch so große Mühe gab. Ich glaubte nicht, dass ich schneller zählen konnte, als wie die Schattendame die Maschen abhob – eins, zwei, drei, vier, fünf ... Ja, doch, ich konnte gerade mit ihr Schritt halten. O wie schnell könnte ich dann alle

Strümpfe stricken, die für die Familie gebraucht wurden! Meine Mutter würde dann nicht mehr sagen können, dass ich nicht fleißig war ...

Da unterbrach eine scharfe Stimme meine Pläne. „Warum nähst du nicht? Es ist ganz nutzlos für mich, mit dir zu reden, du kannst wirklich die Geduld eines Heiligen auf die Probe stellen. Du achtest nicht auf das, was ich sage, aber tust dein Möglichstes, mich zu quälen und zu verärgern. Wohin siehst du? Was ist dort in der Ecke?“ Die zornige Stimme meiner Mutter brachte mich zum Bewusstsein meines Unrechts zurück. „Es ist bloß die alte Dame. Sie strickt.“, erklärte ich. „Und sie ...“ „Sei still, du böses Mädchen, erwähne niemals solche Sachen wieder in meiner Gegenwart! Über deine Lügen höre ich genug von anderen! Wie kannst du es wagen, sie vor mir zu wiederholen? Nimm deine Arbeit wieder auf!“ Ich hatte den Saum in meiner Bestürzung fallen gelassen, als ihre Stimme mich aus meinem Traum aufschreckte. „Lässt du mich noch einmal sehen, dass du deine Augen vom Saum abwendest, ehe er fertig ist, oder wenn du noch einmal in jene Richtung blickst, so will ich dir gehörige Ohrfeigen geben und schauen, ob das nicht helfen wird, dein Gedächtnis zu schärfen!“ Sie war nun wirklich erbost, und ich nahm meine Arbeit zitternd wieder auf und nähte schweigend weiter.

O Urmutter Eva! Hättest du gewusst, was für ein Vermächtnis du deinen Töchtern hinterließest, du hättest gewiss deine Hand von der verbotenen Frucht zurückgehalten! Was für ein unbesiegbares Verlangen haben wir geerbt, genau das zu tun, was uns verboten wurde! Ich wollte meine Augen nicht von meiner Arbeit abwenden, ich wollte mich wirklich so verhalten, wie mir gesagt wurde. Aber ach, die Versuchung, zu sehen, welche Fortschritte das Stricken machte, und ob die Dame verstand, wie die Dinge zwischen mir und meiner Mutter lagen, waren zu stark, und ich schaute zu ihr hinüber, schaute … und erlitt die angedrohte Strafe, denn eine brennende Ohrfeige strafte meinen Ungehorsam! Ich wusste, ich hatte sie verdient, aber dies machte die Sache nicht besser, und ich weinte und schluchzte, konnte auch meine Tränen nicht zurückhalten, als die Tür geöffnet wurde und der Doktor, der meine Mutter damals behandelte, ins Zimmer eintrat. Als er hereinkam, stürzte ich hinaus, setzte mich auf die Treppe und barg mein Gesicht in den Händen, vor Kummer und Scham weinend. Nach einer Weile wurde die Tür

Meine Schattendame.

geöffnet, und ich wurde hereingerufen. Meine Tränen unterdrückend, trat ich ins Zimmer. Meine Mutter saß noch in ihrem Lehnstuhl und sah aufgewühlt und zornig aus.

Der Doktor ging im Zimmer auf und ab. Als ich eingetreten war, setzte er sich und nahm mich bei der Hand, streichelte sie freundlich und sagte liebevoll: „Es tut mir leid, dich weinen zu sehen, aber du weißt, dass deiner Mama nicht wohl ist, und du solltest versuchen, sie zu erfreuen, anstatt sie so zu ärgern. Erzähle mir alles! Was soll das bedeuten, dass du Dinge siehst, die andere Leute nicht sehen, alte Frauen, die stricken, und Ähnliches? Sage mir, was bedeutet dies alles?! Erzähle es mir!" Er sah mich freundlich und teilnahmsvoll an, streichelte meine Hände, wischte die Tränen von meinen Augen und ermunterte mich, zu sprechen. So ermutigt, erzählte ich ihm meine „Einbildungen" und „Träume", – wie man sie nannte –, die aber weder Träume noch Einbildungen waren, sondern real.

Ich erzählte ihm von meinen Schattenfreunden, die unsere täglichen Gäste waren, von der alten Dame, die so fleißig arbeitete und mich so freundlich ansah, von ihrem Stricken, ihrer Geschicklichkeit, von dem prächtig gekleideten Herren mit dem langen, gelockten Haar, den Federn auf seinem Hut, dem Degen an der Seite und den großen Sporen an seinen Absätzen, von dem Mann mit dem hohen Kragen, der, mit einer Krause umsäumt, seinen Hals umschloss, so dass es aussah, als ob sein Kopf auf einem Teller ruhte, von den Damen mit seidenen Kleidern und weißem Haar, von ihren Rüschen und Falbeln und ihren sonderbaren Manieren. – Ich erzählte ihm alles und vertraute ihm meinen Kummer an, dass man mir nicht glaubte, und wie schrecklich es war, dass man mich der Unwahrheit verdächtigte. „Aber es ist wahr!", sagte ich, „Jedes Wort! Sie sind da, und ich sehe sie, ich erzähle keine Lügen." „Ja", sagte der Doktor, „ich glaube dir. Ich glaube nicht, dass du Unwahrheiten erzählen willst." O wie freudig schlug mein Herz bei diesen Worten. Endlich jemand, der mir glaubte! „Ja, ich glaube, dass du diese Dinge siehst, die andere nicht sehen, ich weiß von Leuten, denen es ebenso ergangen ist, welche Männer, Frauen und Tiere sahen, die nicht wirklich vorhanden waren. Aber diese Menschen waren irrsinnig. Sie bestanden darauf, dass sich Schatten um sie herum bewegten, dass sie alte Männer und Frauen in den Ecken herumstehen sahen. Sie fuhren fort, bald das eine, bald das andere zu sehen, bis sie gefährlich wurden und wir sie in ein Irrenhaus schicken mussten, wo man sie in Verwahrung nahm."

Es war, als ob seine Worte mir das Blut in den Adern gefrieren ließen, ich konnte ihn nur in entsetztem Schweigen anstarren. War dies also die Bedeutung von alledem, war dies das Geheimnis der schönen Traumwelt, in der ich so viele glückliche Stunden verlebt hatte? Waren meine Schattenfreunde nicht da? Waren sie nicht vorhanden? Hatten jene alle recht, die sagten, sie seien nicht da, und war ich im Unrecht? Ich sah sie – darin irrte ich mich nicht –, aber wenn sie nicht existierten und ich etwas sah, was nicht existierte, so war es klar, dass etwas nicht richtig war. Ich hatte die Angelegenheit nie vorher von dieser Seite betrachtet, aber nun – schrecklicher Gedanke! – Ich fing an, wahnsinnig zu werden!

Den ganzen Tag und die ganze Nacht erlitt ich bittere Qualen. Irrsinnig zu sein – was hieß irrsinnig sein? Ich dachte an alle die schrecklichen Dinge, die ich gehört hatte, an die Verbrechen, die Irrsinnige begingen, an die Schrecken der Irrenhäuser, an die ausgepolsterten Zimmer, an die Zwangsjacken und die Eisengitter. Vor Furcht fröstelte ich, und leidenschaftlich betete ich, dass ich davor bewahrt bleiben möge, irrsinnig zu werden.

Kapitel III.
Werde ich wahnsinnig?

„Meine Seele ihr Geheimnis hat, geheimnisvoll ist auch mein Leben,
Und von dem Übel, hoffnungslos, hab' nimmer Kunde ich gegeben."
Longfellow

Je länger ich nachdachte, desto mehr war ich davon überzeugt, dass der Doktor recht hatte, und das Entsetzen und die Angst raubten mir beinahe den Verstand. Obgleich fast vierzehn Jahre alt, war ich in vielerlei Hinsicht seltsam kindlich. Man hatte mich aufgezogen und dabei von allen anderen Kindern ferngehalten, die nicht zur Familie gehörten. Da ich selten in die Gesellschaft der älteren Familienmitglieder aufgenommen wurde, war ich in vielen Dingen unwissend herangewachsen, mit denen Mädchen desselben Alters meistens vollständig vertraut waren. So hatte ich in diesem Kummer niemanden, der mir helfen und Rat geben konnte. Mein Vater war abwesend, und meine Großmutter, die mir gegenüber immer freundlich gesonnen war, lebte in ihrem eigenen Heim, oder sie stattete irgendeinem ihrer Kinder ihren gewohnten langen, regelmäßigen Besuch ab.

Unsere alte Kinderfrau war da, aber ihr vertraute ich nicht wirklich, denn wenn ich tatsächlich wahnsinnig war, dann war es am besten, dass es so wenige wie möglich wussten, und ich durfte zu niemand von den Illusionen reden, deren Opfer ich war. Ich fragte mich, ob Wahnsinn durch Medizin geheilt werden und der Arzt etwas tun könne, um mir zu helfen.

Vielleicht war nur an meinen Augen etwas fehlerhaft. Mit einem gewissen Schmerz erinnerte ich mich nämlich, dass meine Hand, sobald ich sie willkürlich oder unwillkürlich nach meinen Schattenfreunden ausstreckte, um sie zu berühren, nicht mit ihnen in Kontakt gekommen war, obgleich ich bemerkt hatte, dass sie vor meiner Berührung zurückwichen. Aus diesem Grund hatte ich sie „Schattenleute" genannt, aber bisher hatte ich nicht viel darüber nachgedacht. Als ich es mir jetzt überlegte, fragte ich mich, ob es nicht vielleicht meine Augen waren, die mich täuschten. Dieser Gedanke war viel angenehmer als der, dass ich wahnsinnig sein könnte, aber die Angst davor verfolgte mich trotzdem Tag und Nacht. Ich erinnerte mich, dass eine Dienerin mir erzählt hatte, einer der Gebräuche im Irrenhaus bestände darin, dass man die Fußsohlen der Kranken kitzelte. Das habe sie in dem Buch „Valentine Vox" gelesen, und sie wisse, dass es wahr sei.

Ich konnte es nicht ertragen, dass meine Füße gekitzelt wurden. Das wusste ich, aber vielleicht würde es mich nicht so schrecklich zum Lachen zwingen, wenn man dies sehr lange tat. Ich fragte mich, ob wahnsinnige Menschen wohl lange lebten, und ich fürchtete, dass dies der Fall ist. Denn ich besann mich auf einen uralten Mann, der zuweilen in der Nachbarschaft umherging und Wäscheklammern verkaufte oder bettelte. Ich erinnerte mich, dass er eines Tages unser Dienstmädchen anhielt und es mit schrecklichen Flüchen und Verwünschungen in Angst und

Schrecken versetzte. „Er ist wahnsinnig“, sagte sie. Ich fragte mich, ob ich ihm jemals ähnlich sein und lernen würde, derart zu fluchen und ob ich mit ungewaschenem Gesicht und ungekämmtem Haar umhergehen würde wie er. Viel besser wäre es, in einem Irrenhaus eingeschlossen zu sein, als das! All die Schrecken der Irrenanstalten, von denen ich jemals gehört hatte, zogen in Gedanken an mir vorüber, ehe ich in der Nacht nach der Unterredung mit dem Doktor einschlief, und ich beschloss, so lange wie möglich meinen wahren Zustand vor jedem zu verbergen. Wenn ich wahnsinnig war, dann sollte es niemand wissen. Vielleicht war es eine heilbare Krankheit, denn nicht immer war ich derart von ihr heimgesucht. Zuweilen vergingen Monate, in denen ich keinen Schatten sah, und sie kamen nur zurück, wenn ich allein und nicht aufgelegt zur Arbeit oder zum Studium war. Dann hieß ich sie freudig willkommen.

Nach dieser Zeit war alles verändert. Die Freude, die ich empfand, wenn ich die schattenhaften Gestalten an mir vorübergleiten sah oder sie mir auf der Treppe oder auf den Gängen begegneten, wich einem niederschmetterndem Gefühl der Vereinsamung und Furcht. Ich hatte jetzt auch keinen Grund, mich an dem Anblick der vertrauten Gestalten zu erfreuen, denn sie waren der Beweis dafür, dass meine Krankheit mich nicht verließ!

Plötzlich kam mir ein anderer Gedanke: Es war Satan, der meine Augen Dinge sehen ließ, die nicht existierten! Dies warf ein neues Licht auf die Angelegenheit, und ich war beinahe froh darüber, denn alles andere war besser, als wahnsinnig zu sein. Wenn es Satan war, dann konnte Gott mir helfen, und ich wusste, dass er es tun würde. Von da an trieb mich schon der Anblick eines entfernten Schattens, ob wahr oder eingebildet, in mein Schlafzimmer, um niederzuknien und zu beten. Oftmals, morgens, mittags oder nachts drängte es mich, auf meinen Knien liegend Erlösung von den Heimsuchungen des Bösen zu erflehen. Ich wurde scheu, ängstlich und nervös. Ja, ich fürchtete mich, von einem Zimmer ins andere zu gehen, fürchtete mich, allein zu bleiben, sei es bei Tag oder Nacht. Ich war achtsam auf jedes meiner Worte, da ich meinen Wahnsinn verraten könnte. Ich wagte nicht, meine Augen in irgendeine andere Richtung blicken zu lassen als in die, in welche ich ging, aus Furcht, irgendjemand könne dies bemerken und annehmen, ich sähe die „Schattenleute“. Ich suchte eifrig, Beschäftigungen zu finden und ängstigte mich, ohne irgendeine Tätigkeit zu sein, weil ich in einem Lied gelernt hatte, in dem uns gesagt wird, dass Satan Böses findet für untätige Hände. Die Bibel wurde meine beständige Gefährtin. Ich trug sie bei Tag in meiner Tasche oder drückte sie an meine Brust des Nachts. So glaubte ich, gewappnet zu sein gegen die Mächte des Bösen. Wie lange dieser Zustand währte, weiß ich nicht genau, obgleich es mir scheint, dass ich um Jahre alterte in jenen Monaten, die bis zu meines Vaters Heimkehr vergingen.

Er war ein wenig beunruhigt, als er mein blasses Gesicht sah und mich abgemagert fand, und er fragte mich, warum ich so verschüchtert war. „Sie ist im Wachstum begriffen“, sagte Mama, „alle Mädchen werden blass und schmal, wenn sie so schnell wachsen wie sie.“ „Mir wäre lieber, sie wüchse nicht so schnell, wenn es sie so blass und zerbrechlich aussehen lässt“, sagte mein Vater. „Sie sollte häufiger draußen sein und nicht angehalten werden, über den dummen Büchern zu brüten und über der Näharbeit zu sitzen. Wir müssen sehen, ob sie nicht eine Abwechslung haben kann, die ein wenig Farbe in diese blassen Wangen bringt.“ Nachdem man viele Pläne vorgeschlagen, besprochen und wieder verworfen hatte, wurde endgültig beschlossen, dass ich in Ermangelung von irgendetwas Besserem meinen Vater auf seinem Schiff während einer Fahrt auf dem Mittelmeer begleiten sollte. Die Schiffahrt würde, so schätzte er, zwei oder drei Monate dauern.

Kapitel IV.
Sonnige Ferien und ein Schattenschiff

„Es gibt ein Geisterschiff", sagte er,
„Ein Schiff des Todes, durchsegelnd das Meer,
Carmilhan wird es genannt.
Das Schiff und die Mannschaft sind Geistern gleich,
Bei Stürmen taucht es auf,
Mit dem Sturm und gegen den Sturm es fährt,
Mit keinem Stückchen Segel bewehrt,
Ohne Steuermann nimmt's seinen Lauf."
Longfellow

Diese Ferien waren zweifellos die glücklichste Zeit meines Lebens. Alles war neu, frisch und wundervoll. Das große Schiff selbst war eine Quelle nie versiegenden Interesses. Die Tierliebe meines Vaters, die zu Hause eher eingeschränkt wurde, hatte hier vollen Spielraum, und der eine Teil des Schiffes bestand daher ganz und gar aus einer kleinen Menagerie: Hühner, Gänse, Schweine und ein Paar Ziegen bewohnten jedes einen eigenen Stall.

Die Ziegen sollten mich mit Milch versorgen, die ich jedoch ungern trank. Aber die Tiere selbst bereiteten mir viel Freude, besonders zur Melkzeit, wo sie ihr größtes Vergnügen darin zu finden schienen, die Melkversuche des Schiffsjungen zu sabotieren. Die Oberlichtfenster des Salons waren mit auserlesenen blühenden Pflanzen besetzt, und zwischen ihnen hingen Käfige mit Singvögeln. Das bemerkenswerteste Mitglied der Menagerie war jedoch ein schwarzer Affe, dessen ausgelassene, lustige Streiche die Plage und Freude zugleich von jedermann auf dem Schiff waren.

Ganz besonders liebte er meinen Vater, aber mir gegenüber war er aus irgendeinem Grund niemals freundlich gesinnt. Mein Vater sagte, er sei eifersüchtig. Vielleicht war es so. Denn wenn mein Vater mich liebkoste, konnten wir oftmals beobachten, dass das kleine Tier auf sein Kissen in die Ecke ging, dort ganz melancholisch und traurig saß und es seinen Platz auch nicht verlassen wollte, solange ich neben meinem Vater blieb. Nicht zuletzt war da Jack, ein ungeheuer großer

Neufundländer Hund, der ein alter Bekannter von mir war und der sich von dem Zeitpunkt an, wo ich auf den Dampfer kam, zu meinem unzertrennlichen Gefährten und Beschützer ernannte. Ich wurde bald mit allen an Bord bekannt, sowohl mit den Offizieren als auch der Mannschaft. Mit so vielen Gefährten und Spielkameraden, so vielen neuen Interessen, neuen Freunden, neuen Eindrücken und dem immer Neues bietenden Anblick von Meer und Himmel, erschien mir alles an jenen sonnigen Ferien, wie ich es damals nannte und auch jetzt noch nenne – einfach „himmlisch“!

Einer meiner besonderen Freunde an Bord war der Erste Offizier, Leutnant N. Obgleich er der oberste Offizier war, war er doch der jüngste unter ihnen, freilich kam mir nach meinen kindlichen Begriffen bezüglich des Alters jeder, der älter als zwanzig war, ziemlich weit vorgeschritten vor. Er war es, der meine täglichen Unterrichtsstunden überwachte, deren Beaufsichtigung nach dem Wunsch meiner Mutter eigentlich mein Vater übernehmen sollte. Mein Vater bestand daher darauf, dass sie gewissenhaft ausgeführt wurden. Aber meines Vaters schwache Seite – oder wie es mir schien, seine größte Tugend – war Milde, und mit wenigen bittenden Worten oder einem Kuss wurde gewöhnlich eine Stunde Studium abgekauft. Als ich an Gesundheit zunahm, wurde ich ein widerspenstiger Zögling. Es war mir unmöglich zu lernen, wenn die Sonne schien oder die Vögel zwitscherten oder Hund und Affe um uns herumtollten. Wenn ich meine Bücher schloss, schüttelte mein Vater sein Haupt und sagte: „Gut, das eine Mal mag es sein, aber nicht wieder!“ Dann übernahm Leutnant N. meine Erziehung, und zwischen den beiden brachte ich es so weit, dass ich so ziemlich alles tun konnte, was ich wollte. Ich erinnere mich, dass das Wenige, was ich mir damals an Kenntnissen aneignete, darin bestand, die Einrichtung des Kompasses auswendig zu wissen. Oftmals erregte ich damit das Entzücken meiner neuen Freunde, die meine Fertigkeit in dem schnellen Hersagen der Grade von Nord nach Süd und wieder zurück von Süd nach Nord sehr bewunderten.

Jedenfalls lernte ich viele Dinge kennen über jene Orte, die wir besuchten, die Geschichte der italienischen Städte sowie über die Sitten, Manieren und Gebräuche der Menschen. Die Entdeckungen und Ausgrabungen von Pompeji wurden mir auf eine Weise gelehrt, dass sie sich so tief in mein Gedächtnis einprägten, wie noch so vieles Lesen es nicht zu erreichen vermocht hätte. Kurz, es war eine vollkommen erfreuliche Erziehung.

Meine Träume und sonderbaren Einbildungen verließen mich. Meine Schattenfreunde waren vergessen, das Schlafwandeln, zu dem ich einst neigte, war geheilt, und ich war wie andere Mädchen meines Alters: gesund, glücklich, voller Übermut und knabenhafter Streiche. Eingeschlossen zu sein und zurückgehalten zu werden, missfiel mir. Kleine Abenteuer entzückten mich dagegen, besonders wenn ein Beigeschmack von Gefahr mit ihnen verknüpft war. Darin wurde ich unterstützt und bestärkt von dem Leutnant, der sich während der Fahrt auf dem Meer beständig neue Kurzweil ausdachte oder Ausflüge organisierte, wenn wir in einem Hafen waren. Mein Vater erlaubte mir im großen und ganzen zu tun, was ich wollte, obgleich er sich zuweilen den Anschein gab, an manchen Vorschlägen zu zweifeln und darauf hinzuweisen, was Mama wohl sagen würde, wenn sie es wüsste. Doch er war beglückt über meine sich bessernde Gesundheit und wiederkehrende Fröhlichkeit und bemerkte oftmals, dass niemand mich bei unserer Rückkehr wiedererkennen würde. Er begleitete mich gewöhnlich auf meinen Ausflügen, wenn ich Einkäufe machte und gab mir Geld für meine zahlreichen Bedürfnisse. So kam ich mir wie eine Millionärin vor, als wir wieder in England waren und ich die Fülle meines Eigentums überblickte, die ich während jener drei Monate angehäuft hatte, die wir zwischen den pittoresken Städten der italienischen Küste umhergefahren waren. Mein Besitz umfasste: Pantoffeln, Handschuhe, Eau de Cologne, Korallen, Muscheln, Schmuckgegenstände aus Marmor, Vasen, Briefbeschwerer aus Mosaikarbeit, Nadel-Etuis und Parfümflaschen aus Lava. Die Überlegung, wie ich diese Schätze unter meinen Freunden zu Hause verteilen wollte, bereitete mir große Freude und beschäftigte meine Gedanken viele Tage vollkommen. Da geschah ein Ereignis, so sonderbar und unbegreiflich, dass es einen Schatten über diese glücklichen Ferien warf und mich zum Bewusstsein meines früheren alltäglichen Lebens und seiner Leiden zurückbrachte, die ich beinahe vergessen hatte.

Der Tag war drückend heiß gewesen, so dass der kühle Luftzug, der durch die schnelle Fahrt unseres Dampfers verursacht wurde, unendlich erfrischend wirkte.

Die Sonne sank in ein Feuermeer, der Himmel strahlte in seiner Farbenschönheit purpurrot, golden, gelb und opalfarben. Die See war glatt und ruhig, nicht eine kleine Welle war sichtbar, außer in unserer Schiffsbahn, wo der sich kräuselnde weiße Schaum die Schönheit der Himmelsfarben widerspiegelte und dadurch einen wunderschönen Anblick bot, wie man ihn nur selten erlebt. Leutnant N. war auf der Brücke und ich stand, wie ich es gewohnt war, neben ihm und besprach eifrig die Ereignisse der vergangenen Tage, die Szenen, die an uns vorüber gezogen waren und die Vorzüge oder Mängel der Einkäufe, die wir auf unserem letzten Landausflug gemacht hatten. Wie mein Vater oftmals sagte, „rannte meine Zunge neunzehn zum Dutzend“. Wir hatten wahrend unseres Gesprächs mehrere Boote in der Ferne bemerkt, und als meine Einkäufe zur Genüge besprochen worden waren, wandte ich meine Aufmerksamkeit den Schiffen zu, eifrig darauf bedacht, meine Fähigkeit zu zeigen, sie zu unterscheiden und sie nach den Bezeichnungen der Seemannssprache zu benennen. Leutnant N. und ich waren nicht einer Meinung darüber, ob das Fahrzeug, das sich am Horizont abhob, ein Schoner oder eine Brigg war. Ich behauptete, dass es das erstere, und er, dass es das letztere sei. „Nimm mein Fernrohr, und du wirst sehen, dass ich recht habe“, riet mir Leutnant N., wobei er mir seinen Feldstecher anbot.

Ich drehte mich um, um das Fernglas mit ihm zu tauschen, als ich vor Entsetzen beinahe erstarrte. Ich erblickte nämlich ein großes Schiff dicht vor unserem Bug. Wir hatten während unserer Unterhaltung nach Achtern geblickt, und ganz vertieft in unsere Streitfrage, hatten wir während einiger Minuten nicht bemerkt, was sich vor uns anspielte. „Sieh’, sieh’!“, rief ich voller Schrecken. „Wohin?“, fragte mein Gefährte. „Zu dem Schiff! Willst du nicht anhalten? Wir werden zusammenstoßen! – Halt! Halt! Warum hältst du nicht an?“, stieß ich atemlos vor Bestürzung hervor, denn das Schiff war so nahe, dass man die Mannschaft auf Deck deutlich unterscheiden konnte, und wir näherten uns mit furchtbarer Geschwindigkeit. „Was ist mit dir, Kind? Welches Schiff? Was meinst du? Warum sollen wir halten?“

Ich ergriff seinen Arm und drehte ihn herum, denn er blickte mich erstaunt an und nicht das Schiff, dem wir uns mit rasender Geschwindigkeit näherten. „Kannst du jetzt noch nichts sehen?“, schrie ich. „Bist du blind?“, und in meiner Angst schüttelte ich ihn, wobei ich wiederholte: „Das Schiff! Das Schiff! Halt! Halt! Halt!“ Er nahm keine Notiz von dem, was ich sagte, aber befreite sich von meinem verzweifelten Anklammern und zog mich nieder auf einen Sitz, der für mich in einer geschützten Ecke hingestellt worden war. Mein einziger Gedanke jedoch war, dass wir kopfüber der Vernichtung entgegenrasten und dass ich bei meinem Vater sein musste. Daher versuchte ich, mich aus seinem Griff zu befreien und stürmte von der Brücke herunter, als er mich einfing und festhielt, wobei er beruhigend auf mich einsprach. „Wie kann ich ruhig sein, wenn du uns alle ertrinken lassen willst? Lass mich gehen! Vater! Vater!“, stöhnte ich und rang erneut, um mich zu befreien. Dann duckte ich mich nieder und verbarg mein Gesicht in seinem Arm, denn der fremde Segler drängte dicht vor unserem Bug, seine weißen Segel schimmerten rosig-rot im Licht der untergehenden Sonne. Auf dem Deck des fremden Schiffes lehnte ein Mann mit verschränkten Armen an der Reling und beobachtete das Näherkommen unseres Dampfers. All dies sah ich mit einem kurzen Blick, ehe ich mein Gesicht verbarg. Dann wurde es schwarz vor meinen Augen. Mein Herz stand still, während ich den unvermeidlichen Zusammenstoß erwartete. O die Qual jener Augenblicke! Kein noch so langer Zeitraum wird in meinem Gedächtnis die Gedanken auslöschen, die mein Gehirn durchjagten während des Wartens auf den Zusammenstoß der beiden Schiffe. Es schien mir, als ob eine ganze Lebenszeit sich in diesen Sekunden zusammenballte. „Was ist denn mit dir? Warum bist du so furchtsam?“, sagte Leutnant N., wobei er seinen anderen Arm um meine Schultern legte. Aber ich konnte nicht antworten, ich konnte nur stöhnen und zittern!

Der Zusammenstoß ließ lange auf sich warten. Schließlich wagte ich es, emporzublicken. – Das Schiff war verschwunden! Meine Erleichterung war so groß, dass mein Schluchzen mich fast erstickte, und die Tränen strömten ungehemmt über meine Wangen. „Wo ist es? Welchen Weg hat es genommen?“, stammelte ich, als ich endlich Worte finden konnte. „Ich weiß nicht, wovon du sprichst“, antwortete der Leutnant, „es war kein Schiff bei uns. Glaubst du, ich hätte es nicht gesehen, wenn eins dagewesen wäre?“ Ich stand auf und blickte ängstlich zurück. Dort, in unserer Schiffsbahn glitt das Schiff mit stolz ausgebreiteten Segeln daher! Ich sah jedes Seil des Takelwerks und bemerkte, dass die Segel dieses Mal zwischen der sinkenden Sonne und mir nicht rosig-rot waren wie zuvor, als der rote Schein auf sie fiel, sondern grau. Ich sah, wie sich die Mannschaft auf dem Deck umherbewegte, ich sah die Wimpel an der Spitze des Flaggenmastes. Das Boot schien keine fünfzig Fuß von uns entfernt zu sein, aber die Entfernung nahm sehr schnell zu. Es war mir ganz klar, dass wir in irgendeiner Weise durch einander hindurchgegangen waren und nun jedes von uns seinen eigenen Weg weitereilte. „Kannst du es jetzt nicht sehen?“, fragte ich, wobei ich auf den sich entfernenden Segler zeigte.

„Ich kann es nicht sehen!“, antwortete er kurz. Die Schärfe seines Tons und die Folgen der gewaltigen Aufregung, die ich durchgemacht hatte, waren zu viel für mich, und ich gab mich meinen Tränen und Schluchzen hin und wollte mich nicht trösten lassen, trotz all der beruhigenden Worte meines Freundes. Ich fühlte mich schrecklich ermüdet und zitterte. Die Tränen flossen, obgleich ich versuchte, sie zurückzuhalten, bis Leutnant N. mir schließlich riet, in meine Kajüte zu gehen und zu ruhen, wobei er hinzufügte: „Aber wecke deinen Papa nicht auf, und erzähle ihm nichts von dem, was dich erschreckt hat oder was du gesehen hast!“

Ich nickte und ging langsam hinunter in meine Kajüte. Ich wünschte, er hätte mir nicht verboten, Papa zu wecken und ihm alles zu erzählen, denn es würde mich beruhigt und getröstet haben, ihm alles sagen zu können. Ich blieb einen Augenblick an seiner Tür stehen, um ein Zeichen zu vernehmen, dass er wach war, denn ich glaube, ich wäre dann trotzdem zu ihm gegangen. Aber da war kein Geräusch außer dem seines tiefen Atmens zu hören. Daher ging ich in mein kleines Gemach, kroch ins Bett und weinte mich kummervoll in den Schlaf. Als ich am nächsten Morgen erwachte, beschäftigten sich meine Gedanken sogleich mit dem geheimnisvollen Schiff und dem sonderbaren Benehmen des Leutnants N. Mein erster Entschluss war, zu meinem Vater zu stürzen und ihm alles zu erzählen. So beeilte ich mich, mich anzukleiden, um ihn zu erreichen, ehe er zum Frühstückstisch ging.

Das Schattenschiff. Übersetzung der Inschrift: Das Schattenschiff, wie ich es auf dem Mittelländischen Meere 1867 vom s.s. »Sardinian« sah. (Aus dem Gedächtniss gezeichnet).

Während ich mein Haar kämmte und alles überdachte, erschien es mir sehr merkwürdig, dass Leutnant N. gewünscht hatte, von dem Vorfall meinem Vater gegenüber zu schweigen. Dann durchblitzte mich der Gedanke, vielleicht geschah es deshalb, weil ihn mein Vater auf irgendeine Weise tadeln würde, dass er so nahe an das fremde Schiff herangefahren war. Obgleich kein Schaden geschehen war, wusste ich, dass es für einen Dampfer ein Bruch der Regeln für die Fahrstraße ist, in die nächste Nähe eines Segelschiffes zu kommen. Man hatte mir gesagt, ein Dampfer muss einem Segler immer Platz machen oder, wie es in der Matrosensprache heißt, „man müsse ihm eine weite Flucht auf der offenen See geben", und ich wusste auch, dass Leutnant N., als er sein Fahrzeug so nahe an das andere herankommen ließ, eine Übertretung dieses Gesetzes begangen hatte, die meinen Vater sehr zornig machen würde.

Ich erinnerte mich außerdem, dass ich oft verwarnt wurde wegen meines Plauderns mit dem diensttuenden Offizier, während er sehr beschäftigt und mit dem Kurshalten unseres Dampfers betraut war, und ich musste mir eingestehen, dass ich gerade da sehr lebhaft mit ihm geplauscht hatte. Also dies war der Grund, weshalb ich es meinem Vater nicht erzählen durfte! Ich begann zu verstehen, dass eine ernste Unannehmlichkeit für Leutnant N. entstehen konnte, wenn mein Vater von der Katastrophe erfahren würde, der wir mit knapper Not entgangen waren. Innerlich beschloss ich daher, dass ich wenigstens meinen Freund nicht in Schwierigkeiten bringen wollte. Mit diesem Vorsatz schien ich eine unbequeme Last auf meine Schultern zu nehmen, aber ich trug sie gerne um meines Freundes willen. Obgleich wir uns den ganzen Tag begegneten, obschon wir zusammen gingen und miteinander sprachen wie sonst, wurde dennoch das Ereignis des vergangenen Abends nicht erwähnt.

Am Mittag des folgenden Tages fragte mich mein Vater, warum ich am vorigen Abend geweint und mir eingebildet hatte, ein Schiff zu sehen. Diese Art der Bloßstellung ließ mir das Blut heiß ins Gesicht steigen und bis in die äußersten Fingerspitzen prickeln. Ich wusste nicht, was ich sagen sollte, bis die belustigten Gesichter des Leutnants N. und der anderen am Tisch mir sagten, dass der Vorgang kein Geheimnis geblieben war. Dies war zu viel für mich und meinen Entschluss, und hastig erzählte ich das ganze Ereignis. Ich sprach schnell und leidenschaftlich. Das volle Entsetzen des Erlebnisses trat erneut lebendig in meine Seele, als ich es wiedergab. „Erzähle es mir noch einmal in Ruhe“, sagte mein Vater, als ich schluchzend geendet hatte, und ich wiederholte die Geschichte. „Warum hast du es mir nicht gesagt, als du herunterkamst?“ „Leutnant N. sagte, ich dürfe dich nicht wecken. Ich wollte es dir gestern erzählen, und mehrmals war ich nahe daran, dies zu tun, aber ich dachte, du würdest ihm zürnen und ihm eine Rüge erteilen, weil er so nah an das Schiff herangefahren war, und ich glaubte, dies sei auch der Grund, dass er mir verbot, es dir zu sagen. So tat ich es nicht, und es tut mir leid, es dir es erst jetzt erzählt zu haben, doch er lachte über mich“, schloss ich, ein wenig grollend.

Daraufhin ließ mich mein Vater allein und ging auf Deck, um mit den Offizieren zu sprechen. Ich hörte nichts von der Angelegenheit bis später am Tag, als er zu mir kam und mit ärgerlichem Tonfall sagte, dass ich niemals wieder solche Aufregung verursachen oder solche Dinge wie diese erzählen dürfe. Er hatte, so fügte er hinzu, sehr sorgfältige Nachfrage bei der Wachmannschaft nach dem Segler gehalten, den ich zu sehen behauptete. Aber sie alle hatten einstimmig versichert, kein derartiges Schiff wäre an uns vorbeigekommen, seitdem wir den Hafen verlassen hatten.

Sie hätten auch weiter nichts bemerkt, als dass ich bitterlich geweint habe. Also blieb die ganze Sache geheimnisvoll, und ich konnte – dies sah ich ein – nicht erwarten, dass man mir angesichts so vieler gegenteiliger Beweise Glauben schenke. Die alte Last von Sorge und Angst, die sich von meinem Herzen während dieser langen Ferienzeit gehoben hatte, schien sich erneut auf mich niederzusenken. Ich begann mich zu fragen und über die Möglichkeit nachzusinnen, ob es Schattenschiffe ebenso gut wie Schattenleute geben könne. Kurz, das alte Unbehagen kehrte zurück und machte mein Herz schwer und mich selbst elend, obgleich die verschiedenen kleinen aufregenden Ereignisse, die mit dem Leben am Bord des Schiffes zusammenhingen, mich hinderten, es so ernst wie früher zu nehmen.

Nach diesem Vorfall waren meine Ferien verdorben. Etwas war zwischen meinen Vater und mich getreten, eine Wolke, zwar eine leichte, doch sie bildete eine unsichtbare Schranke in unserem vertrauten Verhältnis. Er glaubte, dass ich mich einer Lüge schuldig gemacht hatte, und unter diesem Verdacht zu stehen, machte mich unglücklich und empörte mich. Auch konnte ich mich nicht völlig von der Vorstellung befreien, dass Leutnant N. wünschte, sein Nichtbemerken des Schiffes zu verbergen, indem er darauf bestand, dass es niemals dagewesen war. Ebenso war ich empört über ihn, dass er die Angelegenheit erwähnt hatte, nachdem er mir verbat, es selbst zu tun. Eine lange Zeit danach fragte ich ihn, aus welchem Grund ich meinem Vater nichts von dem Schiff hatte erzählen sollen, und er antwortete: „Weil du in einem solchen Zustand der Unruhe und Aufregung warst, dass ich glaubte, es würde nicht gut sein, wenn dein Vater dich wegen solch törichter Einbildungen schelten würde. Das war alles." Meine Ferien waren jedoch ruiniert, und ich sehnte nun das Ende unserer Reise herbei.

Kapitel V
Der geheimnisvolle Aufsatz

„Eben zu derselben Stunde gingen hervor Finger, als einer Menschenhand, die schrieben gegenüber des Leuchters über auf die getünchte Wand in dem königlichen Saal. Und der König ward gewahr die Hand, die da schrieb."
Daniel, Kap. 5, Vers 5.

Während der nächsten ein, zwei Jahre, die ich in der Schule verbrachte, war ich meist frei von Träumen und Schatten. Mein Unterricht war sehr vernachlässigt worden, und um das Versäumte wieder nachzuholen, sah ich mich genötigt, ziemlich angestrengt zu arbeiten. Ich kam in eine Klasse von Mädchen, die viel jünger waren als ich, und selbst hier war ich in den einfachsten Grundlagen der Bildung unwissender als meine Mitschülerinnen. Aber in weniger als einem Jahr hatte ich mich heraufgearbeitet, so dass es mir erlaubt wurde, an vielen Unterrichtsfächern mit den Mädchen in den obersten Klassen teilzunehmen.

Meine Gesundheit war gut, meine Arbeit, die ich eifrig betrieb, ein Vergnügen. Auch der Frohsinn und das Scherzen unter den Mädchen meines Alters waren, schon aufgrund ihrer Neuheit für mich, wunderschöne Erlebnisse, und bald war kein Spiel ohne mich vollständig. Dieser Geist der Ausgelassenheit hatte manche Nachteile, denn nach kurzer Zeit schon wurde meistens die Urheberschaft eines Unfugs, wenn er zufällig entdeckt wurde, mir zugeschrieben. Aber trotzdem erfreute ich mich an meinen Studien und mochte meine Lehrer gern.

Der letzte Kursus, dem ich beiwohnte, war zufällig auch der letzte für mehrere der älteren Schülerinnen. An seinem Ende sollte eine Prüfung von außergewöhnlicher Wichtigkeit abgehalten werden, und sowohl Lehrer als Zöglinge waren eifrig darauf bedacht, sich Anerkennung zu verschaffen. Schon einige Wochen vor dem 1. Juni hatten wir unsere Vergnügungen eingestellt, und unsere für gewöhnlich laute Wohnstube war in ein ruhiges Studierzimmer verwandelt worden, wo wir nach des Tages Arbeit saßen, mit der Vorbereitung auf jene besonderen Aufgaben beschäftigt, die eine zentrale Rolle bei unserem halböffentlichen Examen haben würden.

Meine eigenen Arbeiten hatte ich zum Großteil vollendet – mit Ausnahme eines Aufsatzes, den ich schreiben sollte. Meine Versuche in dieser Hinsicht waren vollständig misslungen. In der Tat verdankten solche Aufsätze, die unter meinem Namen eingegeben wurden, ihre Entstehung mehr der Hilfe der Mitschülerinnen als meinen eigenen Anstrengungen. Es war ein offenes Geheimnis in unserer Klasse, dass Lydia Olives Übersetzungen und meine Aufsätze eigentlich umgekehrte Namensunterschriften hätten tragen müssen. Diesmal war in strengem Ton angekündigt worden, besonders an uns beide gerichtet, dass diese Aufsätze ganz und gar selbständig verfasst sein müssten und dass niemand zur Ausarbeitung Hilfe anbieten oder annehmen dürfe.

Wenn ich mich recht erinnere hieß das für mich ausgewählte Thema: *„Natur“* oder: *„Was ist die Natur?“* Als eine Woche nach der anderen den Zeitpunkt der festgesetzten Frist näherbrachte, war ich häufig verzweifelt wegen meiner Unfähigkeit, ein Dutzend Zeilen über dieses Thema zusammenzustellen. Oftmals fing ich an: „Natur ist die Mutter von uns allen“, oder: „Natur umfasst alles, was im All ist“, und ebenso oft hörte ich auf. Keinen anderen Satz konnte ich finden, der nicht unreif, unzusammenhängend oder sogar einfältig erschien. Blatt für Blatt vernichtete ich und machte einen sorgfältigen Anfang nach dem anderen, nur um in derselben Weise zu enden. Jeden Abend, wenn ich die Schreibutensilien fortlegte, fragte ich mich, was aus mir werden solle, wenn der nächste Tag keinen besseren Erfolg brachte. Jede Nacht ging ich zu Bett mit dem Entschluss, nicht einzuschlafen, sondern mir den Text auszudenken und das Resultat meines Sinnierens gleich als Allererstes am Morgen aufs Papier zu bringen. Aber stets, nachdem ich meinen Kopf auf mein Kissen gelegt hatte, waren meine Vorsätze verschwunden, und ich war der Vollendung meiner Aufgabe um nichts näher gekommen.

Die Tage schienen zu dahinzufliegen. Die anderen Mädchen waren nun mit dem sorgfältigen Abschreiben ihrer mit Bleistift notierten Konzepte eifrig beschäftigt. Unglücklich beobachtete ich die Fortschritte ihrer wie gedruckt aussehenden Schreiben. Ich sah die saubere Unterschrift und das selbstzufriedene Lächeln, mit dem jedes Mädchen ihr Schriftstück betrachtete, das vor ihm lag. Aber es nützte alles nichts, je mehr ich es versuchte, desto leerer wurde mein Geist. Ich konnte nur im Geheimen über meinen Kummer weinen.

Oftmals schloss ich mich in mein Schlafgemach ein und, auf meinen Knien liegend, betete ich, dass mir einige Gedanken eingegeben werden mochten. Aber das Beten schien nichts zu helfen. Mein Kopf war so leer wie zuvor. „Natur ist die Mutter von uns allen", fing es in meinen Ohren zu klingen und vor meinen Augen zu tanzen an. Diese Worte schienen sich in meinem leeren Kopf zu jagen, als wenn sie Hüpffrosch spielten. Sie sprangen und versteckten sich voreinander, bis ich manchmal laut bei diesem Gedanken lachte.

Es fehlten nur noch drei oder vier Tage bis zum „großen Tag". All unsere Zeichnungen, Papiere und Handarbeiten waren gesammelt und die Aufsätze abgegeben worden. Als ich nach dem Meinigen gefragt wurde, erklärte ich zögernd, dass er noch nicht fertig sei. Mir wurde gesagt, dass ich nur noch sehr wenig Zeit hätte und mit der Fertigstellung nicht länger säumen dürfe.

In der folgenden Nacht versorgte ich mich mit einer Kerze, mit Papier und Bleistiften, und nachdem wir uns zurückgezogen hatten, saß ich aufrecht im Bett, entschlossen, etwas fertigzubringen. Ich hatte wieder dieselben schrecklichen Worte geschrieben, als einige murrende Stimmen mir geboten, das Licht auszulöschen, oder die Sprechenden würden es für mich tun. Da gab es andere keine Wahl, als zu gehorchen! Ich konnte nur mein Gesicht zur Wand kehren und weinen, bis ich einschlief, wobei ich mir vornahm, zeitig aufzuwachen und sobald es Tag würde, irgendetwas zu schreiben, egal was.

Am nächsten Morgen erwachte ich jedoch nicht eher, als bis jemand einen nassen Schwamm nach mir warf, und dadurch wurde ich zu dem schrecklichen Bewusstsein wachgerufen, unfähig zu sein, meine Vorsätze auszuführen.

Mein erster Blick war auf die Papierbögen und auf die Bleistifte, die unbenutzt neben meinem Bett lagen, gerichtet. Sie waren in Unordnung umhergestreut, und manche lagen auf der Erde. Während ich mich schweren Herzens und mit schwerem Kopf anschickte, sie aufzuheben, sah ich, dass die meisten der Blätter mit Buchstaben bedeckt waren.

Mein erster Gedanke war natürlich der, dass ich aus Versehen beschriebenes anstatt unbeschriebenen Papiers in der Nacht vorher in mein Zimmer gebracht hatte. Aber ein zweiter Blick zeigte mir, dass die Schrift meine eigene war. Bestürzt und verwirrt setzte ich in meinem Nachthemd auf die Bettkante, ohne auf den Spott meiner Gefährtinnen zu achten, die sich anzogen und über meine Trägheit oder „Studienstimmung", wie sie es abwechselnd nannten, lustig machten. Ich aber war in das Schreiben vertieft und nahm keine Notiz von ihnen. Seite für Seite las ich eifrig, erstaunt und beglückt. Ich wusste nicht, wie die Schrift dahingekommen war, und zunächst dachte ich gar nicht darüber nach, sondern nur an die Freude, die ich empfand, während ich die schönen Gedanken las, die in wohlgeformten, poetischen Sätzen ausgedrückt waren. „Seht her, Mädchen!", sagte ich, „hört euch dies an!" Und ich begann laut zu lesen: „Am Anfang schuf Gott Himmel und Erde, und die Erde brachte ferner Gras und Pflanzen, die Frucht brachten nach ihrer

Art, und der Baum trug Früchte, und ihr Same war ein jeglicher nach seiner Art, und Gott sahe, dass es gut war."

„O hör auf, hör auf!", riefen sie. Aber ich fuhr fort, Seite für Seite vorzulesen, in denen wie auf einem Gemälde das Bild der Welt aufgerollt wurde, wie sie ihre erste strahlende Schönheit unter der neuen Sonne, dem neuen Mond, den neuen Sternen entfaltete, jede kommende Entwicklung reicher an Schönheit und an Wundern als die vorhergehende, von den kreisenden Sternen, die in ihren vorgeschriebenen Bahnen wandeln, bis zum kleinsten Grashalm, der seine reichen Farben empfängt von den Strahlen des Sonnenlichts. So eifrig las ich, dass ich nicht bemerkte, dass meine Zuhörer weit davon entfernt waren, dasselbe begeisterte Entzücken, das ich empfand, selbst zu fühlen. Erst als ich das Ende erreicht hatte, war ich mir der spöttischen Bemerkungen und höhnenden Urteile über meine vorgeschützte Unfähigkeit, einen Aufsatz zu schreiben, bewusst geworden. Mit einem sonderbaren Gefühl betrat ich an diesem Morgen das Klassenzimmer. Ich bemerkte kaum die Kühle und die schlechte Laune meiner Klassenkameradinnen, denn mein Kopf war von Bildern erfüllt, die das geheimnisvolle Schreiben hervorgerufen hatte. Ich fühlte mich unruhig, aufgeregt und ungeduldig, bis die halbe Freistunde mir Gelegenheit gab, den Text wieder zu lesen. Erst jetzt fiel mir die Seltsamkeit des ganzen Vorgangs auf. „Wie war es dazu gekommen?" „Wer hatte es geschrieben?" „Wann war es geschrieben worden?" Dann beängstigte mich der Gedanke, dass mir jemand einen Streich gespielt habe. Aber nein, es war meine eigene Handschrift, das war unzweifelhaft! Niemand konnte diese Tatsache verleugnen, ich selbst musste es geschrieben haben, aber wann? In meinem Schlaf? Ich hatte von den Dingen gehört, die der Text abhandelte, aber die Gedanken waren nicht die meinigen. Ich hatte das niederdrückende Gefühl, dass ich vollständig unfähig war, ein halbes Dutzend Sätze zusammenzustellen, ganz abgesehen von diesen wunderschön abgerundeten Kapiteln – so poetisch und doch so kräftig, dass man beim Lesen auf den Flügeln der Fantasie getragen wurde zum Schauplatz der Geburtsstätte der Natur. Diesen ganzen Tag lang quälte ich mich selbst, ob ich das Eigentumsrecht für dieses Schriftstück annehmen dürfe oder nicht, und ich erwog das Für und Wider reiflich. Ich fühlte mich verletzt durch die Bemerkungen meiner Gefährtinnen, dass meine angebliche Unfähigkeit, einen Aufsatz zu schreiben, nur ein Vorwand oder eine List gewesen waren, um sie zu veranlassen, ihre Arbeiten früh abzugeben, so dass ich dann zuletzt mit der meinigen kam, mit der ich mir vorgenommen hatte, sie vollständig in den Schatten zu stellen.

Mehr als einmal beschloss ich, keinen Gebrauch von dem Text zu machen, aber die Versuchung war zu groß. Die Angelegenheit kam bald zu den Ohren unserer Vorsteherin, und man befahl mir, die Papiere in ihr Privatzimmer zu bringen, was ich mit Furcht und Zittern tat. Während sie mich zum Setzen aufforderte, nahm sie die Papiere und überflog schnell die erste Seite. Dann sah sie mich mit dem kalten, strengen Gesicht an, mit dem sie gewöhnlich die Sträflinge anschaute und sagte: „Woher hast du das? Hast du es aus irgendeinem Buch abgeschrieben?" „Nein, Madame Whittingham!" „Sei so gut, und erkläre es mir!", fuhr sie fort. Ich erzählte ihr dann zaghaft, wie ich erfolglos gewesen war bei all meinen Versuchen, einen Aufsatz über das mir gestellte Thema zu schreiben und über meine Betrübnis darüber. Dann beschrieb ich, wie ich immer wieder Bleistift und Papier abends in meinem Zimmer in Bereitschaft hielt, um irgendetwas zu schreiben, was mir vielleicht im Bett vor dem Einschlafen einfallen würde, weil mir das Denken leichter vorkam, wenn ich mich zur Ruhe niedergelegt hatte, aber wie ich immer wieder eingeschlafen war und niemals irgendwelche Ideen gehabt hatte, auf die ich mich am nächsten Morgen besinnen konnte. Schließlich schilderte ich ihr, wie ich am letzten Abend um Inspiration gebetet und versucht hatte, im Bett zu schreiben, aber durch das Murren der anderen Mädchen gezwungen worden war, das Licht auszulöschen, und dass ich mich niedergelegt und geweint hatte, bis ich in Schlaf fiel, dann, wie ich das Papier mit Schrift bedeckt gefunden hatte, als ich am nächsten Morgen erwachte. „Und wen hältst du nun für den Schreiber?", fragte Mistress Whittingham. Ich antwortete, dass ich nur annehmen könne, es selbst geschrieben zu haben, weil es doch meine eigene Schrift war und die beiden Bleistifte ganz bis ans Holz hinunter abgenutzt gewesen waren, woraus man erkennen könne, dass sie gebraucht worden waren. „Aber du besinnst dich nicht darauf, es geschrieben zu haben?" „Nein." „Dann betrachtest du es als ehrlich, es als dein eigenes Werk auszugeben?" Dies war die Frage, die mich beunruhigte, und ich antwortete zitternd: „Ich weiß nicht, was ich tun soll, ich brauche jemanden, der mir sagt, was recht ist. Es macht mich so unglücklich, es nicht zu wissen", und die Tränen, die niemals sehr fern waren, liefen nun über meine Wangen. Ich glaube, meine sichtbare Betrübnis muss ihr Urteil über mich gemildert haben, denn sie antwortete ganz freundlich: „Ich will es durchlesen und die Angelegenheit bedenken und dir dann sagen, was ich glaube, was deine Pflicht ist." So verließ ich das Zimmer mit einem erleichterten Herzen, froh, die Verantwortung auf die Schultern einer anderen, weiseren Person, als ich selbst es war, gelegt zu haben.

Eine Stunde später wurde ich in das Zimmer zurückgerufen, wo zu meiner Bestürzung der Anstaltsgeistliche in Unterhaltung mit Mistress Whittingham saß. Die Angelegenheit hatte jetzt anscheinend eine furchtbare Wichtigkeit angenommen, und ich wurde extrem nervös. „Der Herr Pfarrer wünscht alles über dieses Schriftstück zu wissen. Sei so gut, und erzähle es ihm von Anfang an", sagte Mistress Whittingham. So wiederholte ich die Geschichte, die ich ihr vorgetragen hatte, und ich wurde dann einer Reihe von Verhörfragen unterworfen:

„Welche Bücher hast du über das Thema gelesen?"
Ich konnte mich nicht besinnen, etwas anderes außer der Bibel und den Büchern, die wir in der Schule brauchten, gelesen zu haben.
„Hast du jemals solche Aufsätze geschrieben, ehe du zur Schule kamst?"
„Nein!" Dessen war ich sicher.
„Was lässt dich nun vermuten, dass du diesen geschrieben hast?"
„Es ist meine eigene Handschrift und auf dem Papier geschrieben, das ich mir ans Bett mitnahm."
„Hast du jemals etwas im Schlaf getan, worauf du dich nicht besinnen konntest, als du aufwachtest?"
Ich antwortete zögernd: „Ja."
Ich wusste, dass ich mehrmals ins Zimmer meines Bruders gegangen war, aber es nie glauben wollte, bis er mich einmal dort aufweckte. Ein anderes Mal schnitt ich mich während eines solchen Schlafwandelns in die Hand, die eine Dienerin dann verband. Aber ich wusste nichts davon, bis ich am nächsten Morgen erwachte. Man erzählte mir, dass ich im Schlaf umherzugehen pflegte, als ich jünger war, aber ich dachte, dass ich dieser Angewohnheit nun entwachsen sei.
„Aber du hast niemals irgendwelche deiner Aufgaben im Schlaf gemacht?"
„Nein."
„Welche Gründe hast du dann dafür, es anzunehmen, dass du es bei dieser Gelegenheit getan hast?"

„Ich weiß nicht. Nur betete ich so sehr, dass Gott mir helfen möge, Ideen zu finden, so dass ich glaube, er hat mir vielleicht geholfen, während ich schlief. Ich weiß sonst keine andere Art, wie es hätte geschehen können.“

Eine kurze Unterhaltung folgte zwischen Mistress Whittingham und dem Geistlichen, in der ich Andeutungen eines ähnlichen Falls hörte, der in einem fremden Land geschehen war, wo ein junger, überarbeiteter Student eine sehr gelehrte Abhandlung über ein wissenschaftliches Thema geschrieben hatte, die vom allergrößten Wert war. Zum Schluss wurden mir die Papiere überreicht mit der Anweisung, den Aufsatz sorgfältig abzuschreiben und mit den meinen übrigen Arbeiten abzugeben. „Es ist ein sehr ungewöhnlicher Fall“, sagte der Geistliche, als er mir die Papiere zurückgab, „aber da es zweifellos deine eigene Handschrift ist, und da mir Mistress Whittingham sagt, dass sie niemals irgendwelchen Grund hatte, deine vollkommene Wahrhaftigkeit und Ehrlichkeit zu bezweifeln, haben wir kein Recht, dies zurückzuweisen, so seltsam es auch ist. Wir haben von ähnlichen Fällen gehört, und obgleich verschiedene Versuche gemacht worden sind, sie zu erklären, bin ich doch geneigt, deine eigene Deutung anzunehmen und zu sagen, dass Gott dir geholfen hat, weil du ihn darum gebeten hattest.“

Niemals hat ein Herz freudiger geschlagen als das meine, als ich, die kostbaren Papiere an meine Brust gedrückt, in mein kleines Studienzimmer lief, um die Arbeit des Abschreibens zu beginnen. Ich schien einen Sieg errungen zu haben. Ich war als wahrhaft und ehrlich anerkannt worden. Die Stimme des Geistlichen klang so mild, und er sowie Mistress Whittingham hatten mich sehr freundlich angesehen, als ich ihnen mit tränenreichen, aber glücklichen Augen dankte, während sie mir die Papiere wiedergaben.

Am Examenstag wurde das gewohnte Programm durchgegangen: Die Gesänge für den Chor, die Soli, das Klavierspiel und die Ausstellung der Zeichnungen wurden der gewöhnlichen Prüfung unterzogen. Dann kam das Verlesen der Aufsätze an die Reihe. Allen wurde ihr Teil von Lob zuerkannt, denn alle waren mehr oder weniger gut. Danach trat der Anstaltsgeistliche vor und erklärte, dass der Aufsatz, den er jetzt vorlesen wolle, nach seiner Meinung eine direkte Antwort auf ein Gebet sei. Er wäre zwar nicht unter die eingereiht worden, die auf einen Preis Anspruch erheben konnten, denn das würde nicht gerecht den anderen gegenüber gewesen sein. Aber nach seiner Ansicht wäre er es wert, als ein sehr schönes Erzeugnis angesehen zu werden, und er würde sich deshalb erlauben, ihn vorzulesen.

Dies tat er. Aber ich glaube nicht, dass er viel Anerkennung fand, außer bei denen auf dem Podium. Alle waren müde von der vielen Arbeit des Morgens und der drückenden Hitze des Schulzimmers. Sämtliche Zöglinge waren mehr oder weniger aufgeregt, in der Erwartung, nach Hause entlassen zu werden, manche für immer.

Ich erhielt viele freundliche Worte sowohl vom Anstaltsgeistlichen als auch von den Lehrern und empfing ein wohlausgestattetes Schreibetui als besondere Belohnung. Allerdings wusste ich nicht genau wofür, denn mir war gesagt worden, dass, obgleich mein Aufsatz unzweifelhaft der beste sei, er doch nicht zur Preisverleihung kommen konnte, aufgrund der Umstände, die seine Entstehung begleiteten. Dies jedoch bekümmerte mich nicht im Geringsten. Ich war vollkommen glücklich und mehr als zufrieden mit der Belobigung, die mir zuteil wurde.

Kapitel VI.
Die Wahrsagerin

„O neugieriger Mensch, was forschest du nach Dingen,
Die doch, vorausgewusst, nur Schmerzen mit sich bringen?
Selbst Freud', vorhergeseh'n, gibt Raum nicht freud'gem Hoffen,
Und Leid, vorausgesagt, fühlt man schon eingetroffen."
Dryden

In der letzten Phase meiner Schulzeit fand ein Ereignis statt, das zwar nicht eigentlich zu der Art von Erlebnissen gehört, die ich erzählen wollte, aber dennoch einige Ähnlichkeit beziehungsweise Verwandtschaft mit ihnen besitzt. Ich verbrachte einige Tage meiner Ferienzeit mit Alice, einer Schulkameradin, einem Mädchen, das nur ein Jahr älter, aber bedeutend reicher an weltlichen Erfahrungen war als ich. Sie hatte einige Cousinen besucht und von ihnen gehört, dass irgendwo in der Nachbarschaft von – ich glaube Bloomsbury – eine geheimnisvolle Dame wohne, welche die Fähigkeit besaß, in die Zukunft zu schauen und sie vorauszusagen. „Sie ist nicht eine eigentliche Wahrsagerin“, sagte Alice, „aber sehr klug und eine vollendete Dame –, sie lebt in einem schönen Haus, hat Diener und so weiter. Meine Cousinen erzählten mir, sie hätte ihnen die wunderbarsten Dinge gesagt.“ „Ich dachte, dass nur Zigeuner wahrsagen“, erwiderte ich lebhaft interessiert. „O, das scheint etwas ganz anderes zu sein. Meine Cousinen berichteten mir, dass sehr vornehme Leute zu ihr gehen, um sie über ihre geschäftlichen Angelegenheiten oder über ihre sonstigen Sorgen um Rat zu fragen.“ „Ich habe ihre Adresse. Möchtest du gerne hingehen?“ Welches Schulmädchen könnte solch einer Versuchung widerstehen? Ich sicherlich nicht! Ehe wir in jener Nacht einschliefen, hatten wir alle Mittel und Wege besprochen, den Stand unserer Finanzen geprüft und Pläne zurecht gelegt, dieser geheimnisvollen Dame einen Besuch abzustatten. Alice wusste nicht, was es kostete, den Schleier der Zukunft heben zu lassen, und wir befürchteten sehr, dass unsere vereinten Mittel nicht ausreichen würden. Aber wir beschlossen, es auf eine Probe ankommen zu lassen, und der nächste Tag fand uns auf dem Weg in jenes Londoner Viertel wo die Dame wohnte. Jetzt, nach so langer Zeit kann ich mich weder an ihren Namen noch an die Straße erinnern, ja ich bin sogar nicht wirklich sicher, diese jemals gewusst zu haben. Es war Alice, die den Führer abgab, aufgrund ihrer Bekanntschaft mit der Metropole und auch wegen der Würde, die ihre siebzehn Jahre ihr gegenüber meinen sechzehn verliehen. Am Haus angekommen, wurden wir von einem Knaben im Pagenanzug in ein Zimmer geführt, das uns im Gegensatz zu den hellen, sonnigen Straßen draußen dunkel wie ein Grab vorkam. Ich fühlte ein leichtes Frösteln und erschauerte vor Ehrfurcht, als ich umherblickte.

Der Raum war von achteckiger Form, ringsherum mit dunklen Vorhängen versehen, die das Licht, was durch die Fenster hereinfiel, zum größten Teil ausschlossen. In den vielen Ecken zwischen den Vorhängen befanden sich lange, schmale Spiegel, die vom Fußboden bis zur Decke reichten. Als wir eintraten, schien es mir, als ob das Zimmer mit Menschen gefüllt sei, und erst, nachdem sich unsere Augen an das Halbdunkel gewöhnt hatten, entdeckten wir, dass dies unsere eigenen Spiegelbilder waren. Es lag etwas Eigentümliches in dem Anblick des Gemachs, und der Wunsch regte sich in mir, besser nicht gekommen zu sein, aber ich behielt dieses Gefühl für mich, denn der Knabe kam zurück, wobei er sagte, die Dame wolle nun eine von uns empfangen. „Geh du, Alice!", sagte ich. So ging sie, indem sie mich allein ließ in jenem düsteren Raum, wie mir schien – eine Ewigkeit.

Als sie zurückkehrte, hatte ich mich an das Halbdunkel gewöhnt und konnte erkennen, wie blass und beunruhigt sie aussah. Ich fühlte mich nervöser und furchtsamer als je zuvor. „Was ist denn geschehen? Alice, wie ist sie denn? Was hat sie dir gesagt?" „Nicht viel, ich glaube, es ist alles Unsinn, aber jetzt ist es an dir! Der Knabe wartet, ich werde es dir nachher erzählen." Mit einem sonderbaren Gemisch aus Furcht und dem Drang zu lachen folgte ich dem Pagen eine Treppenflucht hinauf in ein Zimmer, das über dem Empfangsraum lag.

Soweit ich dies im Dunkel erkennen konnte, war das Gemach in Form und Ausstattung ein exaktes Ebenbild des unteren. Aber ich könnte nichts, was darin sich befand, beschreiben, außer jener Frau mit langem, hellen beziehungsweise weißen Haar, das gelöst in kräftigen Wellen über ihre Schultern hing. Sie war ganz in Schwarz gekleidet. Ihr Gesicht sah blass und leidend aus, aber ob sie jung oder alt war, hätte ich nicht unterscheiden können, selbst wenn mein Leben davon abgehangen hätte. Ich hatte nur den Eindruck von Schwarz und Weiß, von etwas ganz und gar Geheimnisvollen, und ich empfand ein beinahe unwiderstehliches Verlangen, wieder in den Sonnenschein hinauszustürzen.

Mochte es von meiner aufgeregten Einbildung rühren oder nicht, aber ich fühlte etwas Schauerliches und Unheimliches beim Anblick dieser schwarz gekleideten, weißhaarigen Frau. Mein Puls schlug wie ein Hammer, und ich wusste nicht, ob ich weinen oder lachen sollte. Sie blickte mich einen Augenblick an, dann sagte sie mir, dass ich mich setzen solle. Ich sah mich um und setzte mich auf den Rand des nächsten Stuhls, den ich erblickte. „Was ist das für ein Zeichen auf deinem Arm?", fragte sie hastig. Ich sah schnell auf den Ärmel meiner Jacke, aber ich bemerkte nichts und sagte ihr dies stammelnd.

Sie beachtete meine Worte nicht, sondern fuhr fort rasch zu sprechen. Ich konnte nur hier und da ein Wort auffangen und fragte mich, wovon sie eigentlich redete. Es dauerte einige Minuten, bis ich erfasste, dass sie meine Zukunft wahrsagte. Vergeblich versuchte ich, ihr zu folgen und den Sinn ihrer Worte zu verstehen. Je mehr ich mich anstrengte, umso verwirrter wurde ich. Sie sprach hastig, mit monotoner Stimme, wie eine Person, die sich selber laut etwas vorliest. Einmal fing ich einen oder zwei Sätze auf, die auf ein Zeichen auf meinem Arm und seine Bedeutung Bezug hatten. Dann hörte sie auf, und während sie mich eine oder zwei Sekunden durchdringend ansah, stieß sie hastig hervor: „Du hast Augen, die Dinge sehen, für die andere blind sind. Gott helfe dir! Dein Leben wird kein leichtes sein!“ Dann nahm sie den früheren einförmigen Ton wieder auf, doch ihren Worten konnte ich nicht folgen. Ihre Bemerkung bezüglich meiner Augen veranlassten meine Gedanken zu wandern, und nicht eher, als bis sie zu sprechen aufhörte, begriff ich, dass sie mir wahrgesagt hatte. Nach einer Pause fragte sie, ob ich irgendwelche Fragen hätte. Ja, ich hatte hunderte Fragen, aber auf keine einzige konnte ich mich in diesem Augenblick besinnen. „Ja, ich möchte wissen ...“, und ich zögerte und fragte mich, was ich am liebsten wissen wollte. „Vielleicht – ob du heiraten wirst?“, warf sie ein. „Ja!“ „Du wirst in zwei Jahren oder früher verheiratet sein.“

Abermals versuchte ich, eine Frage hervorzustammeln. „Du hast den Mann noch nicht gesehen, den du heiraten wirst.“ Wieder eine Pause, während der ich bemüht war, meine Gedanken zu sammeln, denn die kostbaren Minuten entschlüpften, und es war so vieles, was ich wissen wollte.

Bevor ich jedoch sprechen konnte, fuhr sie fort: „Dein Leben wird seltsam und ereignisreich sein, mehr als das gewöhnlicher Sterblicher. Viel wird dir widerfahren, viel Elend, viele Leiden. Sorgen, wie wenige sie kennen, werden dich treffen. Aber dein Los wird dennoch viel glücklicher sein als das der meisten Frauen. Deinen Pfad wandelt kaum einer unter Tausenden. Er ist mit Gefahren umgeben, wie sie wenige zu durchleben haben, doch in deinen Händen wird die Kraft liegen, andere zum Glück zu führen und zu leiten.“ Sie sagte noch viel mehr Worte des Rates und der Warnung in einem freundlich-ernsten Tonfall. Ich fühlte die Tränen in meinen

Augen, und mir war es, als ob ich ersticken müsste. Dann hielt sie inne und sagte mir kurz, dass ich gehen könne.

Ich stand von meinem Sitz auf, wobei ich mich zaghaft fragte, ob ich ihr die Hand geben solle, ehe ich das Zimmer verließ. Aber sie strich sich mit der Hand über ihre Augen wie ermüdet und drückte auf eine Handklingel. Dieses Zeichen wurde durch das Eintreten des Pagen beantwortet, der die Tür für mich offenhielt. So ging ich, nachdem ich nach Schulmädchenart meinen Knicks machte, die Treppe hinunter, um mit Alice zusammenzutreffen, die mich mit den Worten begrüßte: „Was für eine lange Zeit du dort gewesen bist. Wir müssen schnell zurück!"

Alice war auf unserem Heimweg ungewöhnlich bedrückt und still, aber zuletzt wurde sie redseliger, um mit der größten Verachtung von allen Wahrsagerinnen zu sprechen, denen sie, wie sie erklärte, keinen Glauben schenke.

„Was hat sie dir gesagt?", fragte ich.

„Nichts als eine Menge von Unsinn, ich kann mich nicht auf die Hälfte davon besinnen."

„Ich auch nicht! Ich wusste zuerst nicht, wovon sie sprach, und als ich es dann wusste, hatte ich den ersten Teil ganz vergessen und konnte das übrige nicht verstehen. Aber sie sagte mir nachher, dass ich in zwei Jahren verheiratet sein würde mit jemandem, den ich noch nicht gesehen habe. Hat sie dir etwas Ähnliches gesagt?"

„Nein! Sie sagte, ich würde nicht heiraten."

„Ach! Ist das wahr? Wünschst du denn, niemals zu heiraten?"

„Freilich, kleine Närrin, werde ich heiraten. Ich bin ich doch jetzt schon verlobt!"

Dieses überraschende Bekenntnis brachte unsere Unterhaltung auf ein ganz anderes Thema, und erst, als wir nach Hause kamen, erinnerte ich mich plötzlich an die Bemerkung der Frau, die sich auf ein Zeichen an meinem Arm bezogen, und ich fragte Alice, ob sie der Wahrsagerin davon erzählt hatte. „Ich? Nein! Ich weiß nichts davon! Was ist es?" Nun ist es eine merkwürdige Tatsache, dass auf meinem linken Arm unter der Schulter ein kleines Zeichen ist, wie ein Kreuz geformt, das, obwohl meist unsichtbar, doch zuweilen von einer hellen, roten Farbe und dem Auge und Tastsinn vollkommen deutlich ist. Zufällig war es gerade ganz sichtbar zu dieser Zeit. Doch wie es durch die Ärmel meines Kleides und meiner Jacke erkannt werden konnte, war eine Frage, die ich nicht zu beantworten vermochte.

Es war lange Zeit später, als Alice mir im Vertrauen mitteilte, dass die Wahrsagerin ihr einen Unglücksfall vorausgesagt hatte, bei dem sie ernsthaft leiden würde, „beziehungsweise sterben, meinte sie wohl", fügte Alice hinzu. Dann erinnerte ich mich an die Blässe, die ich an ihr bemerkt hatte, als sie von ihrer Unterredung mit der Wahrsagerin zurückkam, und an die von ihr anschließend ausgesprochenen Worte des Zweifels an ihrer Fähigkeit, in die Zukunft zu schauen. Die Worte der Frau machten, soweit ich mich ihrer erinnerte, zu jener Zeit einen tiefen Eindruck auf mich. Noch lange später kehrten ihre Bemerkungen, dass meine Augen mehr als die anderer zu sehen vermöchten, fortwährend in mein Gedächtnis zurück und brachten nur sehr viel Trost, da sie mir zu sagen schienen, dass diese besondere Fähigkeit nicht ganz und gar unbekannt ist. Dies führte mich dahin, die Hoffnung zu hegen, dass sie trotz allem nicht ein Symptom geistiger Verwirrung war.

Alice und ich verließen die Schule zur selben Zeit und sahen uns niemals wieder, denn kurz danach ereilte sie ein schrecklicher Tod. Sie war in Brighton zur Badesaison, als eines Nachts ein Feuer ausbrach und das Hotel, in dem sie wohnte, bis auf die Grundmauern vernichtete. Die arme Alice verbrannte zusammen mit einer der Bediensteten, der sie zu helfen versuchte. Die Prophezeiung der Wahrsagerin, dass sie sich nicht verheiraten würde, wurde dadurch auf furchtbare Weise erfüllt. Die Voraussage, die sich auf meine Verheiratung bezog, traf ebenfalls zu, denn zwei Jahre nach dem Tag unseres Besuches bei der weißhaarigen Frau war ich vermählt. Inwieweit sich die übrigen Prophezeiungen, die sich auf meine Zukunft bezogen, erfüllt haben, mögen meine Leser selbst beurteilen.

Kapitel VII.
Abermals meine Schattenfreunde und die Begegnung mit dem Tischklopfen

„Es warfen Schatten
Zu Nacht mehr Schrecken in die Seele Richards,
Als wesenhaft zehntausend Krieger könnten,
In Stahl gerüstet."
Shakespeare, „König Richard der Dritte."

Während der ersten Tage nach meiner Ehe fingen meine Schattenfreunde wieder an, mich aufzusuchen. Ich war verpflanzt nun aus dem Kreis meiner kleinen, lärmenden Geschwister, und das geschäftige Leben einer älteren Schwester, die als Wärterin und Erzieherin bei vier vorlauten, übermütigen Kindern fungierte, war beendet. Stattdessen war ich in der Einsamkeit meines neuen Heims den Großteil des Tages alleine, mit sehr wenig Beschäftigung, die meine Zeit hätte ausfüllen können. So war ich entsetzt, als ich feststellte, dass die alten Einbildungen, Leute um mich her zu erblicken, mit voller Macht wiederkehrten. Vergebens suchte ich andere Mittel, um mich zu beschäftigen: Nähen, Lesen oder Schreiben. Oftmals, inmitten meines Lesens oder Nähens, fühlte ich mit vollkommener Gewissheit, dass jemand über meine Schultern sah oder mich von der gegenüberliegenden Seite des Zimmers beobachtete oder neben mir saß und mich bis ins Innerste durchschaute. Vergeblich sagte ich mir, dass es Schwäche sei, sich solchen Einbildungen hinzugeben. – Sie wollten mich nicht verlassen, bis ich in Momenten der Verzweiflung meine Arbeit zu Boden schleuderte, mich auf dem Sofa zusammenkauerte und meine Augen mit einer Decke verhüllte, um die schattenhaften Gestalten vor meinen Blicken zu verbergen.

Zuweilen versuchte ich, mir Vernunftgründe einzureden, über mich selbst zu lachen und dann beherzt durch die Zimmer zu gehen, jede Nische und Vertiefung nach etwas durchsuchend, was irgendwie Ursache dieser unbestimmten Schrecken sein konnte, wobei ich mir selbst sagte: „Nun siehst du, es ist nichts hier, vor dem man sich fürchten muss, nichts, das wie ein menschliches Wesen aussieht, weder wie ein wirkliches noch ein eingebildetes. Sei also nicht töricht, und mache dich nicht lächerlich.“ Aber trotz meines widerstrebenden Ichs drängten sich mir diese Schattenleute auf, bis der Gedanke, lange Tage alleine verbringen zu müssen, mir Entsetzen einflößte. Ich hatte wenig Freunde in dem Ort und sehr wenig Bekannte dort. Die meisten meiner Kameraden waren im Süden Englands, sodass ich nur sehr dürftige Quellen des Vergnügens und der Geselligkeit fand. Die Erscheinungen meiner Schattenfreunde, die sich fortwährend wiederholten, erschreckten mich zutiefst.

Bei einer Gelegenheit sagte ich zu meinem Gatten, dass ich ungerne allein gelassen würde, und ich erzählte ihm von den merkwürdigen Empfindungen, die ich hatte, wenn ich mich durch die Gegenwart ungreifbarer Gestalten beobachtet fühlte. Aber der Trost, den ich erhielt, erinnerte mich sehr stark an die Bemerkung des Doktors in meiner Kindheit, und die alte Furcht und Besorgnis befielen mich aufs neue.

Ich beobachtete fortwährend meine Empfindungen, indem ich die Erfahrungen des einen Tages mit denen des anderen verglich, diese Woche mit der vorhergehenden, den gegenwärtigen Monat mit dem letzten, um zu wissen ob die geistige Krankheit fortschritt, mit der ich, wie ich im Inneren meines Herzens glaubte, behaftet war, und ich fragte mich unterdessen, wie lange es mir möglich sein würde, meinen geistigen Zustand vor anderen zu verbergen. Zuweilen kehrten die Erscheinungen tagelang nicht wieder. Dann stieg mein Lebensmut, und ich sang und tanzte vor Freude mit erleichtertem Herzen, und ich glaubte, dass diese dunkle Wolke, die mich bedrohte, vorüberziehen würde. Aber inmitten meiner Hoffnung konnte ich vor Schrecken halb ohnmächtig werden durch ein Gesicht oder eine Gestalt, die mich urplötzlich hinter einem Vorhang anblickten, oder welche durch eine Tür verschwanden, wenn ich das Zimmer durch eine andere betrat. Während dieser Zeit hörte ich zum ersten Mal jemanden den Spiritualismus erwähnen. Dies geschah auf folgende Weise:

Ich war bei einer Freundin, Mistress F., zu Besuch, die weiter entfernt von meinem Heim wohnte. Während unserer Unterhaltung vertraute sie mir an, dass sie sehr bekümmert war, weil ihr Mann sich immer mehr für den Spiritualismus interessierte und einen Spiritualistenzirkel und dessen Medien aufsuchte. Bei mehreren Gelegenheiten habe er sie, wie sie sagte, während des ganzen Abends bis spät in die Nacht hinein alleingelassen, worüber sie sich sehr betrübt fühlte. Ich lauschte ihren Berichten über das Tun und Treiben bei diesen Zusammenkünften, hörte von dunklen Zimmern, sich bewegenden Tischen, fliegenden Spieldosen, von den in „Trance" sprechenden Medien, und ich war überzeugt, dass sie ein Recht hatte, sich zu beklagen. Ja, ich wunderte mich sehr, wie ein Mann mit entschieden klarem, gesundem Verstand nur einen Augenblick durch Vorführung solch gewöhnlicher Gaukler-Kunststückchen unterhalten werden könnte.

Ich ergriff die erste Gelegenheit, um Mister F. Vorhaltungen zu machen, musste aber erstaunt feststellen, dass er geneigt war, diese Torheiten mit ziemlicher Ernsthaftigkeit zu verteidigen und dass mein Disput nur eine gelehrte Abhandlung über spiritualistische Hypothesen und Beschreibungen der Manifestationen zur Folge hatte.

Betrübt und ärgerlich über die Leichtgläubigkeit, die er anscheinend zeigte, brachte ich jeden erdenklichen Grund hervor, um darzulegen, wie völlig widersinnig die spiritualistischen Ideen waren, wie leicht all die erwähnten Manifestationen in der – wie man sagte – unbedingt dazu notwendigen Dunkelheit ausgeführt werden konnten, und wie lächerlich es war für irgendjemanden mit einem Funken von gesundem Menschenverstand, zu glauben, dass ein Tisch von alleine herumgehen und mit Intelligenz jene Fragen beantworten könne, die an ihn gestellt wurden.

Die einzige Antwort auf meine lange Entgegnung war die Aufforderung, es selbst zu versuchen und zu prüfen, was ich jedoch kurz und bündig ablehnte. Ich glaubte nicht, dass irgendeine Wahrheit in der Behauptung lag, Möbelstücke könnten sich selbstständig bewegen, und sollte es doch wahr sein, dann –so sagte ich mir –, war es ein Werk des Bösen. Mit diesem logischen Schluss lehnte ich es ab, diese Angelegenheit weiter zu besprechen. Während der folgenden Tage kehrten meine Gedanken häufig zu der merkwürdigen Leichtgläubigkeit meines Freundes zurück, die mich nicht wenig geschmerzt und enttäuscht hatte. Seit der Zeit unserer ersten Begegnung in der Sonntagsschule hatte ich immer aufrichtige Hochachtung vor seiner vollkommenen Wahrhaftigkeit, seinem ehrenhaften und wahrheitsliebenden Charakter, vor seinem ruhigen, kühlen Intellekt und seinem Urteilsvermögen. All dies machte seine Meinung in allgemeinen Dingen sehr begehrt und geschätzt. Dass er auch nur für einen Augenblick einem solchen Thema einen ernsthaften Gedanken schenken konnte, berührte mich sehr unangenehm, und ich überlegte, welche Gründe gegen dieses Thema vorgebracht werden könnten, wenn ich ihn wiedersehen würde. Je mehr ich darüber nachdachte, desto schrecklicher schien mir seine Täuschung zu sein und desto notwendiger war es, dass er davon überzeugt werden musste, dass alles vollständiger Unsinn war.

Als er mich wieder aufforderte, „es selbst zu versuchen und zu bezeugen", legte ich meine Abneigung, ihm diesen Gefallen zu tun, beiseite, und ich willigte ein, gemeinsam mit zwei oder drei Besuchern des Hauses meine Hände auf einen kleinen Tisch zu legen. Sie betrachteten es augenscheinlich als kurzweilig und waren voll freudiger Erwartung, aber ich konnte kein Vergnügen daran finden. Ich hatte das ruhige Vertrauen, dass mein Freund die Torheit der Behauptung, der Tisch könne irgendwelche Anzeichen von Intelligenz zeigen, einsehen würde.

Zu meinem Erstaunen und vielleicht auch zu meiner Abscheu schien plötzlich eine zitternde, vibrierende Bewegung in dem Holz der Tischplatte zu sein, die sich allmählich über all seine Teile verbreitete, bis sie stärker und stärker wurde und schließlich in einer regelmäßigen wiegenden Bewegung gipfelte. Als er dies sah, fing Mister F. an, Fragen zu stellen, und er wies den Tisch an, mit einem Fuß einmal zu klopfen für „Nein", zweimal für „Ungewiss", dreimal für „Ja." Verschiedene Fragen wurden gestellt und mehr oder weniger wahrheitsgetreu beantwortet.

Dann sagte Mister F. zu mir: „Was halten Sie nun davon?" „Ich denke, Sie bewegen ihn", antwortete ich, und gerade als ich sprach, glitt mein Stuhl plötzlich mit mir durch das Zimmer und ruckelte hinauf aufs Sofa. Ich sprang herunter und halb entsetzt, halb lachend beschuldigte ich Mister F., Drähte oder Magnete zu benutzen, und ich bat ihn, sich vom Tisch zu entfernen. Daraufhin verließ er nicht nur den Tisch, sondern ging aus dem Zimmer, und ich verschloss die Tür, um ihn am

Wiederkommen zu hindern. Dann setzte ich mich in Gesellschaft der anderen Teilnehmer abermals an den Tisch. Wieder glitt mein Stuhl über die Dielen, und als er sich wegen des Sofas nicht weiter bewegen konnte, hob er sich selbst und mich darauf empor, wie schon beim ersten Mal. Auf mein Ersuchen ging einer meiner Gefährten nach dem anderen hinweg, bis ich alleine mit meinen Fingern die Tischplatte berührte. Immer noch bewegte sich der Tisch, wenn keine Fragen gestellt wurden, wiegte er sich hin und her, hob erst einen Fuß, dann einen anderen empor, drehte sich halb dabei herum, und auf diese Weise machte er die Runde durch den ganzen Salon. Ich folgte ihm, wobei ich meine Fingerspitzen auf seine Oberfläche drückte. Es schien mir etwas „Unheimliches“ darin zu liegen, zuweilen schüttelte er sich, wie man sich einbilden konnte, mit einem verhaltenen Lachen. Manchmal machte es den Eindruck, als ob er ein lebendes Wesen war, das mit einer sanften, bebenden Bewegung atmete. Dann wieder machte er einen plötzlichen Sprung, als wenn er sich unter meinen Händen hinwegreißen wollte.

Als ich diesen Abend nach Hause ging, sehr bestürzt über das Ergebnis des Experiments, erinnerte ich mich daran, dass Mister F. uns manchmal mit kleinen Mesmerismus-Vorführungen unterhalten hatte, und mit dieser Erinnerung schien mir eine mögliche Erklärung des Geheimnisses der Bewegungen der Tische und Stühle plausibel zu sein: Wenn es möglich war, Personen durch Magnetismus zu beeinflussen und sie einem anderen Willen gehorsam zu machen, war es da nicht auch denkbar, leblose Gegenstände wie Tische und Stühle unter dieselbe Macht zu bringen und so zu beeinflussen, dass sie sich bewegten oder etwas in Übereinstimmung mit dem Willen des Veranstalters taten?

Ich hatte niemals von einer solchen Möglichkeit gehört, aber dies war kein Grund, weshalb es keine Begründung für diese Annahme geben sollte. Je mehr ich darüber nachdachte, desto wahrscheinlicher erschien es mir. Als ich diesen Gedanken mit den anderen besprach, die an dem Tischerücken-Experiment teilgenommen hatten, beschlossen wir, diese Frage dadurch zu entscheiden, dass wir uns am nächsten Abend wieder treffen und es nochmals versuchen wollten, ohne Mister F. und Mistress F. von unserer Absicht zu unterrichten.

Demzufolge sah uns der nächste Abend in meinem Heim versammelt, mit mir waren es sechs Personen. Wir glaubten, dass es besser sei, den einfachen, unbemalten Küchentisch zu benutzen, da er fester auf seinen Beinen stand und weniger durch einen unbewussten Druck unserer Hände bewegt werden konnte als der kleine, runde, dreibeinige Tisch, den wir am vergangenen Abend genutzt hatten.

Wir setzten uns um den unbedeckten Tisch, zwei auf jede Seite und einer an jedem Ende. Unsere Hände legten wir nur sachte auf seine Oberfläche, indem wir unsere Finger aneinanderschlossen, um eine vollständige Kette zu bilden. Es dauerte nicht lange, vielleicht eine halbe Stunde, bis wir dieselben zitternden und vibrierenden Empfindungen fühlten, die sich zuerst anscheinend unter unseren Fingern bemerkbar machten und sich dann über den ganzen Tisch verbreiteten, der sich in kurzer Zeit in einer wiegenden, wogenden Bewegung befand, ohne sich aber vom Boden zu erheben.

Kapitel VIII.
Der Tisch verrät Geheimnisse

„Ist es dein Geist, den du sendest von dir,
So heimatfern, zu erkunden mein Tun,
Torheit und unnütze Stunden von mir?“
Shakespeare, „Sonette“

Wir fingen an, Fragen zu stellen, indem wir dieselben Signale wie Mister F. benutzten, und wir erhielten Antworten durch die wiegenden Bewegungen. Als jemand einwandte, dass diese Bewegungen unbestimmt seien und leicht missverstanden werden könnten, erhob sich zu unserem Erstaunen der Tisch sanft auf einer Seite von der Erde und klopfte mit einem Fuß deutlich und unverkennbar.

Wir stellten unzählige Fragen von mehr oder weniger törichtem Charakter. Ein Herr erkundigte sich, wie ich mich erinnere, besonders danach ob der Tisch von irgendeinem verborgenen Schatz wisse und ihm zu dessen Auffindung verhelfen könne. Wir erfragten unser Alter, das Datum unserer Geburt, die Stunde des Sonnenauf- und Untergangs, die Kornpreise, in der Tat alles, was uns nur einfiel.

Die Antworten fielen, glaube ich, meistens unbefriedigend aus, obgleich einige korrekt waren. Zuletzt hatten mir unseren Vorrat an Nachfragen erschöpft und berieten miteinander: „Welche Frage sollen wir jetzt an den Tisch richten?“ Plötzlich sagte ich: „Weißt du, wo sich mein Vater an diesem Abend befindet?“, und die Antwort kam schnell durch ein dreimaliges, deutliches Erheben des Tisches: „Ja!“ Merkwürdigerweise wusste niemand von uns, wo mein Vater sich augenblicklich befand, und wir erwarteten begierig Nachrichten von ihm.

Meine Mutter quälte ein inneres Leiden, und sie war von London nach Durham gereist, um einen Spezialisten zu konsultieren. Er hatte sein Urteil abgegeben, dass eine Operation notwendig war, und mein Vater war davon unterrichtet und gebeten worden, zu ihr zu kommen, um den Arzt zu befragen, ob die Ausführung dieser Operation ratsam sei, da meine Mutter sich zu nervös fühlte, um darüber in seiner Abwesenheit zu entscheiden. Auf diesen Brief kam keine Antwort. Ein zweiter, sogar ein dritter wurde abgeschickt mit demselben Ergebnis. Wir konnten nur zu dem Schluss kommen, dass man meinen Vater abberufen hatte, nachdem meine Mutter von zu Hause abgereist war, und er die Briefe nicht erhalten hatte. In einem Briefchen, das ich diesen Morgen von meiner Mutter zugeschickt bekam, ersuchte sie mich, am folgenden Tag zu ihr zu kommen, da sie ganz unruhig war, weil sie nichts vom Vater hörte. Daher meine Frage an den Tisch und mein Erstaunen über die Antwort.

„Wo ist er denn?“, war unsere nächste Nachfrage, aber hier entstand eine Schwierigkeit. Unsere Zeichen reichten nur für „Ja“ oder „Nein“ und „Weiß nicht“, und dies war eine Frage, die durch keinen dieser Begriffe beantwortet werden konnte. Jemand erbot sich, das Alphabet aufzusagen, und der Tisch willigte ein, einen Fuß zu erheben bei den Buchstaben, die den Namen des Ortes bildeten, den er zu übermitteln wünschte. Nach ziemlich vielen Fehlern, Wiederholungen und Schwierigkeiten erhielten wir das Wort „Swansea“.

„Meinst du, dass er in der Stadt Swansea in Wales ist?“ fragten wir.
„Ja.“
„Wie lang ist er dort gewesen?“ (Zehn Klopflaute).
„Bedeutet dies zehn Tage?“

„Ja."
„Unmöglich, das kann nicht wahr sein. Wir wissen, dass er seit dieser Zeit in London war." (Wieder zehn Klopflaute).
„Bist du ganz sicher, dass es zehn Tage sind?"
„Ja."
„Was macht er dort?"
„Weiß nicht."
„Ist er in einem Hotel?"
„Nein."
„Besucht er Freunde?"
„Nein."
„Das ist zu dumm! Wenn er nicht in irgendeinem Haus oder Hotel ist, so kann er nicht dort sein."
„Ja."
„Wo denn?"
Hier riet jemand: „Schiff."
„Ja."
„Meinst du, dass er auf einem Schiff ist?"
„Ja"
„Auf welchem Schiff? Welches ist sein Name?"
Hier begann erneut die Übermittlung von Buchstaben, und nach einer Weile erhielten wir den Namen „Lizzie Morton".
„Meinst du, dass er sich an Bord eines Bootes befindet, welches ‚Lizzie Morton' benannt ist, und dass er zehn Tage in Swansea war?"
„Ja."
„Das ist seltsam", bemerkte jemand aus dem Kreis.
„Haben Sie irgendeinen Anhaltspunkt dafür, dass er dort sein kann?"
„Nein", antwortete ich, „er war in London und hatte die Absicht, eine kleine Geschäftsangelegenheit zu beenden und Mama nach Durham zu folgen. Aber er ist weder gekommen noch hat er ihre Briefe beantwortet. Aber er würde sicher geschrieben haben, wenn er irgendwohin gerufen worden wäre. Ich glaube, es ist alles Unsinn, dass ein Tisch dies wissen kann."
„Aber", bemerkte ein Herr, „Sie sagen, es ist ein Geist, der den Tisch bewegt."
„Bist du ein Geist, der diesen Tisch bewegt?"
„Ja."
„Der Geist eines Mannes?"
„Nein."
„Der Geist einer Frau?"

„Ja."
„Welches ist dein Name?"
„Mary E."
Das war der Name meiner Großmutter.
„Bist du meine Großmutter?"
„Ja."
„Hast du meinen Vater in Swansea gesehen?"
„Ja."
„Und er ist jetzt dort?"
„Ja."

Zu sagen, dass wir erstaunt waren über das Resultat unseres „Tischklopf"-Experiments, reicht kaum aus, um unsere Gefühle zu beschreiben. Ich selbst fühlte mich völlig verwirrt, aufgeregt und ratlos. Ich zerbrach mir den Kopf, ob ich meiner Mutter mitteilen solle, was wir getan hatten oder besser nicht.

Am nächsten Morgen auf der Reise nach Durham fragte ich mich noch, ob ich meiner Mutter gegenüber irgendetwas über dieses Thema erwähnen sollte und beschloss, es nicht zu tun. Die ganze Angelegenheit war zu geheimnisvoll, und ich hatte noch eine allzu klare Erinnerung an die ungläubigen Reaktionen auf meine Erzählungen von meinen Traum- oder Schattenfreunden und schreckte davor zurück, den Unglauben zu sehen, der, wie ich fühlte, sich in ihren Blicken zeigen würde, selbst wenn sie ihn nicht in Worten ausdrücken würde.

Als ich das Haus erreichte, wo meine Mutter weilte, hatte ich kaum zwei Sätze mit ihr gesprochen, da sagte sie: „Ich habe einen Brief von Vater an diesem Morgen erhalten. Er ist in Swansea und hat jetzt erst meine Briefe erhalten, welche die Operation betrafen." Ich fühlte, wie mir heiß und kalt wurde und wie das Zimmer sich mit mir zu drehen schien. „Was fehlt dir?", fragte meine Mutter. „Ist dir nicht wohl?" Ich wusste kaum, was ich antwortete. Aber am Ende erzählte ich ihr die ganze Geschichte von unseren zwei Tischklopf-Experimenten.

Was immer auch meine Mutter dachte, sie unterließ, es irgendeinen Unglauben auszudrücken und schlug vor, sofort zu schreiben und zu fragen, ob die anderen Angaben wahr waren, was auch geschah. Ich weiß nicht, ob der Brief jemals beantwortet wurde, aber zwei Tage später kam mein Vater, und ich holte ihn von der Station ab. Auf unserem Weg nach Hause fragte er mich, wer meine Mama besucht oder ihr geschrieben und ihr von seinem Tun mitgeteilt hatte.

„Ich weiß nicht, ich glaube, niemand hat es getan", antwortete ich.
„Jemand hat es getan", sagte er, „wie könnte sie sonst von dem Schiff wissen?"
„Hast du denn wirklich etwas mit einem Schiff zu tun gehabt, das ‚Lizzie Morton' hieß, Papa? Und bist du die ganze Zeit in Swansea gewesen?"
„Nun ja, ich war einige Tage dort wegen eines kleinen Geschäfts, das in Verbindung mit der ‚Lizzie Morton' stand. Aber warum all diese Aufregung deshalb? Ich bekam meine Briefe erst vor drei oder vier Tagen, da ich unterwegs und sehr beschäftigt war."
„Warst du zehn Tage dort, als du Mama zuerst von Swansea geschrieben hast?"
„Zehn Tage? O nein! Ich kann nicht genau sagen, wieviele Tage, aber es war nicht lange."
„Wann hast du London verlassen?"
„Am zehnten!"
„Und du schriebst Mama am zwanzigsten, das sind zehn Tage."
„Nun ja, ich glaube, es wird wohl so sein. Die Zeit vergeht schnell, wenn man viel zu tun hat."

Später verstanden wir die Ursache seiner Abwesenheit von zu Hause. Wie die meisten Männer, die den Großteil ihres Lebens auf der See zugebracht haben, fand mein Vater, trotz seines Entschlusses, sich als Landbewohner niederzulassen, die Anziehung, die Schiffe und die Schifffahrt auf ihn ausübten, unwiderstehlich. Er hatte bei mehreren Gelegenheiten Geld in Schiffen angelegt und es verloren, sodass meine Mutter eine berechtigte Furcht davor hatte, dass er in unglückliche Spekulationen hineingezogen werden könne. Gleich nach der Abreise meiner Mutter von London nach Durham, wohin mein Vater ihr in ein oder zwei Tagen folgen wollte, kam er zufällig mit einem alten Freund zusammen, der im Begriff war, nach Swansea zu gehen, um dort ein Schiff zu besichtigen, das zum Verkauf stand, und er lud meinen Vater ein, ihn zu begleiten. Schnell willigte er ein, und sie reisten gemeinsam. Nach der Besichtigung des Schiffes wurde mit ihm eine Probefahrt unternommen, und die Vorbereitungen für die Übergabe des Bootes begannen.

Es war korrekt, was er gesagt hatte: „Die Zeit vergeht schnell, wenn man viel zu tun hat.“ Erst als er nach seinen Briefen auf der Post nachfragte, wo sie mehrere Tage für ihn bereitlagen, erfuhr er, wie besorgt wir nach Nachrichten von ihm ausgeschaut hatten. Es war leicht, diese Erklärung zu bekommen, aber zu verstehen, wie der Küchentisch es wissen und uns diese Einzelheiten mitteilen konnte, war eine Aufgabe, die nicht so leicht zu lösen war.

„Verlass dich darauf, mein liebes Kind“, sagte Vater, „es sind Hexerei oder Teufelei darin, entweder das eine oder das andere, und es wäre besser, du ließest dich nicht auf solche Dinge ein.“ Zur selben Zeit war er ganz begierig darauf, es selbst zu versuchen und den Tisch in Bewegung zu bringen, und als er es nach wiederholten Versuchen schließlich erreichte, interessierte er sich sehr für das Resultat. Er sagte mir nachher ganz ernsthaft, dass er glaubte, die Spiritualisten haben trotz aller Anfeindungen mehr als halb recht, ansonsten wären diese Phänomene unbegreiflich.

Kapitel IX.
Materie durchdringt Materie

„Geheimnisvolles, das uns Unbekannte,
bezaubert uns, noch Kinder sind wir immer,
voll laun'scher Wünsche, ängstlich wir umschlingen,
mit einer Hand das Liebe, uns Bekannte,
Entschlossen tastend mit der andern immer,
Ins Dunkel dessen, was der Tag wird bringen.“
Longfellow

Obwohl ich bestürzt und verwirrt war, konnte ich doch nicht so schnell meine früheren Lehren beiseitelegen und mit der Schlussfolgerung meines Vaters übereinstimmen. Meine Freunde, Mister und Mistress F., wurden von dem Resultat unseres Experimentes und seiner Bewahrheitung unterrichtet. Nach kurzer Beratung vereinbarten wir, dass alle Freunde, die an dem Tischklopf-Experiment teilgenommen hatten, einmal wöchentlich abends während der ganzen Wintermonate zu weiteren Forschungen zusammenkommen sollten, um zu sehen, was sich daraus entwickeln würde. Wir waren insgesamt acht Personen. Mit sehr wenigen Ausnahmen wurde an dieser Vereinbarung auch festgehalten. Wir versammelten uns regelmäßig zur festgesetzten Stunde an demselben Abend in jeder Woche, und in keinem Fall blieb unsere Zusammenkunft ohne Ergebnisse. Manchmal wurde deutliches Klopfen auf dem Tisch gehört, und wir erhielten dadurch Antworten auf unsere Fragen.

Zuweilen wurden Botschaften buchstabiert mit Hilfe des Alphabets wie bei unserem ersten Versuch. Manchmal löschten wir die Lampen und saßen in vollkommener Dunkelheit, und wir sahen häufig blitzende Lichter und leuchtende Wolken über unseren Köpfen schweben. Ab und an bemerkten wir auch ein beständiges sanftes Leuchten, das aber immer dahinschwand, wenn wir versuchten, das Wesen dieser Erscheinung zu ergründen. Manchmal legten wir einen kleinen Gegenstand wie einen Ring, einen Manschettenknopf oder eine Münze auf den Tisch und baten, dass sie durch diese merkwürdige Intelligenz oder Kraft hinweggenommen werden möchten. Wir saßen da und wachten mit unseren acht Paar Augen.

Bei einer Gelegenheit wurden ein Paar Manschettenknöpfe auf den Tisch gelegt, und wir beobachteten sie sorgfältig, aber sie machten keine Anstalten, sich zu bewegen. Schließlich nahmen das Klopfen und Bewegen des Tisches – wir benutzten immer denselben einfachen Küchentisch – unsere Aufmerksamkeit in Anspruch, und wenige Augenblicke wurden die Manschettenknöpfe nicht beachtet.

Während der ganzen Zeit war die Kette unserer Hände ungebrochen, und das Alphabet wurde emsig wiederholt, um die Botschaften vom Tisch zu erhalten. Zuletzt hatten wir die verschiedenen Buchstaben zusammengestellt und die Worte herausbekommen: „Sucht nach den Manschettenknöpfen!“ Dann sahen wir, dass sie nicht mehr auf dem Tisch waren. Unser erster Gedanke war, dass sie durch die Bewegungen des Tisches auf den Boden hinabgerollt seien. Wir wollten soeben anfangen zu suchen, als ein weiteres heftiges Klopfen uns innehalten ließ, dem wir nach einiger Zeit entnahmen, dass die Manschettenknöpfe nicht mehr im Zimmer, sondern im angrenzenden Salon lägen. Dies glaubten wir nicht, da die Tür des Zimmers, in dem mir uns versammelt hatten, verschlossen und nicht wieder geöffnet worden war. Dann stellten wir eine Reihe von Fragen wie in dem bekannten Pfänderspiel, bei dem die Antworten nur aus „Ja" oder „Nein" bestehen.

„Sind sie auf einem Tisch?"
„Nein."
„Befinden sie sich auf dem Kamin?"
„Nein."
„Sind sie in einer Vase?"
„Nein."
„Liegen sie in irgendetwas?"
„Ja."

Schließlich erfuhren wir, dass sie sich in einem Blumentopf auf jenem Blumenständer am Fenster befänden, welches am weitesten von der Tür entfernt war. Dahin begaben wir uns und untersuchten sorgfältig die Blumentöpfe. Einer der Herren hob vorsichtig die Blätter der Pflanzen mit der Spitze eines Bleistiftes in die Höhe, und die übrigen von uns sahen erwartungsvoll zu. Jedoch waren keine Manschettenknöpfe dort! Dies war der erste wirkliche Fehler, den der Tisch gemacht hatte, und wir fragten uns, was wir nun tun sollten. Wir setzten uns wieder hin und legten unsere Hände wie zuvor auf den Tisch, indem wir ihn feierlich davon in Kenntnis setzten, dass er die Tatsachen falsch angegeben hatte und dass die Manschettenknöpfe nicht in dem erwähnten Blumentopf waren. Da sie wertvoll waren, wünschten wir ohne weiteren Verzug zu erfahren, wo sie sich tatsächlich befanden.

Nach einer kleinen Pause nahm er wieder seine gewohnte Tätigkeit auf. Es wurde ausgesagt, dass kein Fehler gemacht wurde, sondern dass die Manschettenknöpfe wirklich in dem Blumentopf lagen. „Aber wir haben in jeden hineingeblickt und haben selbst gesehen, dass sie nicht darin sind." „Ihr habt nur *auf* und nicht *in* die Blumentöpfe gesehen!" Dies war wahr. Sicherlich hatte niemand von uns daran gedacht, in die Blumentöpfe hineinzuschauen. Nachdem wir nun erfahren hatten, welchen wir untersuchen sollten, begaben wir uns alle wieder ins nächste Zimmer, nahmen den bewussten Blumentopf und prüften ihn sorgfältig. Wenn ich mich recht besinne, war die Pflanze darin eine sehr schöne Geranie. Da war kein Zeichen irgendeiner Veränderung des ganz harten und dichten Erdbodens zu bemerken. Aber nachdem wir mit einiger Schwierigkeit den Erdklumpen darin umgekehrt und herausgenommen hatten, sahen wir an den Wurzeln der Pflanze die vermissten Manschettenknöpfe glänzen. Wie sie dorthin kamen, wie sie durch die geschlossene und verriegelte Tür hindurchgetragen worden waren, ja wie sie vor unseren Augen verschwanden, während wir am Tisch saßen, dies alles war mehr, als wir zu erklären hoffen konnten. In der Tat weiß ich nicht sicher, ob es irgendwer von uns versuchte. Mit den Manschettenknöpfen an den Tisch zurückkehrend, legten wir sie wieder darauf und nahmen unsere Plätze ein. Kaum hatten wir dies getan, waren sie wieder fort. Diesmal sollten wir, wurde uns gesagt, in einem japanischen Kasten auf einem hohen Regal nachsehen. Einer stieg auf einen Stuhl, nahm den Kasten herunter und stellte ihn vor uns hin. Als wir den Kasten öffnen wollten, war er verschlossen, sodass der Schlüssel dazu gesucht werden musste.

Beim Öffnen wurden die Manschettenknöpfe im Inneren einer silbernen Teekanne gefunden, die der Kasten enthielt. Die Knöpfe lagen vor uns auf dem Tisch, um den wir uns nochmals gesetzt hatten, und jetzt, ein drittes Mal, verschwanden sie augenblicklich. Nach langem Suchen brachen wir die Sitzung ab, weil wir sie nicht finden konnten, und wir nahmen eine Tasse Kaffee ein, ehe wir uns trennten.

Einer unserer Freunde, der soeben seinen Kaffee trinken wollte, bekam ihn plötzlich ins Gesicht gespritzt, denn die Manschettenknöpfe waren auf geheimnisvolle Weise anscheinend aus der Höhe in seine Tasse gefallen, und wir fischten sie mit einem Teelöffel heraus.

Ich denke, die meisten von uns betrachteten unsere Experimentier-Abende nur als Vergnügen oder als eine angenehme Unterbrechung der Einförmigkeit des Alltagslebens, und die Würze des Geheimnisvollen in der ganzen Sache schien unseren Zusammenkünften eine Art von pikantem Interesse zu geben, welches andere Zerstreuungen nicht zu gewähren vermochten. Auf alle Fälle wurde jedes Mal etwas Neues versucht, wenn wir zusammentrafen, oder es wurde uns etwas Neuartiges gesagt, sodass wir, anstatt zu ermüden, alle danach verlangten, die Zusammenkünfte weiter fortzusetzen. Während einer langen Zeit war es zweifelhaft, ob irgendjemand von uns die Angelegenheit auch mit nur etwas Ernst betrachtete. Es war amüsant, überraschend und rätselhaft.

Aber das war alles. Wir waren alle jung, nahmen das Leben leicht und freuten uns, ein gemeinsames Interesse zu haben, das sechs oder acht gute Freunde zu regelmäßigen Treffen veranlasste. Mister F. war der Belesenste in unserem Kreis. Er brachte uns gewöhnlich Nachrichten von der spiritualistischen Bewegung, die wir mit gemischten Gefühlen aufnahmen. Zuerst waren wir alle mehr oder weniger geneigt, die Behauptungen bezüglich der wunderbaren Phänomene zu bezweifeln, die den Geistern der Verblichenen zugeschrieben wurden. Mir widerstrebte der Gedanke tatsächlich absolut.

Die Bewegungen von Tischen und Stühlen, das Verstecken von Ringen und Manschettenknöpfen, dies schien so ganz und gar trivial und hatte eher den Beigeschmack von den Streichen fideler, übermütiger Knaben als von der Tätigkeit seliger Totengeister die, wie alle orthodoxen Christen glaubten, weit von uns entfernt in jenem Land seien, das unser Auge niemals sehen konnte. Dort waren sie viel zu glücklich an den wonnigen Gestaden des kristallenen Sees, zu geschäftig im Loben und Preisen des Schöpfers, um zur düsteren, alten Erde herniederzusteigen und uns Unterhaltung von so törichter Art zu verschaffen.

Dies konnten wir also nicht einen Augenblick als wahr betrachten. Vielleicht waren diese „Geister" jedoch Bewohner der Unterwelt, arme Unglückliche, vom Paradies der Seligen Ausgeschlossene. Aber hierbei vermochten wir wieder nicht die beiden Gedanken in Einklang zu bringen. Die Manifestationen, wenn auch unbedeutend, waren vollständig harmlos und frei von allem Bösen. Sogar die Bewegungen des Tisches machten den Eindruck von ausgelassenen, knabenhaften Scherzen, denen zu widerstehen unmöglich war.

Kam es vor, dass wir bedrückt oder nicht gut gelaunt waren, so stellte ein halbstündiges Sitzen an dem Tisch die frohe Stimmung wieder her und machte uns heiter und gesprächig. Zuweilen spielte einer aus unserem Kreis ein Lied auf der Konzertina, während die anderen eine Kette um den Tisch bildeten, indem sie ihre Hände flach auf die Tischplatte legten. In nur wenigen Minuten begann ausnahmslos jene vibrierende, wellenförmige Bewegung, und nach und nach passten sich die Bewegungen der Melodie an, welche vorgetragen wurde. Wenn es eine sanfte, traurige Weise war, so waren die Bewegungen, die sich wellenförmig und rhythmisch im richtigen Tagt zeigten, ebenfalls sanft. War es eine lebhafte Melodie, so waren die Bewegungen schnell, lebhaft und entschieden. Ein Marsch oder eine Nationalhymne schien auch die entsprechenden Gefühle zu erregen. „*Yankee Doodle*" im besonderen rief stets einen wunderbaren Effekt hervor und wurde gewöhnlich von uns für das große Finale aufgespart, weil die Bewegungen des Tisches dann beinahe unkontrollierbar wurden, und zumeist waren wir dann alle gezwungen, von unseren Sitzen aufzustehen und den Tisch zu begleiten, der eifrig bestrebt zu sein schien, dem Spielenden zu folgen.

Es unterlag keinem Zweifel, dass die Bewegungen in dem Tisch, die vibrierenden sowie die wellenförmigen, Freude und Begeisterung zum Ausdruck brachten, während die Melodie des „*Yankee Doodle*" gespielt wurde. Hingegen wenn „*God save the Queen*" erklang, drückte der Tisch ebenso unverkennbar eine gewisse verdrießliche Missbilligung aus, entweder durch vollständige Ruhe oder durch schwere Schläge, die auf seiner Oberfläche erdröhnten oder dadurch, dass er sich in die Höhe hob und schwerfällig auf die Erde zurückfiel.

Eine besonders langsame Psalmenweise schien seine Abneigung im höchsten Maße hervorzurufen, und es war unser größtes Entzücken, unseren Musikanten zu veranlassen, sie so gedehnt wie nur irgendmöglich zu spielen. Dann krümmte, drehte und wandte sich der Tisch beinahe ganz auf die Unterseite, wobei er seine Bewegungen zu kurzen ärgerlichen Sprüngen veränderte, gewöhnlich in Richtung des Spielers hin, oder zu heftigen Schlägen auf die Dielen, zu Schlägen, die ein weniger massives Möbelstück zertrümmert haben würden. In der Tat dauerte es nicht lange, bis der schwere, einst festgefügte Küchentisch einen Besuch in einer Werkstatt machen musste, wo seine Gelenke wieder befestigt wurden und um sich überdies nach unseren Experimenten einer allgemeinen Ausbesserung zu unterziehen.

All dies war sehr amüsant, und wir erfreuten uns außerordentlich daran, obgleich mein Patriotismus die Reaktion, welche unsere Nationalhymne auslöste, stets missbilligte, und trotz des Spaßes entsetzte ich mich auch ein wenig über den Verdruss, der sich zeigte, wenn die Weise des *„Old Hundret“* eintönig gespielt wurde. Mochte die Musik auch noch so grässlich klingen, so war ihr Inhalt ein religiöser, und es widerstrebte meinem Herzen, dass diese Angelegenheit so leichtfertig behandelt wurde, obgleich sich zur selben Zeit niemand mehr über einen Spaß freute als ich. Zuweilen sangen wir auch. In diesen Fällen wurden wir jedes Mal durch rhythmische Bewegungen oder durch Klopfen auf dem Tisch begleitet.

Mehrere Methoden wurden versucht, um das Hervorklopfen der Botschaften zu erleichtern. Das Alphabet wurde auf den Tisch geschrieben und ein Zeiger auf einer Art Drehvorrichtung angebracht, der die Buchstaben bezeichnete. Aber dies befriedigte uns nicht. Die Bewegungen waren nämlich unsicher und die Botschaften ungenügend. Die Nachrichten, die wir so erhielten, nahmen immer mit einem gewissen Grad des Unglaubens an, weil man uns bereits einige Male genarrt hatte, wie wir sahen, und wir daher auf diese Weise einem Schabernack zum Opfer gefallen waren.

Bei einer Gelegenheit war eine lange Botschaft in Französisch hervorgeklopft und genau notiert worden. Sie hatte den Inhalt, dass wir einer Madame Poltan oder Poetan, die in der Nachbarschaft von Le Havre lebte, schreiben und sie benachrichtigen sollten, dass ihr Sohn Jean ertrunken sei. Datum und Name des Ortes, wann und wo der Unglücksfall stattgefunden haben sollte, wurden angegeben. Einer aus unserem Kreis übernahm es, der Dame unter der angegebenen Adresse zu schreiben und in einem sorgsam verfassten Brief ihr die Botschaft zu überbringen. Dies wurde getan, aber wir hörten niemals irgendetwas von dieser Angelegenheit. Der Brief wurde nie zurückgeschickt, aber dies, so schlossen wir, war kein Grund, anzunehmen, dass er jemals die in Frage kommende Dame gefunden hatte. War er aber wirklich einer Person dieses Namens und dieser Adresse ausgehändigt worden, so existierte immer noch kein Beweis, der die Wahrheit der behaupteten Tatsache feststellte. Auf jeden Fall hörten wir nichts mehr von der Angelegenheit und auf die Botschaft die wir gewissenhaft übermittelt hatten, wurde niemals reagiert.

Mehr als nur eine zweifelhafte Mitteilung war auf diese Weise hervorgeklopft worden, die sich entweder als falsch erwiesen hatte oder deren Wahrheit wir nicht bestätigt erhalten konnten, sodass wir schließlich den Versuch aufgaben und einfach nur hörten, was uns gesagt wurde, und uns über den Wert des Inhalts unser eigenes Urteil bildeten und die Botschaften einfach für uns behielten. Tatsache war jedoch, dass es gegen all die falschen oder zweifelhaften Mitteilungen, die wir erhielten, einen schlagenden Gegenbeweis gab, der meinen Vater und seinen Aufenthaltsort betraf, und der sich, wie wir sahen, in jeder Hinsicht als Wahrheit erwiesen hatte.

Und dieses Körnlein Wahrheit veranlasste uns, die Experimente weiterzuführen in der Hoffnung, mehr zu finden, und fortzufahren trotz der Entmutigung, die wir durch manche irreführende Botschaft erhielten. Aber dennoch fing ich an, das, was wir erlebt hatten, entsetzlich rätselhaft zu finden und mich zu fragen, wohin sich all dies wohl noch entwickeln würde.

Kapitel X.
Erste Hellseh-Experimente

„Und gar sehr erstaunte Zuma
Ob der Weisheit seiner Tochter,
wenn sie sprach von Visionen –
Wunderdingen, die sie sah –
Und dass Seltsames geschehen, –
Dieser – jener sterben würde.
Dann sprach einer zu dem anderen:
Dies ist nicht Y-Ay Alis Stimme,
Nicht das Kind ist's, was da spricht:
Ein ehrwürd'ger alter Geist ist's,
Aus dem Land der Abgeschied'nen."
Die Geschichte von Y-Ay Ali

Mister F., der uns von einigen Hellseh-Experimenten erzählte, von denen er gelesen hatte, schlug uns eines Abends vor, dass wir einmal in dieser Richtung Versuche anstellen sollten anstelle des Tischklopfens. Wir stimmten seinem Vorschlag zu, und nachdem die Lampe ausgelöscht worden war, saßen wir feierlich um den Tisch bei Kaminlicht. Aber niemand sah irgendetwas außer des Ofenscheins, der an den Wänden tanzte. Mister F. schlug schließlich vor, dass jemand seine Hände über die Augen jeder Person der Reihe nach eine oder zwei Minuten legen sollte, um zu sehen, ob das helfen würde. Falls nicht, dann sollte es eine andere Person versuchen, bis die Runde komplett war. Dies wurde von einigen Mitgliedern getan, aber niemand sah besser durch dieses Verdunkeln der Augen, bis Mister F. an die Reihe kam. Hinter den am Tisch Sitzenden stehend, legte er seine Finger über die geschlossenen Augen aller Anwesenden der Reihe nach. Die meisten erklärten daraufhin, dass sie ein seltsames Empfinden in ihren Augen oder ihrem Kopf fühlten, und manche sagten, dass sie deutlich helle Wolken vor sich sahen. Aber dies ist nichts Ungewöhnliches, wenn irgendein Druck auf die Augäpfel ausgeübt wird, sodass unser Experiment vermutlich ohne Resultat zu bleiben schien.

Ich war die letzte im Kreis, der man die Augen verdunkelte. Und zu meinem Erstaunen, die Finger hatten kaum meine Augenlider berührt, verschwand das vom Kaminfeuer erleuchtete Zimmer, und ich schien im Freien und an einem fremden Ort zu sein, denn ich konnte das Rauschen der Bäume und das Seufzen des Windes in den Zweigen hören. Aber es war schwarz und dunkel, und obgleich ich mir bewusst war, dass ich irgendwo auf einer Landallee oder einer Straße war, konnte ich nichts sehen. Zur selben Zeit wusste ich, dass ich in Wirklichkeit auf einem Stuhl saß, inmitten meiner Freunde in meinem eigenen Wohnzimmer. Doch selbst dieses reale Bewusstsein konnte mich in keiner Weise von dem Gefühl jener anderen Wirklichkeit ablenken und dem Eindruck, den diese merkwürdige Erfahrung auf mich machte. Ich wusste, dass ich in einem von Kaminfeuer erleuchteten Zimmer saß, und dieses sichere Gefühl oder Bewusstsein verließ mich nie. Zugleich war ich mir ebenso bewusst, dass die Vorgänge, deren Zeuge ich war, auf jener dunklen Landstraße Wirklichkeit waren und mich zutiefst interessierten. Es ging mir ganz ähnlich wie einem, der in einem Theater sitzt und sich seiner Umgebung und seiner eigenen Persönlichkeit bewusst bleibt und mit Interesse und Teilnahme die Handlung beobachtet, die sich auf der Bühne vor ihm abspielt. Man weiß, dass man die Wirklichkeit vor sich sieht und dass es kein Traum noch eine Einbildung ist. In ganz ähnlicher Weise wie eine Szene in einem Theaterstück wirkte die Szene auf meine Sinne, die sich vor mir auftat. Doch ich wusste, dass es nicht nur ein bloßes Spiel auf der Bühne war …

Als ich allein in der Dunkelheit stand, fröstelte mich in der feuchten, schweren Atmosphäre, und während ich mir des eigentümlichen Geruchs der vom Regen durchtränkten Erde und des nassen Grases bewusst wurde, blitzte plötzlich ein Licht vor mir auf. Ich bemerkte, dass es aus der offenen Tür eines Hauses kam, das ich zuvor nicht gesehen hatte. Das helle Licht schien von dem Inneren eines durch Feuer und Lampenschein erleuchteten Zimmers auszugehen und sich bis auf die Straße hinaus auszubreiten, wo ich stand. Ich konnte das Haus, die Straße, die Bäume ein paar Augenblicke erleuchtet sehen. Dann traten aus der offenen Tür zwei Gestalten hervor – Männer.

Die Tür schloss sich hinter ihnen, und die Dunkelheit wurde so undurchdringlich wie zuvor. Doch in dieser kurzen Zeitspanne hatte ich bis zu einem gewissen Ausmaß Notiz von meiner Umgebung genommen, und ich wusste, in welche Richtung die Straße führte, auf welcher Seite das Haus stand, dass ein sich Graben auf der einen Seite der Straße hinzog und dass sich auf der gegenüberliegenden Seite des Grabens Bäume befanden. Trotz der Dunkelheit konnte ich mit einiger Schwierigkeit die Gestalten der beiden Männer, die das Haus verließen, unterscheiden, und ich folgte ihnen, ohne dass ich wusste, weshalb ich es tat.

Einer der Männer schien berauscht zu sein. Er ging unsicher, gestikulierte und sprach laut oder schien es zu tun, denn ich konnte keine Worte hören. Der andere, ein größerer und schlankerer Mann, ging sicher und half seinem Gefährten, indem er seinen Arm nahm, wenn er im Finsteren stolperte. Auf einmal verschwand der kleinere Mann, und sein Gefährte hielt an und rief ihn mehrfach laut. Er bekam jedoch keine Antwort. Er bewegte seine Füße vorsichtig, als ob er nach dem Mann auf der Straße fühlte, und er rief wieder, aber er erhielt keine Reaktion. Er schien unsicher zu sein, was er tun sollte, und ging rückwärts und vorwärts, dabei im Gehen suchend. Dann schien er plötzlich einen Entschluss gefasst zu haben und eilte davon. Ich folgte. Ich sah eine Tür sich öffnen, und er trat ein. Kurz darauf kamen mehrere Personen, die eine Laterne trugen, aus dem Haus, der große schlanke Mann mit ihnen. Ich folgte ihnen, aber niemand bemerkte mich. Sie gingen den Fußspuren der beiden Männer nach und suchten den Weg Schritt für Schritt mit Hilfe der Laterne ab.

Ich bemerkte nun, was ich vorher nicht gesehen hatte, nämlich dass sich an einem gewissen Punkt eine andere Straße von jener abzweigte, auf der die beiden Männer gingen. Sie führte parallel dazu auf einer niedrigeren Fläche entlang. Als die Gesellschaft die Stelle erreichte, wo der Mann verschwunden war, begann eine gründliche Suche, und ich erwartete mit großer Sorge das Resultat. Schließlich näherte sich einer der Suchenden der Straßenböschung, und als er hinunterblickte, sagte er seinen Gefährten etwas, woraufhin sie alle, ihren Fußspuren folgend, zurückgingen, bis sie die Verbindung der beiden Straßen erreichten. Dort bogen sie auf die untere ab, wobei sie mit der Laterne auf der Seite suchten, die der höheren Straße am nächsten lag.

Plötzlich schienen sie den vermissten Mann auf der Straßenseite liegend zu entdecken, anscheinend bewusstlos, und die Suchenden gruppierten sich um seinen ausgestreckten Körper. Der größere, schlanke Mann, den ich zuvor erwähnte, versuchte seinen Kameraden vom nassen Boden aufzuheben. Einer der anderen hielt die Laterne, welche die Gruppe beleuchtete, und nun sah ich zum ersten Mal die Gesichter der Männer. Die Züge des einen, der den Kopf des gefallenen Mannes in die Höhe hob, schien mir bekannt zu sein. Aber für den Moment konnte ich mich nicht auf die Person besinnen.

Als sie den gefallenen Mann auf seine Füße aufgerichtet hatten, blickte dieser verwirrt umher. Ich schaute wieder zu der Person, die ihm half, und zu meinem großen Erstaunen erkannte ich in ihr Mister F. „Ach, Sie sind es!“, rief ich. Meine Verwunderung über diese Entdeckung übertraf beinahe mein Erstaunen über die Merkwürdigkeit der ganzen Vision. Ich war den verschiedenen Bewegungen und Einzelheiten in dem – wie es nur schien – kleinen Drama gefolgt mit der ängstlichen Besorgnis, dass es vielleicht in einer Tragödie enden könnte. Ich hatte befürchtet, dass der bewusstlose Mann, den sie auf der Straßenseite liegend fanden, tot sei, und ich fühlte mich sehr erleichtert, als beim Licht der Laterne zu sehen war, dass er schlief. All die anderen Darsteller in der Szene waren mir, soweit ich es wusste, unbekannt, und obgleich ich jeder Bewegung mit Interesse und innerer Erregung folgte, fühlte ich mich nur als unbeteiligte Beobachterin, sodass es mich bestürzte, als ich plötzlich Mister F. als eine der Hauptpersonen erkannte, so groß war mein Erstaunen.

Als ich seine Finger von meinen Augenlidern abschüttelte und mich ihm zuwandte und rief: „Ach, Sie sind es!", übertrug sich mein Erstaunen auf die anderen unseres Kreises, und ich wurde eifrig gefragt, was mein Ausruf zu bedeuten hatte. Ich hatte während der Schilderung der Szene jede Einzelheit, wie sie vorkam, genau wiedergegeben, sodass die anderen ihr mit beinahe ebenso großem Interesse gefolgt waren wie ich, die ich sozusagen einen handelnden Anteil an ihr genommen hatte. Deshalb erwarteten wir mit nicht geringer Neugierde einige Erklärungen der Angelegenheit durch Mister F. Er sagte uns, dass er die ganzen Umstände wiedererkannt hatte, wie sie ihm zwölf Jahre vorher selbst und mehreren Freunden widerfahren waren. Sie hatten den Tag auf einer Hirschjagd zugebracht und hatten ihn in einem Gasthaus beendet, bevor sie sich trennten. Mister F. und ein junger Mann, dessen Heim in derselben Richtung wie das seine lag, verließen das Wirtshaus gemeinsam. Erst als sie in die Nachtluft hinaustraten, sah Mister F., auf den der Wein keine Wirkung gehabt zu haben schien, dass sein Freund aufgrund der Abschiedstrünke keineswegs nüchtern geblieben war, und er konnte ihn nur mit Schwierigkeiten davon abbringen, wieder zurückzukehren und seinen Kameraden noch einmal Gute Nacht zu wünschen. Es gelang ihm auch, ihn eine Weile nach Hause zu geleiten, da vermisste er ihn plötzlich, wie ich gesehen hatte. Der übrige Teil der Geschichte stimmte in jeder Hinsicht mit meiner Vision überein. In mancher Beziehung wurden ihm die geringfügigeren Einzelheiten, die seinem Gedächtnis entschwunden waren, vielleicht nur durch meine Erzählung zurückgerufen.

Mit sehr ähnlichen Gefühlen, wie ich sie bei unserem ersten Tischklopf-Experimente empfand, beurteilte ich die eigentümliche Vision, die ich an jenem Abend gehabt hatte. Für alle Teilnehmer des Kreises war sie von großem Interesse, und die darauffolgende Besprechung war anregend und lebhaft, aber für mich bedeutete das Ereignis dieses Abends mehr: Eine große Hoffnung wurde in mir wachgerufen, die ich kaum zu hegen wagte, nämlich dass es doch möglich war, dass meine Schattenfreunde wirkliche, gegenwärtige Wesen waren und nicht das Resultat beginnenden Wahnsinns.

Diese Hoffnung, einmal geweckt, wollte in mir nicht mehr verstummen. Sie wurde bald, obgleich im Geheimen, eine große, bewegende Macht, die mich vorwärts trieb auf der Entdeckungsreise, die ich nun erfolgreich angetreten hatte. Anfangs wurde sie von allen unseres Kreises begleitet, bis Veränderungen einige veranlassten, ihre Forschung aufzugeben. Alle waren befriedigt durch das, was sie erfahren hatten. Mehrere verließen England, und einer verschwand hinter dem Schleier, der die Geisterwelt von unserer trennt, von wo er häufig mit liebevollen Grüßen und Ermutigungen zu seinen einstigen Mitreisenden zurückkehrte, welche sich langsam in der Dunkelheit weitertasteten.

Ich fing nun an, jede gedruckte Seite zu lesen, derer ich habhaft werden konnte und die sich auf Spiritualismus und spiritistische Phänomene bezog. Ein großer Teil davon war schrecklicher Unsinn, der mich entsetzte und mir widerstrebte. Die Mitteilungen, die vorgaben, aus den himmlischen Sphären zu stammen, waren in manchen Fällen selbst des einfachsten Verstandes so bar, dass ich meine Nachforschungen aufgegeben hätte, wenn nicht einige liebenswürdige Freunde Mitleid mit mir gehabt und mir die Werke von Andrew Jackson Davis, Robert Dale Owen und anderen empfohlen hätten, nebst einigen der besten Wochenmagazine. Einer der „Engelsbotschafter" übermittelte, wie ich mich erinnere, die Auskunft, dass es sehr viel Gemüse im Himmel gab: „Besonders die Krautstauden wachsen so groß, so sehr groß, dass ich Euch nicht sagen kann, wie groß sie sind."

Ich entsinne mich nicht des Verfassers dieses besonderen Werkes, in welchem dies erschien. Ich glaube, sein Name war Pine, und er hatte es wohl unter dem Titel *„Spirit-Telegraf"* veröffentlicht. Ich habe es seitdem nicht mehr gesehen, wahrscheinlich wurde es nicht beifällig aufgenommen, und „es starb bald eines natürlichen Todes."

Die Berichte, die ich von vielen Phänomenen las, so wunderbar und unbegreiflich sie auch waren, interessierten mich nicht so sehr wie Erzählungen vom Hellsehen. Es schien mir, dass ich hier gewissermaßen einen Schlüssel für das Verständnis dieser Kraft besaß, so dass alles, was ich auch darüber studierte, in vielerlei Hinsicht mit meinen eigenen geheimen Erfahrungen übereinstimmte. Ich verstand den Sinn der Vision von den Männern auf der dunklen Landstraße nicht, auch glaube ich nicht, dass ich nach den ersten Tagen versuchte, ihn mir selbst zu erklären. Aber ich dachte, dass daraus viel zu lernen war, was wahrscheinlich zu einer Lösung führen würde. So war es besser, von Anfang an zu beginnen. Wo der Anfang war, von dem ich ausgehen sollte, welchen Weg ich verfolgen müsse – dies waren schrecklich kopfzerbrechende Fragen. Ich konnte nur lesen, was mir gerade in die Hände fiel: Theorien, Philosophien, Phänomene, Argumente für und wider den Spiritualismus, Denunziationen, bitter und heftig auf beiden Seiten, aber besonders gegen spiritualistische Lehren, Verfolgungen von Medien, Exponierungen und Impositionen – es war alles sehr verwirrend.

Zu dieser Zeit wagte ich, meinen Freunden Mister und Mistress F. von meinen „Schattenfreunden“ und von meinen Erfahrungen in Verbindung mit meinen „Träumen“, für die ich so viel und so oft gelitten hatte, zu erzählen und von der unbestimmten Angst, die mich verfolgte und die wie eine dunkle Wolke über meiner Mädchenzeit hing. Ihrer freundlichen Teilnahme und Mitwirkung hatte ich das Licht zu verdanken, das die Wolke hinwegjagte und mir den Mut gab, den „Inkubus“ abzuwerfen, der auf diese Weise besiegt zusammensank und in Nichts verschwand. Als diese unbestimmte Sorge sich im Nebel der Vergangenheit auflöste, wurde mein Herz, wie die Franzosen sagen, wie „ein kleiner Singvogel“, der aus der Gefangenschaft befreit ist. Mein Mut wuchs, und ich beschloss, schon allein aus Dankbarkeit weiter fortzufahren mit der Forschung und den Experimenten, die zu meiner Freiheit geführt hatten.

Kapitel XI.
Unsere Besucher aus der Geisterwelt

„Er, der große Geist, der Schöpfer,
Sendet sie hierher als Boten,
Schickt sie uns mit seiner Botschaft."
Longfellow

Bis zu dieser Zeit hielten wir unsere Sitzungen regelmäßig ab. Wir wurden fortdauernd angenehm unterhalten und belehrt, aber es war niemals die Frage gestellt worden, ob einer von uns eine besondere Fähigkeit besaß. Der Name „Medium" war kein beneidenswerter, so dass ich, als man schließlich erklärte, ich sei das Medium, durch das die Resultate erreicht wurden, durchaus nicht erfreut und entschieden ungläubig war. Meine hauptsächliche Kenntnis von „Medien" hatte ich durch Zeitungsberichte über Gerichtsprozesse gegen sie, in denen sie nicht vorteilhaft erschienen. Für mich war daher der Name „Medium" gleichbedeutend mit dem eines Taschenspielers oder Schwindlers von einer besonders niederen Gattung, und ich verlangte nicht danach, mit ihnen in einem Atemzug genannt zu werden. Auf die Feststellung der Tatsache, dass *ich* das Medium in unseren Séancen war, bestand man jedoch nicht, und unsere Sitzungen wurden in der gewohnten Weise fortgesetzt, bis eines Abends die Schwierigkeit, zuverlässige Botschaften zu erhalten, den Gegenstand der Unterhaltung bildete, bevor wir unsere Plätze in der Ordnung, wie wir sie immer innehatten, am Tisch einnahmen.

Wir hatten alle den Psychographen mit mehr oder weniger Erfolg ausgetestet, aber dieser entsprach nicht allen Bedürfnissen. Der Vorgang war langsam und die Schrift undeutlich. Wir nahmen an, dass, wenn es wirklich ein Geist sein sollte, der uns schrieb, er wahrscheinlich auch nur die Hand eines Teilnehmers würde gebrauchen können anstelle des Psychographen. Also machten wir den Versuch: Einer nach dem anderen von uns nahm den Bleistift in die rechte Hand und lud den Geist ein, zu schreiben.

Neugierig beobachteten wir das Resultat. In mehreren Fällen konnten wir sehen, wie die Muskeln des Arms und der Hand zuckten, konnten die konvulsiven Ruck der Finger, die den Bleistift hielten, wahrnehmen. Außer einigen unleserlichen Schriftzeichen kam aber nichts weiter zum Vorschein. Andere wiederum fühlten bei den Schreibversuchen keinerlei Einfluss in ihren Händen oder Armen und legten bald den Stift beiseite.

Als die Reihe an mich kam, merkte ich zuerst eine brennende, prickelnde und unangenehme Empfindung in meinen Armen, wie man sie fühlt, wenn man sich an den Ellbogen stößt. Dann war mir, als ob der Arm gelähmt und geschwollen sei, und dieses Gefühl erstreckte sich bis in meine Fingerspitzen. Meine Hand wurde ganz kalt und empfindungslos, sodass ich das Fleisch kneifen oder zwicken konnte, ohne irgendwelchen Schmerz zu fühlen. Nach einigen Minuten fing die Hand an, sich langsam und mühsam zu regen, und sie ahmte die Bewegungen des Schreibens nach. Sie machte verschiedene Versuche, Buchstaben zu bilden, und nach einer Weile erreichte ich das Resultat, einige große, schlecht geformte und kaum leserliche Wörter zu schreiben. Ein nächster Versuch brachte eine entschiedene Verbesserung. Die Gefühle in meiner Hand und in meinem Arm waren zweifellos unangenehm, obschon nicht schmerzhaft, sodass ich trotz meiner Neugier zu sehen, was aus dem Schreiben entstehen würde, nicht bedauerte, aufhören zu müssen, wenn die Uhr uns mahnte, dass die festgesetzte Zeit für die Sitzung verflossen war.

Die folgenden Zusammenkünfte wurden weiteren Experimenten derselben Art gewidmet, und es dauerte nicht lange, so war meine Hand ganz geschickt in der Kunst der Kalligrafie und beschrieb schnell und gut ganze Seiten mit deutlich geformten Schriftzügen, während wir uns unterhielten oder Botschaften empfingen. Wir bemerkten sehr bald, dass die Handschriften ganz verschiedene charakteristische Eigenschaften hatten und nicht nur die Schrift selbst, sondern auch das Thema, über das geschrieben wurde, hatte eine sehr deutlich erkennbare Individualität.

Unsere unsichtbaren Korrespondenten wurden uns bald sehr vertraut. Wir lernten sie mit Namen kennen, und sie erzählten uns etwas aus ihrer Lebensgeschichte. Einer, John Harrison, ein englischer Gentleman, der in Yorkshire lebte, einsam, misanthropisch, mit etwas düsteren religiösen Ideen und ziemlich pessimistisch, war zu langen prosaischen Diskursen hauptsächlich über religiöse Gegenstände geneigt, denen wir höflich folgten. Aber wir mussten eingestehen, dass wir uns erleichtert fühlten, wenn ein anderer der unsichtbaren Schreibenden Hand und Bleistift führte. Dies war Walter Tracy, ein Amerikaner. Seine Geschichte, die er uns erzählte, war folgende:

Er war ein Student der *„University"* oder des Colleges zu Yale. Als der Bürgerkrieg ausbrach, meldete er sich als Freiwilliger und nahm teil an mehreren Kämpfen, aus denen er ohne lebensgefährliche Verletzung hervorging. Nur einige seiner Finger schoss er sich ab infolge des unvorsichtigen Handhabens seines Gewehrs. Seine Freunde wünschten, dass er seine Studien wieder aufnehmen solle, wenn der Krieg vorüber war. Aber er war nicht angetan von dieser Idee und hoffte, etwas anderes zu tun. Diese Streitfrage beendete jedoch ein Unfall, der ihn in eine andere Welt führte. Durch das Kentern eines Seedampfers wurde Walter mit mehreren anderen Passagieren ins Wasser geworfen, und er ertrank. Er konnte schwimmen, wie er uns mitteilte, aber hierzu war keine Möglichkeit, keine Aussicht auf Rettung, weil Ertrinkende sich an ihn klammerten, ihn ergriffen und hinunterzogen. Viele Jahre später begegnete ich einem jungen Mann, der auch vom *„Yale College"* war, und ich freute mich zu hören, dass in sehr vieler Hinsicht die kleinen Erlebnisse, die uns von Walter über sein Leben und seine Erfahrungen berichtet wurden, mit seinen Benennungen von Orten, Lehrern, Häusern, Traditionen, Gebräuchen und Sitten der Studenten übereinstimmten. Nach Walters eigenem Bericht war er ungefähr zwanzig Jahre alt, als er Freiwilliger wurde, und zweiundzwanzig, als er ertrank. Walter wurde sehr bald ein Liebling unseres Kreises. Er schien eine wahrhafte Atmosphäre von Heiterkeit, guter Stimmung und von Lebhaftigkeit mit sich zu bringen. Er war es, wie er sagte, der den Tisch sich nach der Musik bewegen und sie dadurch begleiten ließ, und nachdem wir seine Bekanntschaft durch schriftliche Kundgebungen gemacht hatten, konnten wir ganz gut erkennen, dass diese in Übereinstimmung mit seinem Charakter waren. Unsere Experimente betrachtete er so neugierig und interessiert wie wir selbst, und oftmals empfahl er neue Pläne für unsere Aufklärung und Belehrung. Manchmal stellten wir eine Frage, die er nicht zu beantworten vermochte. Nachdem er eine kurze Zeit anscheinend überlegte, schrieb er: „Ich werde gehen und jemanden, den ich kenne, fragen. Wartet, bis ich zurückkomme!“

Und zurück kam er immer, und zwar ausnahmslos mit jener Belehrung, die wir erbeten hatten. Sie wurde uns aber in so humorvoller Weise gegeben, dass es mehr wie ein Scherz schien als wie die ernste Angelegenheit, als die wir sie betrachteten. Sein heiteres, knabenhaftes Temperament war eine fortwährende Quelle des Vergnügens für uns, und er war stets ein willkommener Gast, und freudig begrüßten wir den ersten Anblick seiner großen, runden, kühnen Handschrift.

Als wir über Einzelheiten eines besonderen Themas nachfragten, gestand Walter in der Antwort ein, uns darüber nicht aufklären zu können. Wenn wir es aber wünschten, fügte er hinzu, wolle er jemanden bringen, den er den „Gouverneur“ nannte. Dieser würde uns, wenn wir „höflich“ seien, wahrscheinlich alles sagen, was wir wissen wollten. „Aber“, fügte er hinzu, „ihr dürft mit ihm nicht so wie mit mir sprechen, ihr müsst auf höfliches Benehmen achten und euch guter Manieren befleißigen. Er ist sehr penibel.“ Selbstverständlich versprachen wir, unser bestes Benehmen zu zeigen und Walters Freund mit aller Ehrerbietung zu behandeln. Zugleich amüsierten wir uns ein wenig über den darin enthaltenen Vorwurf, dass wir Walter selbst nicht mit der Höflichkeit behandelt hätten, die ihm gebühre.

Diese neue Bereicherung unseres Bekanntenkreises in der Geisterwelt erwies sich als eine ganz andere Persönlichkeit als die von Walter oder John Harrison. Er war ernst, bedachtsam und philosophisch, doch freundlich, fürsorglich und geduldig, ein weiser Gelehrter, ein treuer Freund, ein unermüdlicher Helfer. Es sind jetzt über zwanzig Jahre vergangen seit jenem Abend, an dem Walter ihn zu uns brachte. Doch während dieser ganzen langen Zeit hat uns seine Freundschaft niemals verlassen. In Krankheit und Gesundheit, in Leid und Freud, in Zeiten böser und guter Neuigkeiten war er bereit mit helfendem Rat und freundlicher Teilnahme. Von Anfang an hatte er freiwillig die Pflichten eines Führers, Beschützers, Freundes, Ratgebers und Lehrers auf sich genommen.

WALTER.

Niemals drängte er jemandem seinen Rat auf, doch immer war er bereit, ihn zu geben, wenn er darum ersucht wurde. Sein Name war Stafford. Seine Ratschläge waren nicht immer leicht anzunehmen. Sie waren manchmal wenig angenehm, zuweilen meinen Neigungen so ganz widerstrebend, dass ich es ablehnte, sie zu befolgen. Ich muss aber bekennen, dass ich in allen derartigen Fällen meine Eigenwilligkeit bitter bereute. Wenn ich seinem Rat folgte, seiner Führung vertraute, ging alles gut. Niemals beging er einen Fehler, sei es in der Diagnose einer Krankheit, in dem Beschreiben wissenschaftlicher Tatsachen beziehungsweise Theorien oder in seinen zahlreichen Behauptungen, welche Möglichkeiten betrafen, von denen die Welt bis jetzt noch nichts geahnt hatte.

Wir erfassten zunächst nicht ganz die Größe dieser neuen Intelligenz, die in unseren Kreis zu unserem Beistand kam, aber wir fanden bald, dass wir kaum Walters belehrender Warnung bedurft hätten, denn selbst ohne diese würden wir nicht gewagt haben, Stafford in der „gut-kameradschaftlichen" Art und Weise zu behandeln, in der wir uns Walter gegenüber gehen ließen.

Als wir Stafford über sein Erdenleben befragten, erzählte er uns in Kürze, dass er der Sohn eines amerikanischen Politikers und einer deutschen Frau war, zum größten Teil in Deutschland erzogen, Interesse hegend für alle Naturwissenschaften, unermüdlich danach strebend, Kenntnisse zu erlangen, ein Liebhaber von Experimenten, ein eifriger Forscher in allen Dingen, welche die Nutzung der Naturkräfte im Dienste der Menschheit betrafen. Seine wissenschaftliche Laufbahn fand ein jähes Ende durch einen Unglücksfall, der ihn unfähig machte, von seinem Bett aufzustehen, an das er dann drei Jahre lang bis zu seinem Tode gefesselt blieb. Während dieser Zeit begann er, sich für die Frage des Fortlebens zu interessieren. Bisher hatte er sich nicht darum gekümmert, und wenn das Thema erwähnt wurde, meinte er, dass dies nicht in derselben Weise behandelt werden könne wie die Probleme mathematischer oder naturwissenschaftlicher Art. So weit seine Kenntnis reichte, war kein Beweis eines ewigen Lebens möglich, und Theorien, für die es unmöglich schien, einen Beweis zu erbringen, blieben für ihn uninteressant und nutzlos.

Als er während seines langen Krankenlagers erkannte, dass er seine Studien nicht fortsetzen konnte, wurde sein Verstand, der wie immer lebhaft und analytisch arbeitete, zum religiösen Glauben hingezogen durch die liebevollen Versuche seiner Mutter, ihm Trost zu schenken in seiner Verzweiflung und seinem Schmerz darüber, dass er niedergestreckt worden war in der Mitte seines Lebenswerks. Um ihretwillen versuchte er, ein Interesse an ihrer Religion gewinnen und war erstaunt, zu sehen, wie viel ihm noch geblieben war, worauf er hoffen konnte. Er sah dem Tod mit ähnlicher Sorge und ähnlichen Gedanken entgegen wie ein Experimentator, der erwartungsvoll vorwärtsblickt nach der Entfaltung eines Planes, dessen Schöpfer er war und dessen Ausgang die Wahrheit einer Lieblingstheorie, die er gehegt, aber kaum anzuerkennen gewagt hatte, entscheiden sollte. Er verlangte nach dem, wonach er in allen seinen Studien gestrebt hatte – nämlich nach Beweisen –, und für diese war er willig, ja erfreut, zu sterben. Er bezahlte den notwendigen Preis und erreichte sein Ziel. Stafford starb und fand den Beweis: Er lebte noch! Sein Verstand war ungetrübt, seine Liebe für das Studium und sein Verlangen nach Wissen vermehrt, seine Fassungsvermögen klarer und schärfer als je zuvor. Seine Anteilnahme für die Menschen, die zuvor unterdrückt gewesen war, war nun erweitert, und er fühlte sich jetzt ebenso eifrig bestrebt zu lehren, wie er es vordem zu lernen gewesen war.

Dies ist in Kürze der Bericht, den er über sich selbst gab. „Stellt keine Nachforschungen an, die meine irdische Laufbahn betreffen!", schrieb er. „Ihr werdet nichts entdecken. Ich habe euch nicht meinen vollen Namen gegeben. Viele meiner Verwandten leben noch, und ich wünsche nicht, ihnen Unannehmlichkeiten zu bereiten. Ihr könnt meinen Aussagen über mich selbst Glauben schenken. Sie sind wahr, ebenso wie mein Wunsch es ist, nützlich zu sein." Seinem Wunsch entsprechend hielten wir niemals irgendwelche Nachforschungen ab, obgleich es dazu an Gelegenheiten nicht mangelte. Viele Bemerkungen, die besprochene Themen betrafen, verrieten seine persönliche Bekanntschaft mit Gelehrten der verschiedenen Nationalitäten.

Weiterhin wurde unser Kreis unsichtbarer Freunde durch ein kleines spanisches Mädchen namens Ninia erweitert, das schlechtes Englisch schrieb, mit spanischen

Worten vermischt. Ihr Buchstabieren war streng phonetisch, ihre Ausdrücke unverkennbar die eines eigenwilligen, lebhaften Kindes von sieben oder acht Jahren. Sie erzählte uns, dass sie in einer Kirche in St. Jago mit ihrer älteren Schwester zusammen verbrannt war. Walter, so sagte sie, sei ihr größter Freund, und sie liebe ihn innig. Anscheinend waren ihre Neigungen ziemlich kapriziöser Art, denn sie schloss sich sehr schnell an eine Person aus unserem Kreis an, die sie „Georgio" nannte und der sie versicherte, dass sie diese am liebsten habe.

Von dieser Zeit an schien sie ihren neuen Freund mit allen ihren Aufmerksamkeiten zu überschütten. Wenn Georgio um des einen oder des anderen Grundes willen nicht zugegen war, kam Ninia entweder gar nicht, oder wenn sie erschien, war sie untröstlich. Sie verriet oft kleine Vorfälle aus Georgios Privatleben, sehr zu unserem Vergnügen und zuweilen zu seinem unverkennbaren Missfallen. Diskretion war eine unbekannte Eigenschaft für Ninia. „Du solltest den Leuten nicht solche Dinge erzählen, Ninia", sagte Georgio eines Tages in scharfem Ton, nachdem sie uns mit der Beschreibung einer Zusammenkunft zwischen Georgio und einer jungen Dame unterhalten hatte, wegen der Ninia entschiedene Eifersucht zeigte. „Warum nicht?", erwiderte sie, „es ist wahr!" „Das kann sein, aber es ist nicht schicklich von kleinen Mädchen, Geschichten zu erzählen und jedermann Dinge wissen zu lassen, die nicht für sie bestimmt sind." „Du musst nich' Ding' tun, was dich schämt, Leuten zu sagen. Das Stafford sagt zu Ninia."

Trotz ihrer Indiskretion wollte Ninia keinem von uns erlauben, eine geringschätzige Bemerkung über Georgios Handlungen zu machen. Sie schien für sich allein das Recht in Anspruch zu nehmen, seinen „Mentor" abzugeben und sah in einer Beurteilung unsererseits einen Eingriff in ihre Rechte. Treue kleine Freundin! Einige Jahre später reisten Mister F. und ich über tausend Meilen weit, um an Georgios Seite zu sein, als er im Sterben lag. Ich hatte betrübt einen Brief geschrieben, den er mir diktiert hatte, und las ihm den Text soeben vor. „Danke!", sagte er, „so ist's gut. Ich werde versuchen, ihn bald zu unterschreiben." – „Ach, Ninia! Liebe kleine Ninia! Das ist gut von dir!", rief er plötzlich aus.

HUMNUR STAFFORD.
Kopie einer in vollständiger Dunkelheit aufgenommenen Bleistiftskizze.

Ich blickte besorgt zu ihm hin, erschreckt durch diesen Ausdruck der Freude. Sein Gesicht war erhellt durch ein Erglühen des Entzückens und des Willkommens. „Liebe kleine Ninia! Gehe nicht wieder fort!“, sprach er mit sehnsüchtig schauenden Augen. Als er dann unsere besorgten Blicke bemerkte, sagte er: „Solch ein liebes kleines Ding! Ich bin müde. Ich will versuchen, eine Weile zu schlafen.“

Als er seine Augen schloss, schlummerte er sofort ein, und wir fürchteten, dass dies sein letzter, langer Schlaf sein würde. Er schlief mit einem ruhigen und zufriedenen Lächeln und einem friedlichen Gesichtsausdruck, wie wir sie an ihm seit Tagen nicht gesehen hatten. Als er erwachte, sah er besorgt im Zimmer umher, und dann fielen seine Blicke auf den Raum, wo er zuvor seine kleine Freundin gesehen hatte. Er lächelte und machte ein kleines Zeichen der Freude. Mehrere Male erwähnte er sie während der nächsten wenigen Stunden. „Sie wird müde werden vom Warten“, sagte er einmal. Sein Bewusstsein verließ ihn niemals dabei. Er war sich klar über die große Veränderung, die ihn erwartete, und Ninias Gegenwart schien ihm Mut zu geben, ihr entgegenzusehen. Er sprach ruhig und friedlich mit uns während der letzten Stunde, und beinahe seine letzten Worte waren: „Liebe kleine Ninia! Liebe kleine Freundin!“

Zuweilen denke ich an unsere ersten spiritualistischen Erfahrungen, da wir als Neulinge es für nutzlos erachteten, solchen Mitteilungen wie denen Ninias viel Aufmerksamkeit zu schenken. Wie wenig wussten wir, wie wenig dachten wir, dass der kleine, kindliche, unsichtbare Besucher bald mächtiger sein würde als all die Tröstungen der Kirche und der Priester, um den Pilgerpfad unseres Freundeskreises durch das dunkle Todestal zu erhellen und freundlicher zu gestalten.

Doch noch eine andere Geisterfreundin kam und wurde willkommen geheißen in unserem kleinen Kreis: Dies war ein liebliches, zurückhaltendes Wesen von reinem Gemüt, das, wie uns gesagt wurde, Felicia Owen hieß, ein englisches Mädchen von ungefähr zwanzig Jahren, das zur Zeit seines Todes in einer katholischen Schule in Wales erzogen wurde. Was sie schrieb, verfasste sie immer in Versen, lieblich und rein, einen Hauch des Himmels mit sich bringend. Einmal schrieb sie

– und diese Worte kehrten in mein Gedächtnis mit unwiderstehlicher Kraft zurück, als ich bei dem sterbenden Georgio wachte:

„Und als ich kam zum Sterben, schien es so wunderbar:
Fand eine liebe Stimme und eine Freundeshand,
Die mir begegnete,
Als ich erzitternd stand am Strand des dunklen Sees,
Der zwischen Ewigkeit und mir hinflutete.
Und doch – es war also."

Felicia kam nicht sehr oft zu uns. Es fanden sich vielleicht in unserem Kreis zu wenig gleichgesinnte Seelen für die schüchterne, sanfte Poetin. Obgleich ich das anerkannte, aber doch widerwillige Medium für all diese Mitteilungen geworden war, zog ich es vor, dass die Geister über Themen schrieben, über die ich unwissend war. Ich besaß zwar nicht die leiseste Fähigkeit, in Poesie zu schreiben, aber es war mir unangenehm zu hören, dass die Leute dachten, „ich würde es können, wenn ich es versuchte." So war es im ganzen befriedigender für mich, wenn die Mitteilungen dergestalt waren, dass niemand eine junge Frau von etwas unter zwanzig Jahren in Verdacht haben konnte, mit den Dingen, von denen sie handelten, vollständig vertraut zu sein.

Zuweilen schrieb meine Hand schnell und gleichmäßig zwei Stunden ununterbrochen, während ich auf das Papier achtgab, wie es nach und nach mit den kleinen, dichten Schriftzügen von Stafford oder der großen, kühnen Handschrift Walters bedeckt wurde, und meine linke Hand die Blätter ersetzte, wenn neue gebraucht wurden. Manchmal las ich die Sätze, wie sie unter dem Bleistift entstanden. Aber gewöhnlich, wenn ich mich dafür interessierte und begierig war zu wissen, was folgen würde, wurde das Schreiben unzusammenhängend. Worte wurden ausgelassen oder falsch buchstabiert, und der Sinn war unverständlich. Mein Arm und meine Schulter schmerzten zu solchen Zeiten so sehr, dass ich mich vor Unbehagen krank fühlte und beinahe ohnmächtig wurde. Aber ich fing an, diese Mitteilungen zu sehr zu schätzen und ertrug daher diese Kleinigkeiten geduldig, ja sogar freudig.

Die Empfindungen in Hand und Arm befähigten mich bald, die verschiedenen Kontrollgeister zu unterscheiden, nicht zwei von ihnen schienen den Bleistift in derselben Weise zu gebrauchen. Stafford verursachte mir weniger Unbehagen als all die anderen, obgleich er oftmals ununterbrochen und eine viel längere Zeit schrieb.

Zuweilen versuchte ein Fremder meine Hand zu verwenden, und dies fühlte ich sofort, manchmal ging das Schreiben von rechts nach links, als ob die kontrollierende oder beeinflussende Kraft unter der Hand wirkte. In solchen Fällen mussten wir das Schreiben durch einen Spiegel, der es zurückwarf, zu lesen. Unsere hauptsächlichsten Besucher waren in der Regel jene fünf, von denen ich schon gesprochen habe. Eine Ausnahme fand bloß dann statt, wenn wir unsere Abgeschlossenheit etwas strikt handhabten und einer interessierten Person erlaubten, sich unserem Kreis für einen Abend anzuschließen. Ausnahmslos beobachteten wir zu solchen Zeiten eine Erweiterung unseres „Geisterkreises." Walter stellte gewöhnlich den Zeremonienmeister dar und übernahm das Vorstellen des unsichtbaren Gastes. Auf diese Art wurden viele interessante Beweise („Tests") gegeben, da es oft vorkam, dass der irdische Besucher für die meisten von uns, die nichts von ihm oder seinen Angelegenheiten wussten, ein Fremder war.

Diese gelegentlichen Besucher verursachten immer mehr oder weniger eine Unterbrechung unserer gewohnten Routine. Aber wir konnten nicht entscheiden, ob dies das Resultat von neuen geistigen Einflüssen war oder ob dies durch die gewohnte Neugier oder vielleicht durch den natürlichen Zweifel der Besucher hervorgerufen wurde. Einige Leute schienen einen Zufluss von frischer Energie mit sich zu bringen, andere dagegen durch ihre Gegenwart die Manifestationen zu lähmen. Einer Dame, die unermüdlich um Einlass nachgesucht hatte, erlaubten wir eines Abends, sich uns anzuschließen.

Wir hatten zuvor eine Reihe sehr erfolgreicher Experimente erlebt und versammelten uns in hoffnungsvoller Erwartung, denn uns waren einige besondere Phänomene versprochen worden. Wir nahmen unsere üblichen Plätze ein. Die besuchende Dame erhielt ihren Sitz mir gegenüber. Wir warteten eine lange Zeit, aber zu unserem Erstaunen und zu unserer Enttäuschung gab der Tisch weder Anzeichen einer Bewegung noch konnten wir einen einzigen Strich des Bleistiftes erhalten. Vergeblich sangen und spielten wir, vergeblich wechselten wir die Reihenfolge unserer Plätze, vergeblich baten wir um ein Zeichen der Gegenwart unserer unsichtbaren Freunde, aber uns wurde keines gewährt. Jeder in unserem Kreis beklagte sich über ein Gefühl von Unbehagen, Prickeln und Brennen in verschiedenen Teilen seines Körpers, und einer oder zwei fühlten eine unangenehme Empfindung im Gesicht und auf den Händen, als ob Spinnweben über sie gezogen würden. Zuletzt, nach beinahe zwei Stunden, hoben wir enttäuscht die Sitzung auf. Als wir beim Abschiednehmen unser Bedauern über den Nichterfolg ausdrückten, bemerkte die Dame, die uns besuchte, triumphierend: „Wissen Sie, warum Ihre Geister nicht kamen? Ich will es Ihnen sagen: Es war deswegen, weil ich zu Gott ohne Unterlass den ganzen Abend gebetet habe, uns von der Macht des Satans zu befreien und seine Betätigungen zu verhindern, solange ich hier bin. Sie haben keine Geistermanifestationen gehabt, und Sie können ganz sicher sein, dass Sie nie welche haben werden, wenn Sie nur um Bewahrung vor dem Bösen beten, wie ich es getan habe. Dass diese Manifestationen vom Teufel sind, dessen können Sie ganz sicher sein, denn sonst würden Sie Ihren gewohnten Erfolg heute Abend gehabt haben, trotz meiner Gebete."

Ich hatte kein Gegenargument als Antwort darauf bereit. Die Dame, Mutter von Töchtern, die älter waren als ich, hatte sich immer als eine gute, arbeitsame, ernste und kirchlich gesinnte Frau gezeigt, deren Meinungen über religiöse Dinge als gewichtig erachtet wurden, und die der sich selbst auferlegten Pflicht gerne nachkam, über die Moral all ihrer Bekannten zu wachen. Sie hatte unsere Experimente mit großem Misstrauen betrachtet und nicht gezögert, in ihrer Unterhaltung mit mir über dieses Thema ihre Überzeugung auszusprechen, dass wir ein Opfer der Einflüsse des Bösen waren.

Dieser erste Misserfolg in unseren Experimenten und ihre Erklärung über deren Ursache brachten mich sehr außer Fassung, und mich erfüllte der Gedanke, dass ich Seine Satanische Majestät in unserer Mitte begünstigt haben sollte, mit einiger Bestürzung. Nachdem wir jedoch das Für und Wider der Meinung der Dame erwogen hatten, lautete unser Urteil: „Nicht erwiesen!“, und wir entschieden, in unseren Forschungen fortzufahren und weitere Entwickelungen abzuwarten.

Ich wusste damals noch nicht, was ich jetzt weiß, nämlich welch starke Waffe der Wille ist und wie verhängnisvoll für den Erfolg einer solchen „Séance“ ein antagonistisches Element sich erweisen kann. Wir hatten dies alles noch zu lernen. Später konnten wir uns erlauben, über die Meinungen derer zu lächeln, die dem Teufel so viel und Gott so wenig zutrauten. Doch damals waren wir noch unerfahrene Anfänger und leicht zu verängstigen. Aber Gott sei Dank, wir hatten den Mut, fortzufahren und mehr zu lernen.

Kapitel XII.
Geisterporträts und die Wissenschaft

„Also ist die Fülle spendende Vorsehung des Himmels:
In jeder Brust einpflanzend das Verlangen,
Nach Zielen, neu und wunderbar, spornt sie uns an,
Mit unablässig regem Fleiße einzudringen,
In jene heiligen Schätze, die die reifende Seele erwarten,
In der Wahrheit unerschöpflichem Busen.“
Akenside

Eines Abends saßen wir – warum auch immer – ohne entzündete Lampe. Das Tageslicht war noch nicht erloschen, als wir die Sitzung begannen, aber obgleich es dunkel wurde, dachte niemand daran, ein Licht zu entzünden. Als ich zufällig zu jenem Bereich des Zimmers hinüberblickte, wo die Schatten am tiefsten waren, schien es mir, dass sich dort ein merkwürdiges, wolkenartiges, leuchtendes Gebilde deutlich und klar von der Dunkelheit abhob. Ich beobachtete es ein, zwei Minuten lang, ohne etwas zu sagen und fragte mich, woher es kam und wodurch es verursacht wurde. Ich meinte, es müsste der Widerschein der Straßenlampen von draußen sein, obgleich ich ihn niemals zuvor in dieser Weise gesehen hatte. Während ich aufmerksam beobachtete, schien sich die leuchtende Wolke zu verdichten. Sie gewann an Substanz und entwickelte sich zur Figur eines Kindes, das wie von Tageslicht erhellt war, welches jedoch nicht darauffiel, sondern irgendwie von innen herauszudringen schien. Die Dunkelheit des Zimmers bildete anscheinend den Hintergrund, und dieser Kontrast ließ jede Kontur der Gestalt und jeden Zug ihres Gesichts als kräftiges Relief hervortreten. Ich lenkte die Aufmerksamkeit der anderen auf diese merkwürdige Erscheinung und war nicht wenig erstaunt, als sie sagten, weder das Kind noch das Leuchten zu sehen, von dem ich sprach. „Wie merkwürdig!", sagte ich, „ich sehe die Kindergestalt so deutlich, dass ich ihr Porträt zeichnen könnte, wenn ich Papier und Bleistift hätte." „Hier sind Papier und Bleistift", sagte mein direkter Sitznachbar, und ich nahm sie und fing hastig an, den Kopf, die Gesichtszüge und Schultern der kleinen Besucherin zu skizzieren, die zu verstehen schien, was ich tat. „Ich glaube, es ist Ninia", bemerkte ich, und das kleine Wesen nickte lebhaft mit dem Kopf, sodass ich lachte und meine Freude darüber ausdrückte, als ich meine Skizze beendet hatte und sie mit einigem Stolz betrachtete. „Finden Sie es nicht sehr ähnlich?" fragte ich Mister F., der neben mir saß. „Es ist schwer, dies im Dunkeln zu sehen", erwiderte er. „Wir müssen ein Licht haben, um urteilen zu können." Dann erinnerte ich mich zum ersten Mal daran, dass wir in tiefer Dunkelheit saßen, und ich fing an zu glauben, dass ich geschlafen und von der leuchtenden Kindergestalt und meinen Skizzen geträumt hatte. Ich hielt das Papier fest, ängstlich fürchtend, dass die entzündeten Lichter ein leeres Blatt zeigen würden. – Aber nein! Das Porträt war da, ich hatte nicht geträumt! Ninias Gesicht lächelte uns vom Papier an, wie sie mich aus ihrer dunklen Ecke heraus angelächelt hatte. Ich hatte ihre Gesichtszüge recht geschickt skizziert und war sehr stolz auf meine Leistung. „Ich kann verstehen, dass Sie das Kind sahen", bemerkte jemand, „aber ich kann nicht begreifen, wie Sie sein Porträt in der Dunkelheit skizzieren konnten."

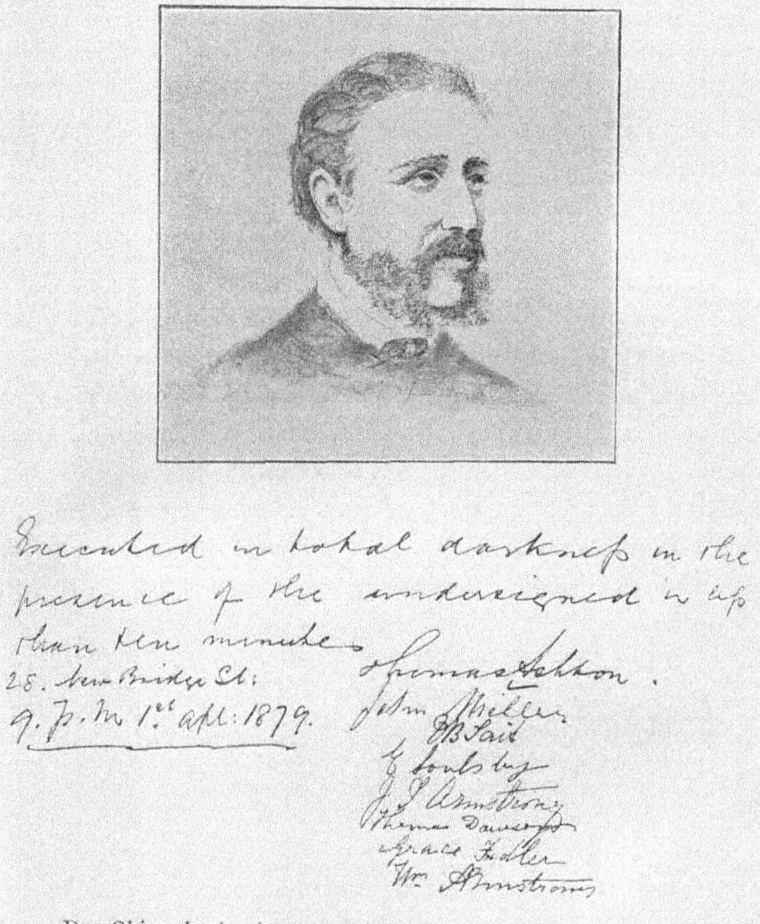

Das Obige ist kopiert von einer Photographie der Bleistiftskizze mit Unterschrift.
Übersetzung der Unterschrift:
Ausgeführt in vollständiger Dunkelheit in Gegenwart obiger Unterzeichneter in weniger als 10 Minuten.

Obiges ist eine Kopie eines der nicht erkannten in Dunkelheit gezeichneten Portraits. Die wirkliche Zeit, die zum Skizzieren gebraucht wurde, betrug ungefähr 30 Sekunden.

Dies vermochte ich mir selbst nicht zu erklären. Ich wusste nur, dass es für mich nicht dunkel war. Ich sah das Kind, sah das Papier und den Bleistift, aber ich hatte keinen Gedanken an irgendetwas anderes. Tatsächlich wusste ich eine Weile nicht, ob ich dies alles tatsächlich erlebt hatte. Ich bedurfte des Anblicks der Skizze, um sicher zu sein, dass der ganze Vorgang nicht in einem Traum vorgefallen war.

Diese neue Entwicklung entzückte mich, und den Séance-Abenden wurde mit neuem Interesse entgegengesehen. Wir baten unsere Geisterfreunde, „für ihre Porträts Modell zu stehen", und nahmen unsere Plätze ein, wohlversorgt mit Zeichenpapier und Bleistiften. Da es mittlerweile Sommer war, wurde es notwendig, die Fenster zu verdunkeln, und wir stellten fest, dass, je dunkler das Zimmer war, sich desto besser die leuchtenden Gestalten abhoben. Wenigstens war es für mich so. Die anderen schienen blind zu bleiben für die Gegenwart unserer Gäste.

Während der nächsten paar Monate waren unsere Abende vollständig ausgefüllt mit dem Zeichnen dieser Porträts. Manchmal schwanden die Gestalten vor meinen Blicken, ehe ich ihre Umrisse zu Papier gebracht hatte. Zuweilen gelang es mir, zwei oder mehrere Porträts während des Abends zu skizzieren. Wenn irgendein Fremder in der Séance zugegen war, so kamen in fast allen Fällen auch einige fremde Geister, und ich konnte häufig erfolgreich eine Skizze von ihnen erstellen.

Meistens wurden die Gezeichneten sofort erkannt und die Skizzen von ihren Freunden in Beschlag genommen. Die wenigen, die nicht identifiziert wurden, behielt ich für mich, aber dies waren nicht viele. Stafford, Walter, John Harrison und Ninia waren unter den ersten, deren Gesichtszüge ich zeichnen konnte, und diese Bilder zählen noch heute zu meinen mir wertvollen Schätzen. Die Nachricht dieser neuen Entwicklung meiner Mediumschaft sprach sich sehr bald herum, und ich fand mich, sehr zu meinem Entsetzen, geradezu überflutet mit Besuchern, und überhäuft mit Korrespondenz.

Es schien mir, als ob alle Menschen Porträts von ihren toten Freunden wünschten und meinten, dass ich nur meine Augen zu schließen brauchte und dann beginnen könne, sogleich ihren Wunsch zu erfüllen. Aus verschiedenen Teilen der

Welt kamen Briefe, in denen man meine Hilfe erflehte und mich bat, das Porträt von irgendeinem verlorenen Liebling zu schicken. Zuerst versuchte ich, die gewünschten Bilder zu erlangen, um die ihrer Angehörigen Beraubten zu befriedigen, war jedoch erfolglos, von wenigen Ausnahmen abgesehen.

Einen Brief erhielt ich aus Ägypten von einem Ungarn, der mir schrieb, dass er ein Spiritualist sei und die Gewohnheit habe, Séancen in seinem Heim abzuhalten, und dass er in regem Verkehr mit einem geliebten verstorbenen Sohn stand. „Dieser Sohn“, so teilte er mir mit, „sagt mir, dass er fähig sein würde, zu Ihnen zu kommen und sich Ihnen sichtbar zu machen, damit Sie sein Porträt zeichnen können, wenn ich Ihnen einen kleinen Gegenstand schicke, der ihm gehört hat.“

Ein seidenes Tuch war dem Brief beigelegt, und an meinem nächsten Séance-Abend hielt ich es in meiner Hand. Ich wartete geduldig auf das, was erscheinen würde, aber lange Zeit sah ich nichts. Dann hob sich die schmächtige Gestalt eines Soldaten schwach von der Dunkelheit ab. Dies entsprach nicht meiner Erwartung. Aber da ich nichts anderes zu tun hatte, skizzierte ich hastig seine Umrisse. Ehe ich jedoch mehr tun konnte, verschwand die Gestalt in der Dunkelheit, und die Skizze blieb unvollendet.

Mehrere Wochen behielt ich das Tuch während unserer Séancen bei mir, aber ohne Erfolg. Dann fragte jemand: „Wie alt war der Sohn des Mannes, der Ihnen geschrieben hat?“ Ich wusste es nicht. „Ist es denn nicht möglich, dass es der junge Soldat ist, den Sie zu skizzieren anfingen?“ Diese Idee war mir nicht eingefallen. Tatsächlich hatte ich ihn mir die ganze Zeit über als Kind vorgestellt. So schrieb ich an den Vater und bat ihn um weitere Einzelheiten. Aber ich erhielt niemals eine Antwort, und das unvollendete Porträt des jungen Soldaten verbleibt als „nicht abgeholt“ in meinem Album.

Während ich mit dieser ungewöhnlichen Arbeit, die Gesichtszüge der Bewohner einer anderen Welt zu porträtieren, beschäftigt war, wurde ich mir meiner eigenen Mangelhaftigkeit in der Kunst des Zeichnens bewusst, und fing an, täglich ungefähr eine Stunde zu nutzen, um mein geringes Talent zu vervollkommnen. Dies trieb ich eifrig einige Monate lang. Obgleich sich aber die Arbeiten, die ich anfertigte, qualitativ verbesserten, schien merkwürdigerweise meine Kraft zu schwinden, die leuchtenden Gestalten zu sehen. Das Erhalten eines Porträts wurde zu einer Seltenheit, da dieses Skizzieren in irgendeiner Weise meine Nerven überanstrengte und mir einen oder zwei Tage danach heftige Kopfschmerzen verursachte, sodass ich, wenn auch widerstrebend, gezwungen war, von meinen Versuchen abzusehen.

Zuweilen freilich kehrte die Kraft zurück, und mehrere Wochen hintereinander war ich fähig, diese Bilder herzustellen. Dann wieder lag ich nach einer Séance tagelang darnieder, sodass ich schließlich das Séance-Zimmer mit nur geringer Hoffnung betrat, das Zeichenmaterial tatsächlich zu gebrauchen, mit dem ich mich versorgt hatte.

Unser Kreis hatte während dieser Zeit mehrere Veränderungen erfahren. Einige Mitglieder hatten die Stadt, einige England verlassen, und ihre Plätze am Tisch waren von anderen übernommen worden. Nur wenige von unseren ursprünglichen Teilnehmern blieben noch und versäumten niemals, ihre Sitze einzunehmen, die sie von der Zeit an innehatten, als wir unsere Forschungen begannen. Ein neuer Besucher, der zu uns gekommen war in der Hoffnung, ein Porträt zu erhalten oder wenigstens beim Zeichnen eines solchen zugegen zu sein, gab den Anlass zu einer neuen Entwicklungsstufe unserer Studien. Dieser Gentleman, Mister Barkas, war in seinem Fach eine Berühmtheit und ein in der Öffentlichkeit sehr bekannter Mann. Er war belesen in der Literatur, den verschiedenen Wissenschaften, ein Kunstliebhaber und ein intelligenter und genauer Beobachter. Er besaß großes, wohlwollendes Interesse an der Bildung und dem geistigen Fortschritt der Arbeiterklasse. Barkas errichtete eine Kunstgalerie, ein Lesezimmer sowie eine Bibliothek in Newcastle, und er wurde nie müde, solche Dinge aufzuspüren, welche Besucher anziehen und zu deren Weiterbildung beitragen konnten.

Hinzu kam noch, dass er häufig Vorträge über Themen hielt, die für den Augenblick die öffentliche Meinung beschäftigten. Diese Referate wurden, gleichgültig wie trocken deren Themen auch sein mochten, interessant durch seine Art und Weise, sie zu behandeln. Egal wie groß auch die Vortragshalle auch war, sie war immer bis auf den letzten Platz mit einer aufmerksamen, intelligenten Zuhörerschaft gefüllt, wenn er die Rednerbühne betrat.

Mister Barkas F. G. S. war Spiritualist. Er nötigte seinen Glauben an das Vorhandensein der Geisterwelt niemandem auf, aber trotz seiner Zurückhaltung war dies eine wohlbekannte Tatsache, und als ein Mann der Öffentlichkeit wurde er oft in nicht beneidenswerter Weise lächerlich gemacht, was er jedoch mit einer gutmütigen Nonchalance hinnahm.

Er wurde Mitglied unseres kleinen Hauszirkels in der Hoffnung, etwas Neues zu sehen. Aber an mehreren Abenden waren wir erfolglos. Schließlich, ganz unerwartet, war es mir möglich, eine liebe alte Dame, die vorgab, eine Verwandte von ihm zu sein, zu sehen und deren Porträt zu skizzieren. Er erkannte sie jedoch nur an dem Kleid, das vielleicht seiner Großmutter gehört hatte, an die er nur eine sehr vage Erinnerung besaß. Während wir an einem dieser Abende auf das warteten, was kommen mochte, erwähnte Mister Barkas, dass er im Begriff war, eine Reihe von zwölf Vorträgen in einem großen Saal in der Nachbarschaft zu halten. Während der nun folgenden Unterhaltung sagte er, dass diese Referate volkstümliche Erläuterungen der Wissenschaften sein sollten. Das Erste behandelte die Elektrizität, ihr Wesen und ihre Anwendung beziehungsweise etwas Ähnliches.

Mister Barkas fuhr fort, jene Punkte des Themas zu erwähnen, die er seiner Zuhörerschaft durch praktische Experimente zu illustrieren gedachte, und er sprach von den Theorien, die er aufgestellt hatte, um verschiedene Phänomene zu erklären. Während des Gesprächs, bei dem ich ein aufmerksamer, obgleich stiller Zuhörer gewesen war, hatte ich einen Bleistift in meiner Hand über ein Blatt Papier gehalten, bereit zu zeichnen, wenn sich irgendeine Gestalt zeigen sollte. Ich fühlte, wie meine Hand kalt wurde und einschlief, dann fing der Bleistift an zu schreiben, und wir lasen die Worte: „Darf ich fragen, welche besonderen Theorien Sie vertreten und zu illustrieren beabsichtigen?“ „Diese Frage ist für mich, wie ich anneh-me“, sagte Mister Barkas, wobei er mich mit einem Lächeln ansah. „Interessieren Sie sich für solche Themen?“ „Nein –, ja –, ich weiß es nicht –, ich glaube, ich weiß gar nichts davon. Es ist Stafford, der fragt, nicht ich“, erwiderte ich. „Nun gut“, sagte Barkas, „wenn Mister Stafford Interesse daran hat, habe ich nichts dagegen, es ihm zu sagen.“ Dann folgte eine lange Erklärung verschiedener Theorien, ihrer Vorzüge oder Nachteile. Sie schloss mit einer gelehrten Abhandlung über die besonderen Ansichten und deren Begründung ab, die er, Mister Barkas, selbst vertrat. Ich bemühte mich, dieser Erörterung aufmerksam zu folgen, da es schien, als ob sie an mich gerichtet war. Sehr bald aber verlor ich den Faden, ich wurde vollständig verwirrt durch die Wiederholung von technischen Begriffen und hatte nicht mehr Verständnis von der Bedeutung der Worte, als wenn sie in hebräischer Sprache gesprochen worden wären. Sobald er geschlossen hatte, schrieb meine Hand in einer klaren, entschiedenen Weise die Worte: „Sie haben Unrecht. Soweit Sie in Ihren Experimenten gekommen sind, scheinen sich Ihre Theorien zu bestätigen, aber gehen Sie ein wenig weiter, und versuchen Sie die Experimente, die ich mit Ihrer Erlaubnis vorschlagen werde, und Sie werden sehen, dass Ihre Hypothesen nicht haltbar sind.“ Mister Barkas: „Sie scheinen gut unterrichtet auf diesem Gebiet zu sein. Vielleicht können Sie mich belehren, anstatt dass ich Sie unterrichte?“ Stafford: „Ich weiß sehr wenig, aber ich habe viel gelesen und etwas experimentiert, und diese Dinge sind immer beachtenswert. Es ist möglich, dass ich Dinge bemerkt habe, die Ihrer Beobachtung entgangen sind und umgekehrt. Wenn ich Ihnen irgendwie helfen kann, wird es mir ein Vergnügen sein.“

So wendete dies das Blatt für unseren gelehrten Freund in sehr unerwarteter Weise. Ich glaube, wir alle fühlten uns ein wenig entsetzt über Staffords kühle Erhabenheit, denn niemand von denen, die anwesend waren, würde sich angemaßt haben, Mister Barkas' Wissen infrage zu stellen oder die Richtigkeit irgendwelcher Theorien zu bezweifeln., die zu vertreten er für richtig hielt.

Obwohl ich zu dieser Zeit nicht verstand, worum es sich handelte, fühlte ich mich zu einer starken, aber unausgesprochenen Parteinahme für Stafford bewogen und war besorgt, ob er mit Erfolg aus der Streitfrage hervorgehen würde. Ich vermute, dasselbe Gefühl herrschte auch bei den anderen Mitgliedern unseres Zirkels vor, denn als am Ende der beinahe dreistündigen Auseinandersetzung Mister Barkas sagte: „Gut, mein Freund, ich will Ihren Rat befolgen und ein anderes Thema für meine Vorlesung wählen und in der Zwischenzeit die Experimente vornehmen, die Sie anraten, und dann das Resultat abwarten“, konnte man eine sichtliche Befriedigung in den Mienen und den Worten der übrigen Teilnehmer ablesen.

Nach dieser Entdeckung von Staffords Gelehrsamkeit in wissenschaftlichen Themengebieten nahmen unsere Séancen einen ganz anderen Charakter an. Mister Barkas, der etwas erstaunt war, als sein Wissen in Frage gestellt wurde, hatte die Unterhaltung einigen seiner Freunde mitgeteilt, die, wenn sie sich auch nicht für die „spiritualistischen Manifestationen“ interessierten, doch genügend neugierig waren, „die junge Frau von mangelhafter Bildung“ zu sehen, die über Naturwissenschaften gelehrt verhandeln und auf Fehler in den Schlussfolgerungen hinweisen konnte, zu denen Gelehrte gekommen waren. Diese Herren erbaten sich die Erlaubnis, unseren wöchentlichen Sitzungen beiwohnen zu dürfen und kamen gewöhnlich bewaffnet mit einer langen Reihe von Fragen über wissenschaftliche Themen, mit denen sie augenscheinlich eher beabsichtigten, „die junge Frau“ zu quälen, als Auskunft zu erlangen. Stafford schritt dagegen ruhig ein und schrieb: „Wenn ich Ihnen einen Dienst erweisen kann, wird es mir ein Vergnügen sein, aber lassen Sie uns etwas Ordnung in unsere Arbeit bringen und nur ein Thema auf einmal nehmen!“ „Wollen Sie uns sagen, in welchen Sachgebieten Sie gut unterrichtet sind?“ „Ich bin in keinem Fach gut unterrichtet, aber wie Sie selbst habe ich über mehrere Bereiche ein wenig gelesen. Wenn Sie die Dinge nennen, über die Sie mich zu befragen wünschen, werde ich Ihnen sagen, ob ich sie mit Ihnen besprechen kann.“ „Dann wollen wir das Thema ‚Licht‘ vorschlagen.“ „Gut, und dann?“ „Klang, Akustik, Musik und Harmonie.“ „Und dann?“ „Nun, wenn wir diese Themen besprochen haben, fürchten wir, wird Ihre Geduld erschöpft sein, wenn nicht, so können wir uns später noch andere Dinge vornehmen.“

Dann begann, wie es mir vorkam, ein intellektueller Wetteifer, der mehrere Monate andauerte. Wie Stafford angeraten hatte, wurden nur Fragen, die zu einem einzigen Themengebiet gehörten, während desselben Abends erlaubt. Zuweilen nahm die Besprechung eines Objekts mehrere Abende in Anspruch, und während dieser Zeit war der Gentleman, der die Angelegenheit behandelte, vollkommen beschäftigt. Er musste mit anderen Personen aus verschiedenen Landesteilen kor respondieren, welche die Behauptungen Staffords bestätigten, oder er sammelte Material, auf das er seine Fragen gründen konnte.

Soweit ich daran beteiligt war, hatte ich kein Interesse an diesen Diskussionen, nur besaß ich den lebhaften Wunsch, dass Stafford sich fähig zeigen möge, mit den verschiedenen gelehrten Männern zu wetteifern, die, wie es mir schien, bestrebt waren, ihr eigenes, nach ihrer Meinung überlegenes Wissen zu beweisen. Ich verstand die technischen Ausdrücke nicht, die fortwährend gebraucht wurden, und ich fragte mich manchmal, ob die Fragenden sie selbst begriffen. Meistens vergnügte ich mich während dieser ausgedehnten Sitzungen damit, die Gesichter der verschiedenen Teilnehmer, die um den Tisch saßen, zu studieren, und ich dachte über die Fülle der Weisheit nach, die sie aus all den gelehrten Konversationen empfingen.

Ein Herr schloss gewöhnlich seine Augen und sah aus, als ob er mit einem wichtigen wissenschaftlichen Problem kämpfte. Einmal, in der Mitte einer ausgedehnten Antwort, die meine Hand schrieb, ging ein unverkennbares Schnarchgeräusch von dem nachsinnenden Gelehrten aus, das meine Lachlust erregte, so dass ich große Schwierigkeit hatte, ruhig genug zu sitzen, um das Schreiben weiter fortsetzen zu lassen.

Zuweilen wurde eine Frage gestellt, auf die Stafford zu antworten pflegte: „Ich weiß es nicht, aber ich will mich erkundigen und es Ihnen sogleich sagen." Darauf hörte einige Minuten das automatische Schreiben auf, dann aber setzte er den Bleistift wieder in Bewegung und beantwortete die Frage. Häufig füllten zu solchen Zeiten Walter oder Ninia die Wartepausen mit launischen Bemerkungen oder scherzhaften Betrachtungen über die Trockenheit der Unterhaltung aus und fragten, ob es uns gefiel. Zuweilen wurde es mir möglich, das Gesicht eines unserer Besucher aus der Geisterwelt zu skizzieren, aber dies war sehr selten.

Nach den Séancen war ich zumeist sehr müde und erschöpft. Meine Gesundheit war nicht gut. Häusliche Sorgen und Kümmernisse bedrückten mich schwer, und wäre nicht ein so großes Interesse für diese Séancen vorhanden gewesen, so würde ich der Versuchung kaum widerstanden haben, die Sitzungen eine Weile lang aufzugeben. Jedoch hatte ich nicht den Mut, die vielen Erwartungen zu enttäuschen, denen sich meine Freunde hingaben, und ich setzte die Séancen fort, solange meine Kräfte es erlaubten.

Die Besprechung der vier erwähnten Themengebiete dauerte ziemlich lange. In Verbindung mit dem Problembereich „Klang" beschrieb Stafford bis ins Detail ein Instrument für das Weitertragen von Schallwellen über unbegrenzte Entfernungen. „Dieses Instrument", sagte er, „wird der Welt in kurzer Zeit bekannt sein." Seine Mitteilung nahmen wir mit derselben Höflichkeit hin, mit der wir gewohnt waren, all seine Botschaften zu respektieren, doch wie einer der Teilnehmer bemerkte, als er von dem Instrument später sprach: „Derjenige, der von uns am längsten lebt, wird das Meiste sehen!" Es war indes nicht nötig, dass wir viele Jahre älter wurden, bis die Welt das Telephon erhielt, wie es Stafford beschrieben hatte.

Eine andere Erfindung, die, wie er uns sagte, erscheinen würde, nannte er *„Designograf"*. Durch diese sollte eine Person, die eine Feder oder einen Bleistift auf der einen Seite des Erdballs gebrauchte, durch die Anwendung einer elektrischen Apparatur ihre eigene Handschrift auf der anderen Seite der Welt auf Papier wiedergeben, sodass Zeichnungen und Skizzen auf diese Art und Weise über die ganze Erde vom einem Ende zum anderen exakt übermittelt werden konnten. Dies war vor einem Vierteljahrhundert, aber diese Erfindung wurde der Welt erst im gegenwärtigen Jahrzehnt bekannt, und selbst jetzt ist sie noch nicht allgemein verbreitet oder angewendet. „Lieber Stafford", sagte Mister Barkas eines Abends, „wir haben unseren ganzen Wissensschatz in den Fragen an Sie erschöpft. Vermögen Sie irgendein anderes Thema von Interesse vorzuschlagen, welcher mit Vorteil besprochen werden könnte?"

„Es ist an Ihnen, vorzuschlagen", erwiderte Stafford. „Ich bin in Verlegenheit, einen Gegenstand zu finden, der von allgemeinem Interesse sein wird", sagte Mister Barkas mit einem Lächeln, das mich an meinen schläfrigen Nachbarn denken ließ. „Aber da ist ein Freund von mir, ein Doktor der Medizin, der häufig wünscht,

Ihre Bekanntschaft zu machen. Vielleicht ist es ihm möglich, irgendein interessantes Thema anzugeben." „Jeder Freund von Ihnen wird mir willkommen sein."

Infolgedessen kam der Doktor und schlug den das Thema „Anatomie" vor, das einen oder zwei Abende anscheinend mit großem Wohlbehagen besprochen wurde. Der Doktor und Stafford schienen mir miteinander zu wetteifern in dem Gebrauch von lateinischen Benennungen und Fachbegriffen. Nach den Knochen kamen die Nerven zur Besprechung, und hierbei schien Stafford sogleich die Führung zu übernehmen. Einmal brach er in der Mitte eines Satzes ab, wobei er sagte: „Warten Sie ein wenig, ich muss einen Freund von mir über dies befragen, er ist besser unterrichtet als ich."

Eine halbe Stunde lang wurden wir durch Walter unterhalten, der uns in humoristischer Nachahmung des „Gouverneurs" eine wissenschaftliche Dissertation über die Eigenschaften der Luft gab, die er *„Oxyhydronitroammoniak"* nannte. Als wir ihn fragten, was er damit meine, antwortete er: „Wenn ich über wissenschaftliche Themen spreche, ziehe ich es vor, wissenschaftliche Ausdrücke zu gebrauchen." Dies sollte ein Seitenhieb für den Doktor sein, dessen Unterhaltung für den Laien beinahe unverständlich war infolge seines verschwenderischen Gebrauchs von Fachbegriffen. Stafford kehrte nach dem Verlauf einer halben Stunde zurück, augenscheinlich wohlversorgt mit der Belehrung, die er brauchte, und die Diskussion über die Funktion gewisser Nerven wurde wieder aufgenommen. „Willis sagt mir", begann Stafford, als der Doktor, der die Worte beobachtete, wie sie sich auf dem Papier bildeten, ihn unterbrach und ausrief: „Willis? Welcher Willis? Meinen Sie den berühmten Mister Willis, die Autorität aus dem Gebiet des Nervensystems und dessen Tätigkeiten?" „Ja, ich glaube, er wird als Autorität betrachtet. Deshalb ging ich zu ihm. Einige besondere Nerven des Gehirns wurden nach ihm benannt, wie er sagt." „Alle Hochachtung!", bemerkte der Doktor, und es schien mir, dass seine Ehrfurcht vor Stafford von diesem Augenblick an zu wachsen begann.

Beim Thema Musik, das immer wieder hinausgeschoben wurde, weil keiner unserer Bekannten genügend darin unterrichtet war, um die Besprechung leiten zu können, hatten wir zuletzt das Glück, Mister William Rae, einen geschickten und geübten Organisten, dafür zu interessieren. Ich war für eine kurze Zeit eine Schülerin in seinem Kirchenchor gewesen, hatte ihn sehr gern und achtete ihn hoch. Wie ich bereits erwähnte, studierte ich niemals Musik und besaß nur ein sehr oberflächliches Interesse daran, sodass die Diskussion nicht unterhaltsam für mich zu werden versprach.

Stafford erklärte, dass er kein praktizierender Musiker war, aber etwas über Musiktheorie gelesen hatte. Trotzdem entfaltete er bald ein tieferes und weiteres Wissen über das Themengebiet als Mister Rae, der sagte, dass er einigen Freunden schreiben wolle, um deren Meinung und Vorschläge zu erfragen, um dann zur Diskussion zurückzukehren. Stafford willigte ein, und in der folgenden Woche erschien Mister Rae mit einem langen Brief von Sir Jules Benedict, der Aufklärungen enthielt, die Staffords Behauptungen über die strittigen Fragen bestätigten.

Die wissenschaftlichen Unterredungen über Musik, Harmonielehre und die verschiedenen Konstruktionen von Orgeln und Musikinstrumenten schienen nicht enden zu wollen. Trotz meines natürlichen Wunsches, höflich zu sein und mich den Wünschen der guten Freunde anzupassen, die so regen Anteil nahmen, wurde ich entsetzlich müde, und meine Gesundheit, die niemals sehr robust war, drohte im Kampf gegen die Sorgen, die schon einige Zeit schwer auf meinen Schultern lasteten, zu unterliegen.

Wahrscheinlich sah Stafford, dass ich Erholung brauchte, und als ein Jahr nach dem Beginn unserer „wissenschaftlichen Séancen“ verflossen war, sagte er, sie müssten für eine Weile unterbrochen werden. Später könnten wir aber wieder zu ihnen zurückkehren. Eines der vorgeschlagenen Themen war nicht berührt worden aus Mangel an einem Fragenden, der genügend darin bewandert war, nämlich die Chemie.

So sehr Mister Barkas auch mit Stafford übereinstimmte, dass ich der Ruhe bedürfe, bedauerte er doch sehr, dass dieses Gebiet nicht früher behandelt worden war, besonders, da einer der bekanntesten Chemiker der Neuzeit, Mister T. Bell, ernsthaft um Erlaubnis nachgesucht hatte, dieses Thema mit Stafford zu besprechen. Aber Stafford war unerbittlich, Mister Bell musste warten. Die Gesundheit des Mediums war von größerer Wichtigkeit als die Besprechung irgendeines Sachverhalts. Folglich waren darüber keine Worte mehr zu verlieren. Mister Barkas schloss seine Vortagsreihe mit einem Referat über „jüngst durchgeführte psychologische Experimente", in dem er, ohne die Identität irgendjemandes aus unserem Zirkel zu offenbaren, „die außerordentlichen Antworten auf Fragen über wissenschaftliche Gegenstände durch eine junge Dame von sehr mangelhafter Bildung" veröffentlichte.

Ich fühlte mich zwar zurzeit nicht besonders geschmeichelt durch die Aussage über meinem Wissensstand, aber als ich mich selbst darüber zur Rechenschaft zog, mich meines Ärgers deswegen anklagte, musste ich bekennen, dass, soweit es die Kenntnis der besprochenen Themengebiete betraf, meine Gelehrtheit entschieden mangelhaft war und ich kein Recht hatte, die Bemerkung übelzunehmen.

Alle Manuskripte, die sich auf diese Séancen bezogen, wurden durch Mister Barkas zurückgehalten, obgleich sie mir gehörten, da er Auszüge aus ihnen veröffentlichen wollte. Nach seinem Tode erhielt ich sie, wurde aber zur selben Zeit ersucht, sie weder bekanntzugeben noch seinen Namen in Verbindung damit zu nennen. Ich habe deshalb bloß das erwähnt, was er selbst von diesen Séancen an die Öffentlichkeit brachte, oder mich doch nur auf das beschränkt, was öffentliches Wissen wurde.

Kapitel XIII.
Ein Schimmer der Wahrheit

„Der Kampf der Gegenwart und künft'ger Zeiten,
Das Ideal, des Lebens Wirklichkeit,
Mich bannten wie ans Schlachtfeld, wo sie streiten,
Indes die Welt mit jener lag im Streit."
Longfellow

Diese Experimente, die wir mit wenigen Unterbrechungen vier oder mehr Jahre lang fortgesetzt hatten, nahmen zuletzt ein Ende. Wir hatten durch den Tod schreckliche und schwere Verluste erlitten. Diejenigen, die mir am nächsten standen und mir am teuersten waren, die ich am meisten geliebt hatte, waren in schneller Folge von uns gegangen, hinüber in das Land der Schatten, und sie hatten mich alleingelassen. Ich war durch Kümmernisse und Sorgen, die so schwer auf meinen Schultern lasteten, dass ich sie kaum mehr ertragen konnte, erschöpft und ermüdet. Eine gravierende Erkältung, die ich mir im Spätherbst zugezogen hatte, schien meine Konstitution zu untergraben und meine Lunge anzugreifen. Meine Ärzte vermuteten auch ein inneres Krebsleiden und rieten mir dringend einen Aufenthalt in einem wärmeren Klima, wenn mein Leben gerettet werden sollte.

So reiste ich hoffnungslos, mutlos und gleichgültig an das Gestade des Mittelmeers. Ich hatte aufgehört, größeres Interesse an irgendetwas zu haben. Schwach und erschöpft durch Schmerz und Kummer, schien mir das Leben wenig zu enthalten, was es lebenswert machte, und nichts, worauf ich meine Hoffnung setzen konnte. Die Ärzte hatten gesagt, wenn nicht eine vollständige Änderung eintrete, würde ich nicht mehr lange zu leben haben, vielleicht drei, in keinem Fall mehr als sechs Monate, und daher hatten sie mich in den Süden fortgeschickt, damit ich dort stürbe. Ich war gerne bereit, die Welt zu verlassen, ich hatte mein Leben gelebt und alles verloren, was ihm Schönheit verlieh. So war es gut, damit zeitig abzuschließen. Keine Bande fesselten mich mehr auf Erden, und ich hatte nur wenige Freunde. Meine Verwandten hatten sich mir entfremdet infolge meines Interesses, das ich am Spiritualismus hegte. Deshalb schien es mir nachvollziehbar, dass der Tod diesmal gut daran tun würde, jemanden abzuholen, dessen Lebenstüchtigkeit und Interesse am irdischen Dasein beendet waren.

Aber die Jugend besitzt wunderbar vitalisierende Kräfte, und die Gesundheit stellt schnell die Liebe zum Leben wieder her und malt die Zukunft in helleren Farben. Fast gegen meinen Willen frohlockte ich, als erneute Kraft das Blut schneller durch meine Adern trieb, und meine Nerven durchdrang ein freudiges Empfinden am Erwachen der Natur unter dem sonnigen Himmel des Südens. Ich beobachtete den Übergang vom Winter zum Frühling von meinem Krankenlager aus, und es war mir, als ob ich zum ersten Mal in meinem Leben es vollkommen erfasste, wie wunderschön die Welt ist. Der Zauber des Sonnenscheins und des Himmels, der Zauber der Frühlingsluft und des frischen Grüns erlangten für mich eine neue Bedeutung. Ich streckte meine Arme aus zu all diesen Dingen mit einem Sehnen, sie zu verstehen und eins zu sein mit der Natur. Ich fühlte neues Leben in mein innerstes Herz eindringen. Die Hoffnung erstand aus dem Grab, in das ich sie, wie ich glaubte, für immer gebettet hatte, und mit einer Art begeisterter Freude fühlte ich, wie gut es ist zu leben, und ich dankte Gott für diese gesegnete Gabe. Doch hatte sich nichts in meiner Umgebung verändert, nur ein Sonnenstrahl hatte die Wolken durchbrochen, die sich über mir zusammengezogen hatten, und dieser Durchblick hatte mir gezeigt, dass das Leben nicht wertlos war, obgleich Kummer und Sorgen gekommen waren.

Von dieser Zeit an machte ich schnelle Fortschritte auf dem Weg zur Gesundheit, und mit zunehmender körperlicher Kraft wurde ich fähig, meinem Leben positiv entgegenzusehen und auch zurückzuschauen auf die Ereignisse der Vergangenheit, ohne den Glauben an die Zukunft zu verlieren. Zu dieser Zeit war es, dass ich erstmals zu verstehen begann, was Spiritualismus bedeutet. So sonderbar es scheinen mag, ich hatte trotz all unserer Erfahrungen niemals spiritualistische Theorien als eine abgeschlossene und unzweifelhafte Wahrheit annehmen können. Es gab niemanden in unserem Zirkel, der sich nicht als Spiritualist bezeichnete, aber ich selbst hatte mich niemals dazu überwinden können. In meinem innersten Herzen war ich vielleicht Spiritualist, nur war der Unterschied zwischen dem, was mir von Jugend an gelehrt worden war und dieser neuen Lehre zu groß, als dass ich mich mit ihr hätte aussöhnen können.

Die Ansichten einiger angeblicher Spiritualisten schreckten mich ab. Einmal wurde in der Unterhaltung mit einem wohlbekannten Anhänger dieser Lehre das Leben und Werk Christi erwähnt. Zu meinem unendlichen Entsetzen stellte er sogar die Existenz des „Menschensohnes“ in Frage. Er sei eine Mythe, eine Idee, nicht eine Persönlichkeit. Das Dasein einer Gottheit sei auch fraglich, es sei ein Mittel, um die Schwachen in Furcht zu versetzen, oder eine Lockspeise, um die Selbstsüchtigen anzuziehen. Die ersteren würden bestrebt sein, aus Furcht vor den Folgen eines Abfalls der Gottheit weiter zu dienen, die letzteren dagegen um des Lohnes willen, den man dadurch erreichen könne. Alles dies war sehr schrecklich für mich. Mein ganzes Wesen lehnte sich dagegen auf. Ich konnte solche Ideen nicht akzeptieren. Fleißiger als je zuvor las ich meine Bibel und versuchte ihre Lehren mit denen der Geister zu vereinen. Zuweilen kam ich auf Worte des Trostes und der Aufklärung, die ich mit Eifer erfasste, als wären sie ein Schlüssel zu diesen Geheimnissen. Dann aber verfiel ich wieder in die Tiefen der Niedergeschlagenheit und sah keinen Ausweg. Ich schien sozusagen mit mir selbst im Zwiespalt zu sein: Der eine Wesensteil hielt fest an den alten Lehren und verteidigte sie in jedem Punkt, der andere Teil griff an, stürmte, riss die Verteidigungslinien nieder und ließ mich erschöpft und schwach von dem inneren Kampf zurück.

Es gab niemanden, der mir mit Rat beistehen konnte. Diejenigen, an die ich mich wandte, wollten entweder die Frage nicht besprechen oder bezeichneten den Spiritualismus als Teufelswerk. Andere – „Agnostiker", wie sie sich selbst nannten, obgleich ich damals die Bedeutung dieses Wortes noch nicht kannte – behandelten das Thema mit philosophischer Ruhe und geboten mir, mich nicht darum zu sorgen, oder sie rieten mir, das zu glauben, was mich am glücklichsten machte und das Übrige beiseitezulassen. „Was da ist, ist", sagten sie, und keine Größe des Glaubens oder Unglaubens von meiner Seite könnte daran etwas ändern, weder für mich selbst noch für irgendjemand anderen in der Welt. So wurde ich auf mich selbst zurückgeworfen, diesen Kampf alleine auszufechten. Der Ansicht, dass diese Offenbarungen vom Bösen herstammten, konnte ich nicht zustimmen. Der Charakter der Mitteilungen von John Harrison oder die süße Poesie Felicia Owens waren klare Gegenbeweise dafür.

Was die Schriften John Harrisons betraf, so machte ihre große Religiosität in der Tat auf mich denselben Eindruck wie die Predigten unseres alten Pastors: Die Schlussworte von beiden wurden immer mit einem Seufzer der Erleichterung begrüßt! Sicherlich war nicht mehr von Satan in John Harrison als in unserem guten alten Kleriker.

Während dieser Wochen der Genesung, als die Liebe zum Leben neue Wurzeln in meinem Herzen gefasst hatte, begann ich, die Lehren der Geisterfreunde zu verstehen und anzunehmen. Wie es kam, weiß ich nicht genau. Es war, als ob die ruhigen Tage, die ich unter den grünen Bäumen verbracht hatte, mit dem blauen

Himmel und dem Sonnenschein, der durch die Zweige auf mich herniederleuchtete, alle Dinge deutlicher werden ließen. Ich wurde nicht von widerstreitenden Meinungen und Gegensätzen belästigt. Ich war alleine mit der Natur, und gemeinsam kämpften wir, zusammen gingen wir Schritt für Schritt über den alten Grund. Es schien mir damals, dass jene Dinge, die unversöhnlich waren, wenn sie durch die gefärbte Brille der Wissenschaft und ihrer Lehren betrachtet wurden, im klaren, weißen Licht des Himmels sich vereinten und harmonierten. Getrennt betrachtet, haben die Lehren anscheinend keine Verwandtschaft miteinander, als ein Ganzes sind sie miteinander verbunden und bilden eine vollkommene und herrliche Wahrheit, wie man es ganz ähnlich in der leuchtenden Färbung eines herbstlichen Blattes sieht. – Obgleich sein lebhaftes Grün scharf mit dem tiefen Purpurrot kontrastiert, sind die beiden Farben durch unzählbare zarte Schattierungen und Abtönungen doch vereint, bis alles ein vollkommener Traum aus Schönheit und Harmonie wird, nicht eine schwache Schattierung zu viel oder zu wenig …

Solange ich die Lehren der Kirche und der Geister einzeln betrachtete, konnte ich bloß die Gegensätze sehen. Nur durch irgendeinen geheimnisvollen inneren Vorgang schien mir sozusagen ein Schimmer durch ein deutlicheres Medium als durch die Dogmen der Kirche oder durch die individuellen Meinungen der verschiedenen Professoren gegeben zu werden, und dadurch wurde ich befähigt, die Wahrheit und Schönheit zu finden, die dazwischen lag und die das eine mit dem anderen verband zu einem vollkommenen und herrlichen Ganzen.

Es ist gewiss, dass damals viele Dinge für mich unerklärlich waren und es jetzt noch sind. Aber ich fühlte, dass ich den Schlüssel zu einer neuen Welt gefunden hatte, einer Welt, so unbekannt, so wunderbar und erfüllt mit einem Licht, das so rein und klar war, dass ich alle Schwierigkeiten, die mein Inneres bestürmten, in seine durchdringenden Strahlen zu bringen brauchte, um sie gelöst, hinweggenommen oder erklärt zu erhalten.

Kapitel XIV.
Gelehrte werden Spiritualisten

„In Wirklichkeit gibt es kein anderes Wissen als das, welches durch Arbeit erlangt wird. Alles Übrige ist bis jetzt nur eine Hypothese des Wissens, ein Gegenstand, worüber man in Schulen disputiert, ein Gegenstand, der in den Wolken schwebt, in endlos logischen Irrfahrten, bis wir ihn festzustellen versuchen."
Carlyle

Wenn man eine große Entdeckung gemacht hat oder sich einbildet, sie gemacht zu haben, so glaube ich, ist es der erste eigene Drang, die Botschaft zu verbreiten, und man zweifelt nie daran, dass die Kenntnis davon von den übrigen Bewohnern der Welt ebenso eifrig willkommen geheißen und so hochgeschätzt wird, wie von uns selbst. Mir waren, wie ich dargelegt habe, viele spiritualistische Phänomene seit ungefähr drei oder mehr Jahren vertraut, während ich an einige schon seit meiner Kindheit gewohnt war, aber an diese Manifestationen zu glauben, ergibt noch nicht die Notwendigkeit, dass man ein Spiritualist wird, obgleich es gebräuchlich ist, alle derart Interessierten mit diesem Namen zu bezeichnen.

Bis zu dieser Zeit war es mir ziemlich unangenehm gewesen, eine Spiritualistin genannt zu werden. Der Begriff schien mir ohne speziellen Sinn zu sein, und er kam mir unbegründet vor. Dass man an bestimmte Tatsachen glaubt, welche vollkommen deutlich und klar für das beschränkteste Verständnis waren, gab niemandem das Recht zu diesem Titel, ebenso wenig wie der Glaube an das Dasein der Sterne und Planeten einem das Recht gibt, sich als Astronom zu bezeichnen. Auf der anderen Seite waren manche der wahrsten und besten Spiritualisten, die ich gekannt habe, niemals in ihrem Leben Zeugen von irgendwelchen Manifestationen, während für andere dies die ersten notwendigen Schritte auf dem Weg eines besseren Verständnisses für die Gesetze sind, die diese Welt der Materie mit jener der Geister verbinden.

Ich habe Personen gekannt, mit einer großen Erfahrung an mediumistischen oder spiritualistischen Phänomenen, Menschen, die einen unerschütterlichen Glauben daran hatten, dass diese Dinge von Geistern verursacht wurden, die jedoch, wenn ich diese Worte gebrauchen darf, „materialistisch Gläubige“ waren. Sie glaubten wohl an die spiritualistischen Phänomene, aber nicht an den Spiritualismus, von dem sie nichts wussten. In Bezug auf diese Personen erinnere ich mich eines Gesprächs mit zwei Damen, die mir einen Besuch abstatteten. Sie fühlten sich verlassen in einem fremden Land, und da sie gehört hatten, dass ich Engländerin und Spiritualistin war, besuchten sie mich. Rasch bildete der Spiritualismus den Mittelpunkt der Unterhaltung.

Die Damen erklärten meinen anderen Gästen, die, nebenbei bemerkt, wenig oder gar nichts über dieses Thema wussten, dass sie seit drei oder vier Jahren Spiritualisten seien. Sie hatten Séancen mit den besten Medien gehabt und bei ihren Nachforschungen, ohne Kosten zu scheuen, keinen Stein unberührt gelassen. Sie waren, wie sie selbst sagten, „wahre Hexen“, um Medien zu entdecken, und sie versäumten es niemals, jedes Medium auszufragen, dem sie begegneten. Bei dieser Meldung fühlte ich mich unendlich dankbar, dass sie nichts von mir als einem Medium wussten.

„Aber“, sagte ein anderer Herr, „obgleich dies alles sehr interessant und außerordentlich merkwürdig ist, kann ich dennoch nicht ganz die Notwendigkeit all dessen sehen. In welcher Weise kann es zum Glück von irgendjemand beitragen, zu wissen, dass seine lieben Freunde keine bessere Beschäftigung in jener Welt haben, als im Diesseits Tische herumspringen zu lassen oder schlechtes Englisch durch ein Medium zu sprechen oder als materialisierte Geister gleichsam als eine Karikatur ihrer selbst zu erscheinen? Der Spiritualismus von Christus erscheint mir viel schöner und für die, die an ihn glauben, gewährt er für alles, Leid und Freud, volles Genügen.“

„O ja, das kann schon sein“, erwiderte ein anderer Gentleman, „aber sehen Sie, wir haben dies alles nun beiseitegeschoben. Wir glauben nicht an Christus, wir wollen etwas Realeres und Greifbareres als jene alten Legenden haben. Gewiss war Christus sehr gut, und in den alten Zeiten sind seine Lehren wahrscheinlich völlig ausreichend gewesen, aber in diesem aufgeklärten Zeitalter brauchen wir etwas mehr.“ Der Materialismus dieser Spiritualisten war für mich höchst betrüblich. Spiritualismus bedeutete für sie lediglich das Auftauchen von Phänomenen und sonst nichts. Ihr vorgeblicher Glaube war ihnen eine sehr passende Entschuldigung für die Nichtbeachtung der religiösen Pflichten, die ihnen lästig geworden waren, und er war auch nützlich als ein Mittel, Einlass zu Séancen zu erhalten, zu denen nur Spiritualisten zugelassen wurden. Aber darüber hinausgehend hatte der Name keine weitere Bedeutung für sie. Zwischen diesen aufgeklärten Anhängern des Spiritualismus und mir herrschte wenig oder gar keine Sympathie. Wir gingen unsere getrennten Wege und begegneten uns selten wieder. Wahrscheinlich sind sie noch auf der Jagd nach Medien, obgleich sie in dem Land, in dem sie leben, ihre Beute nicht leicht fangen werden. Dass solche Meinungsverschiedenheiten entstehen konnten unter den Anhängern ein und derselben Sache, konnte ich kaum nachvollziehen, und diese Entdeckung verwirrte mich nicht wenig.

Ich war eifrig darauf bedacht, der ganzen Welt die große Wahrheit laut zu verkünden, die ich entdeckt hatte. Es wollte mir nicht in den Sinn, dass die Welt die Nachricht nicht ebenso freudig aufnehmen würde, wie ich sie angenommen hatte. Ich glaubte, ich brauche den Menschen nur von meiner Entdeckung zu erzählen und ich würde sie dadurch ebenso glücklich machen, wie ich mich selbst fühlte.

Aber dennoch wurden meine Erklärungen mit Unglauben aufgenommen. Die Leute hörten mir höflich zu, weigerten sich aber, mir ohne tatsächliche Beweise zu glauben. Diese versuchte ich ihnen zu geben, doch etwas hatte sich verändert, das sehr dazu angetan war, all meine Pläne über den Haufen zu werfen, die Welt zu erneuern. Während die Manifestationen sich während meiner Beobachtungsjahre nämlich geradezu aufeinanderzuhäufen schienen, jede neue wunderbarer als die vorhergehende, und bei denen es von meiner Seite zuvor keiner Anstrengung bedurfte, um sie hervorzubringen, war es nun so, dass es mir beinahe unmöglich war, diese Phänomene in derselben spontanen, selbstverständlichen Art und Weise, in der sie sich zuvor immer ereignet hatten, zu erlangen. Die Fähigkeit, über wissenschaftliche Themen zu schreiben, die so viele Monate unsere Zeit und Aufmerksamkeit in Anspruch genommen hatte, fehlte anscheinend vollständig, und Fragen wurden in so dümmlicher Weise beantwortet, dass ich mich darüber oftmals sehr ärgerte. Die Kraft des Hellsehens, die in unserem eigenen Kreis selten ausblieb, wurde ungewiss und schwach, und die Bewegungen des Tisches waren zu undeutlich, als dass man sie hätte verstehen können.

Die Leichtigkeit, mit der all diese Manifestationen früher erreicht worden waren, hatte mich zu sehr verwöhnt, um jetzt das Misslingen geduldig zu ertragen, und mit Bestürzung sah ich den geringen Erfolg meiner ersten Missionsarbeit, fing auch an zu begreifen, dass ich so gut wie gar nichts wusste von den Gesetzen, die diese Dinge beherrschten. Entweder durch Zufall oder durch glückliche Umstände waren die Personen, mit denen ich experimentiert hatte, besonders zu der Arbeit geeignet gewesen. Jetzt, da ich diese Menschen und die Stütze ihrer Mitwirkung entbehren musste, hing der Erfolg der Manifestationen fast ausschließlich von mir selbst ab oder von der unsicheren Hilfe der zufällig anwesenden experimentierenden Personen, die weniger Kenntnis von dem Thema besaßen als ich. Dennoch wusste ich, wir hatten Erfolge gehabt und würden auch wieder erfolgreich sein können, wenn nur die gleichen Bedingungen zu verschaffen gewesen wären. Es war jedoch eine Sisyphus-Arbeit, die mich in vieler Hinsicht sehr enttäuschte. Ich wollte die Welt bekehren, doch sie wollte nicht bekehrt sein.

In der Folgezeit erhielt die Welt ihren Willen, da ich mich entschloss, ihr meine Überzeugung nicht ungebeten aufzudrängen. Doch zur selben Zeit war der Missionseifer in mir rege und ließ mir nur wenig Ruhe. Ich entwarf und schmiedete Pläne, um mein Verlangen auszuführen, die Kenntnis von der Wirklichkeit der Geisterwelt und die Mittel zu verbreiten, mit ihren Bewohnern zu verkehren.

Aber alles erwies sich als vergeblich, entweder, weil die Menschen nicht danach verlangten, es zu wissen, oder weil ich mich selbst machtlos fühlte, die Phänomene hervorzubringen, die sie als befriedigend betrachteten. Es war mir niemals in den Sinn gekommen, dass irgendjemand meine Angaben, welche die verschiedenen Phänomene betrafen, bezweifeln könne oder würde, und es war außerordentlich ärgerlich, dennoch ihre Skepsis durch ein bedeutsames Heben der Augenbrauen oder durch ein Schulterzucken ausgedrückt zu sehen, selbst wenn meine Hörer höflich genug waren, direkte Bemerkungen zu unterdrücken.

Ich legte die Schwierigkeiten meinen Geisterfreunden dar und bat um ihren Rat. Sie sagten mir, geduldig zu sein und nicht andere zu unterweisen, ehe ich selbst alles gelernt hatte, nicht zu versuchen, die Welt zu reformieren oder die Kirche zu belehren, sondern einfach die Arbeit, die am nächsten lag, zu erledigen und dies gut zu tun.

Obgleich ich mich anschickte, diesen Rat zu befolgen, war es oft schwer zu entscheiden, wie ich handeln musste, wenn mir von allen Seiten durch Personen zugesetzt wurde, die vorgaben, das größtmögliche Interesse am Spiritualismus zu hegen. Es schien mir ein Unrecht zu sein, meine Hilfe zu versagen, selbst wenn ich an der Aufrichtigkeit ihres Vorgebens zweifelte. Ich konnte nur versuchen und beobachten. Im Allgemeinen entmutigte mich diese Arbeit sehr, und ich hätte möglicherweise meinen Mut ganz verloren, wenn ich nicht in der ermüdenden Reihe von Enttäuschungen ein paar erfreuliche Ausnahmen zu verzeichnen gehabt hätte.

Nachdem meine Gesundheit durch meinen Aufenthalt in Südfrankreich zum Großteil wiederhergestellt worden war, machte ich einige Besuche bei Freunden, verbrachte ein paar Monate bei Mister und Mistress F., die damals in Schweden lebten, und begleitete später einige Bekannte nach Leipzig, wo mir durch die liebenswürdigen Bemühungen von Mister James Burns in London der berühmte Professor Zöllner vorgestellt wurde. Seinem freundlichen Interesse und dem seiner Mutter verdanke ich es, dass mir mein Aufenthalt in Deutschland eine jener ermutigenden Ausnahmen bescherte, die ich erwähnte. Kurz vor meiner beabsichtigten Rückkehr nach England ereignete sich ein Unfall, der mich beinahe nötigte, meine Reisegefährten nach Breslau zu begleiten, anstatt über Hamburg nach England zurückzukehren. Ich verfluchte diese Umgestaltung meiner Pläne, da sie wahrscheinlich viele meiner Anordnungen umstoßen würde, aber der Menschenfreundlichkeit halber konnte ich meine Reisegefährten unter den bestehenden Umständen nicht im Stich lassen.

Als die Veränderung des Reiseweges dem Professor Zöllner mitgeteilt wurde, bemerkte er: „Ich habe einen Freund in Breslau, der in der Tat mein ältester

Freund ist. Wir verlebten unsere Jugendjahre zusammen, und bis vor kurzer Zeit hatten wir selten Meinungsverschiedenheiten über irgendein Thema, doch konnte er niemals meine Ansichten über Spiritualismus ertragen. Infolgedessen ist eine Wolke zwischen uns getreten, die unsere lebenslange Freundschaft zum Großteil zerstört hat. Aber wie sehr es mich auch betrübt, ich kann meinen Glauben an den Spiritualismus nicht aufgeben, selbst meinen liebsten Freund dadurch verlieren. Ich kann nur hoffen, dass eine Zeit kommen wird, wo er meine Ansichten milder beurteilt.

Wenn Sie ihn nun zu einem Spiritualisten machen könnten, würden Sie mir den größten Dienst erweisen. Es gibt nichts auf der Welt, was mir mehr wünsche!" „Nun gut!", erwiderte ich halb im Scherz, „ich werde ihn für Sie zum Spiritualisten machen. Wie heißt er denn?" „Doktor Friese", antwortete er, als mein Zug abfuhr. Die Reise war lang, und die Nacht kühl. Infolge der hastigen Änderung meiner Pläne war mein Gepäck falsch geschickt worden, und ich hatte keine passende Kleidung gegen die Kälte, sodass ich mich bei meiner Ankunft in Breslau sehr unwohl fühlte und sogleich zu Bett ging, an das ich dann einige Tage lang gefesselt blieb.

Eines Morgens wurde ohne irgendwelche Meldung ein Gentleman in mein Zimmer geführt. Ich fing nur den Titel „Doktor" auf, als das Zimmermädchen die Tür öffnete, aber natürlicherweise vermutete ich, dass es ein Mediziner war, den meine Reisegefährten herbeigerufen hatten, damit er mich untersuchen würde, und ich fing sogleich an, ihm von meinen Leiden und Schmerzen zu berichten. „Aber, meine liebe, junge Dame, Sie irren, mein Name ist Friese." „Sind Sie nicht ein Doktor?" „Ja, ich trage diesen Titel, aber nicht als Doktor der Medizin. Ich kam, um Sie zu sehen, infolge eines Briefes von meinem alten Freund Professor Zöllner in Leipzig, der mich aufforderte, Sie zu besuchen." Dies war mir sehr peinlich. Er sah aber meine Verlegenheit und fühlte wahrscheinlich mit mir, denn er fing an, mich über den Service des Hotels zu befragen, der, wie er dachte, sehr ungenügend sein müsste, sonst hätte solch ein Versehen nicht geschehen können. Ich antwortete ihm, dass ich sehr wenig darüber wusste und dass sich hier niemand um mich gekümmert hatte. Meine Freunde hatten jeden Tag nachgefragt, wie ich mich befand und ob ich etwas brauchte, und das war alles. Sie erfüllten meinen Wunsch vollkommen, da ich nichts anderes verlangte, als alleingelassen zu werden.

Ich glaube, Doktor Friese muss sich einiger sehr kräftiger Ausdrücke bedient haben. Da ich kein Deutsch verstand, kann ich auch nicht beurteilen, was er sagte, aber der Erfolg war verblüffend: Es gab nun keinen Mangel an Aufmerksamkeit mehr während der nächsten Stunden. Als der Doktor in mein Zimmer zurückkehrte, war er von einem Mediziner und der Wirtin des Hotels begleitet.

Die Herren besprachen, ob es ratsam war, mich ins Haus des Doktors Friese überzuführen, und die Wirtin protestierte dagegen, indem sie äußerte, dass es an Pflege von ihrer Seite in Zukunft nicht mangeln solle. Sie hätte vermutet, dass die andere Dame unserer Gesellschaft alles Nötige getan habe, sonst hätte es keine Vernachlässigung gegeben. Es schien mir, als ob sie sehr viel Lärm um nichts machten, und ich bat, sich meinetwegen nicht weiter zu bemühen. Wir entschieden nun so: Meine Reisegefährten wünschten ihre Reise fortzusetzen, und ich entschloss mich, zu bleiben, wo ich war, bis ich mich gesund genug fühlen würde, um nach England zurückzukehren.

Sie reisten am nächsten Morgen ab, und Doktor Friese und seine Schwester bestanden darauf, dass ich zu ihnen kam, bis ich gänzlich wiederhergestellt war. So wurde ich ein Hausgenosse des Doktors. Der Winter war lang und unangenehm, und ich genas nur allmählich von der Erkältung, die ich mir zugezogen hatte, sodass mein Aufenthalt sich auf unbestimmte Zeit verlängerte. Doktor Friese war einer der penibelsten Menschen, die mir jemals begegnet sind, und sobald endgültig entschieden war, dass ich die Reise nach England nicht unternehmen sollte, bis der Frost gewichen war, stellte er einen Plan für mich auf, dem ich in meinem täglichen Tun und Lassen folgen musste.

Ich darf erwähnen, dass Doktor Friese ein vollendeter Maler und ein enthusiastischer Musiker, vor allem aber Lehrer war. Ich glaube nicht, dass er sich unter irgendwelchen Umständen hätte davon abhalten lassen, seine Schulmeistertalente über irgendeine junge Person auszuüben, die unter seine Augen kam. Er entschied bald, dass den Mängeln in meiner Bildung abgeholfen werden müsse, und er unterzog sich selbst der Aufgabe, dies zu tun. Er stellte seine Regeln und Bestimmungen als maßgeblich auf, und ich befolgte sie ganz demütig. Doch er gab nicht allein Vorschriften, sondern er achtete auch darauf, dass sie befolgt wurden, sodass es kein Entrinnen gab, und es versuchte auch niemand, ihnen auszuweichen. Er selbst lebte nach der Uhr, und sein Haushalt hatte dasselbe zu tun.

Seine Regeln, die mich betrafen, waren folgende:

7 Uhr 30: *Aufstehen – Baden – Ankleiden mit Hilfe einer Dienerin.*
8 Uhr: Frühstück.
9 bis 11 Uhr: Zeichnen oder Malen.
11 bis 12 Uhr 30: Spazierengehen oder Schlittschuhlaufen.
(Bei der letzteren Aktivität lief Doktor Friese gewöhnlich selbst Schlittschuh und schob meinen Schlitten.)
12 Uhr 30 bis 1 Uhr: Ruhe.
1 bis 2 Uhr: Mittagessen.
2 bis 4 Uhr: Zeichnen oder Malen.
4 bis 5 Uhr: Spazierengehen, wenn es schön war, wenn nicht, Briefe schreiben.
5 Uhr bis 6 Uhr 30: Tee und kurzer Deutschunterricht.
6 Uhr 30 bis 10 Uhr: Konzert oder Oper, wenn es welche gab, andernfalls Unterhaltung über das Thema „Spiritualismus".
10 Uhr 30: Butterbrot und Milch.
11 Uhr: Zu Bett. (Kein Grund erlaubte längeres Aufbleiben!)

Auf diese Weise vergingen die Tage. Ich lehnte mich gegen die Monotonie auf, aber ohne Erfolg. Schließlich setzte eine Woche mit unaufhörlichem Schneefall und Regenwetter unseren gewohnten Spaziergängen ein Ende, und eine Pause, in der keine neuen Opern gespielt oder Konzerte gegeben wurden, befreite mich von dem, was für mich zuletzt etwas Ähnliches wie das Fegefeuer bedeutete. Der Doktor sagte, dass er entschlossen sei, meinen musikalischen Geschmack zu wecken und zu pflegen. Vergeblich erklärte ich ihm, dass er nicht ausbilden könne, was nicht vorhanden war. Er erlaubte keine Entschuldigung. In die Konzerte oder Opern musste ich gehen, und ich tat es gern, wenn es sich um eine Oper handelte, aber mit schlecht verborgenem Widerwillen besuchte ich ein Instrumentalkonzert.

Während der Tage der aufgezwungenen musikalischen Enthaltsamkeit wurde die Zeit mit Besprechungen des Spiritualismus verbracht und in Experimenten, die vortrefflich gelangen, wenn wir allein oder in Gesellschaft von ein oder zwei Freunden waren. Der Doktor interessierte sich am meisten für das Automatische Schreiben, und trotz seiner Liebe für musikalische Unterhaltungen gab er endlich meinen Bitten nach, einige Abende mit dieser Technik sowie anderen Experimenten zuzubringen, anstatt den Konzertsaal zu besuchen.

Kapitel XV.
Bekehrte und Bekehrte

„Aber menschliche Unwissenheit und menschliches Vorurteil sollen endlich vergehen, und dann wird man sehen, wie Wissenschaft und Religion ihre verschiedenfarbigen Strahlen zu einem schönen Bogen des Lichts vereinen, Himmel und Erde und Erde und Himmel verbindend."
Professor Hitchcock

Es ist nicht notwendig, die langen Auseinandersetzungen und Besprechungen wiederzugeben, die das Themengebiet des Spiritualismus betrafen noch die vielen Fragen, die an die Geister gestellt und hauptsächlich durch Stafford beantwortet wurden. Es machte wenig aus, ob die Fragen in Deutsch oder Englisch gestellt waren, die Antworten, durch meine Hand geschrieben, erwiesen sich allesamt als genau, logisch und zutreffend. Mir schien es, als ob ein Kampf zwischen dem Doktor und dem Geist um die Vorherrschaft geführt wurde. Eines Abends dauerte dieser Streit stundenlang, bis die Uhr die Mitternachtsstunde schlug und dadurch den Doktor mahnte, dass er seine gewohnte Pünktlichkeit vergessen und es selbst unterlassen hatte, sein Butterbrot zu essen und mich auf mein Zimmer zu schicken. Dieser unerhörte Umstand verursachte ihm anscheinend viel Bekümmernis, denn er bemerkte: „Das darf niemals wieder vorkommen!"

Am nächsten und übernächsten Tag bemerkte ich, dass er sehr nachdenklich und zerstreut war, so dass er sehr schlechte Arbeiten von mir durchgehen ließ, ohne mir eine scharfe Zurechtweisung oder einen Tadel zu erteilen, die er sonst ohne Ausnahme über meine unfertigen Zeichnungen zu machen pflegte.

In der Nacht hörte ich ihn in seinem Zimmer auf- und abgehen, doch wenn ich ihn fragte, ob er krank sei, antwortete er zumeist „Es geht mir gut, aber ich bin sehr nachdenklich.“ Ich fing ebenfalls an, nachdenklich zu werden und fragte mich, auf welche Weise ich ihm helfen könne. Aber er lehnte es ab, mehr Fragen an die Geister zu stellen, ja sogar das Thema mit mir zu besprechen. Wegen dieser Zurückhaltung befürchtete ich, dass er eine Abneigung dagegen empfand, und ich war nicht bloß darüber sehr besorgt, mein Professor Zöllner halb im Scherz gegebenes Versprechen wahrscheinlich nicht einlösen zu können, sondern auch darüber, dass der Riss zwischen den beiden Freunden eher erweitert als überbrückt werden würde.

Es war der dritte Tag dieses merkwürdigen Schweigens, das mir beinahe unerträglich wurde, als der Doktor mir mitteilte, dass ich mit gewissen Studien alleine fortfahren solle. Er würde mehrere Stunden an der Universität beschäftigt sein, da er dort einen Vortrag halten müsse. Erst gegen zehn Uhr kehrte er zurück, daraufhin schickte er einen Diener zu mir, um mich zu ersuchen, ihm im Salon einige Minuten Gesellschaft zu leisten. Ich wunderte mich über dieses ungewohnte Ansinnen, und ging. „Wissen Sie, was ich getan habe?“, fragte er, als ich ins Zimmer trat. „Nein.“ „Können Sie es gar nicht erraten?“ „Nein.“ Und ich begann mich fast vor dem zu fürchten, was kommen würde. „Dann will ich es Ihnen sagen. Ich erklärte heute Abend öffentlich, dass ich ein Spiritualist bin und dass ich mein Entlassungsgesuch als Professor an der Universität eingereicht habe.“

Ich war zu sehr erstaunt, um irgendwelche Bemerkungen darüber machen zu können, und in gewisser Hinsicht bedauerte ich ihn. Sicherlich hatte ich mein Bestes getan, um ihn von der Wahrheit der spiritualistischen Lehren zu überzeugen, aber es war mir niemals in den Sinn gekommen, dass so viel damit zusammenhing. Trotz meiner Freude hatte ich wegen seines Opfers beinahe ein Gefühl von Bestürzung. „War es notwendig, die Entlassung zu beantragen?“, fragte ich. „Ja, in meiner Fakultät war ich verpflichtet, die Lehren der Kirche aufrechtzuerhalten und irgendwelche Ketzer und Abtrünnige ihrer Satzungen zu bestrafen.

Als Spiritualist kann ich dies nicht tun, und deshalb hielt ich es für den einzig ehrlichen Weg, augenblicklich mein Entlassungsgesuch einzureichen." „War es notwendig, dass Sie sich öffentlich als Spiritualist bekannten?" Ich schämte mich ein wenig über die Frage, und um so mehr, als er streng erwiderte: „Wie können Sie fragen, ob es notwendig war! Was würden Sie denn getan haben?"

Ich wusste, dass ich das Gleiche getan hätte, ja noch mehr! Es gab kein Opfer, das ich nicht gebracht hätte. Dennoch war ich betrübt darüber, dass er eine so große Entbehrung zu bringen hatte, und ich konnte nur hoffen, dass ihm der Spiritualismus vollen Ersatz dafür gewährte. Meine erste Arbeit am nächsten Morgen bestand darin, dass ich an Professor Zöllner schrieb und ihm eine Zeitung schickte, welche die erstaunliche Nachricht von Doktor Frieses Rücktritt sowie die Bemerkungen der Presse enthielt, die, um es gelinde zu sagen, nicht gerade schmeichelhaft waren. Die Antwort kam in der Person des Professors selbst, der den ersten Zug zur Fahrt nach Breslau genommen hatte.

Das Wiedersehen zwischen den beiden Freunden war sehr ergreifend. Sie waren beide keine jungen Männer mehr, der Professor war der jüngere von beiden. Aber in ihrer Wiedersehensfreude und in ihrer Versöhnung glichen sie zwei fröhlichen Knaben. Sie waren so voll von ihrem sie aufs neue vereinenden Interesse, dass sie mich stark an die Zeit erinnerten, als das Licht eben erst zu mir gekommen war und ich Pläne machte, wie ich die frohe Botschaft zu allen meinen Mitmenschen bringen könne. Sie beschritten damit denselben Boden, den ich betreten hatte, und entwarfen und schmiedeten jetzt Pläne, wie ich es getan hatte. Sie wollten Bücher schreiben und Vorträge halten. Ihr Name und ihr Ruf würden ihnen den Weg zu allen Bevölkerungsschichten ebnen, und die Leute würden begierig die guten Nachrichten annehmen, weil sie es waren, die sie überbrachten.

Ich hörte all ihren begeisterten Plänen und ihren Vorhaben zu und fühlte, wie meine eigene Hoffnung wuchs. Mir – einem Nichts, einer unbedeutenden Persönlichkeit – war es nicht gelungen, die Welt auf mich aufmerksam zu machen. Bei diesen beiden war es anders. Sie waren wissenschaftlich gebildete Männer, wohlbekannte Gelehrte, deren Worten man mit Achtung und Aufmerksamkeit zuhörte.

Ihre Meinung wurde geschätzt, weil sie bekannt waren als bedachtsame Wissenschaftler, die keine Aussage trafen, für die sie nicht einstehen konnten, Forscher, deren Bücher als beste Lehrwerke in ihren Fachgebieten bekannt waren, Männer, deren Beschlüsse als gültig akzeptiert wurden, wahre Autoritäten, deren Aussagen niemand wagen würde, in Frage zu stellen oder zu bezweifeln.

Die wenigen Tage, welche die beiden Freunde zusammen verbrachten, waren wahrhaft glücklich für sie. Es war sozusagen die Ruhezeit vor dem Hinausfahren auf die stürmisch bewegte See. Ich weiß nicht mit Gewissheit, ob sie sich jemals auf Erden wieder begegneten. Aber ihre Interessen waren niemals wieder getrennt. Wie ich selbst, fanden auch sie die Welt abgeneigt, die neuen Lehren anzunehmen, und sogar ihre Namen konnten keine Überzeugung mit sich bringen von der uneigennützigen, guten Absicht, die sie gegen ihre Mitmenschen hegten. Sie waren beide unermüdlich in ihren Bemühungen und hielten bis an ihr Lebensende die Sache aufrecht, für die sie so viel geopfert hatten. Einst werden die Universitäten Leipzig und Breslau stolz sein, dass diese beiden Männer ihnen angehörten, die als Vorkämpfer aus ihrer Mitte hervorgingen, um ein verachtetes Thema zu verteidigen, für die sie so große Opfer brachten und so viel litten. Ihnen wohnte derselbe Geist inne, der die ersten Christen beseelte und standhaft machte bis zum Ende. Wir in England, wo die Gedankenfreiheit nicht nur geduldet, sondern jeder Einzelne dazu sogar ermutigt wird, egal ob hohen oder niederen Standes, können kaum die Lage von Menschen in lutherischen Ländern verstehen, die von den Lehren der eingeführten Kirche abweichen und sich anmaßen, eigene Ansichten zu haben.

Sie können Atheisten oder Materialisten werden, und niemand kümmert sich darum. Aber sie dürfen keine anderen Wege zum Seelenheil vertreten als die, welche die Geistlichkeit lehrt, sonst wird sogleich mit Verdacht auf sie herabgeschaut. Ihre Meinung zu verbreiten gilt als verabscheuungswürdige Beleidigung und ist nur durch schwere Strafen sühnbar. Da ich dies weiß, kann ich verstehen, dass diese Männer eine undankbare Aufgabe dadurch auf sich genommen hatten, indem sie den Spiritualismus verteidigten und versuchten, seine großartigen Wahrheiten zu lehren. Es ließ sie vorzeitig alt werden und verkürzte ihr Leben.

Mit Schmerz hörte ich einige Jahre später, dass Professor Zöllner sich seine Märtyrerkrone erworben hatte und ins Schattenland eingegangen war, wo sie nun sein Haupt schmückt. Ohne Zweifel war er erfreut, hinüberzugehen, aber es waren viele zurückgeblieben, die ihn in ihren Reihen vermissten. Viele Arbeiter in seinem Vaterland fühlten, dass sie mit ihm eine große Stütze verloren hatten.

Obgleich er dahingeschieden ist, bleibt sein Werk bestehen und wird in den künftigen Jahren geschätzter werden, wenn eine spätere und weisere Generation das Land bevölkert, in dem er lebte … Aber in der Zeit, von der ich schreibe, in der die Freunde sich ihrer wiedererwachten Bruderschaft erfreuten, wussten sie nichts von den Prüfungen, die ihrer warteten, und sie waren zufrieden, das Glück des Moments in vollen Zügen zu genießen. Niemals ahnten sie, was die Zukunft bringen würde. Während der Professor den Doktor besuchte, war dessen Zimmer mit Personen angefüllt, die alle wegen dieser neuen Angelegenheit eifrige Nachfrage hielten.

Die Nachricht hatte sich durch die gelehrten Kreise wie ein Lauffeuer verbreitet, und die außergewöhnlichsten Berichte waren im Umlauf. Viele bildeten sich ein, dass der Doktor einen Trupp von Geistern bei der Hand hatte, um mit spielerischer Geschwindigkeit Wunder zu vollbringen, die Kranken zu heilen oder Auskunft zu geben über verschollene Freunde oder über verlorenes Eigentum. „Was soll ich mit diesen guten Leuten anfangen?“, sagte er einmal in komischer Verzweiflung, „Sie scheinen nicht zu verstehen, dass der Name Spiritualist nicht gleichbedeutend ist mit dem eines Zauberers oder Künstlers der schwarzen Magie.“ Es war in der Tat schwer zu bewältigen, wie man all die Anfragenden befriedigen solle, noch konnte ich ihm helfen, da meine Unkenntnis des Deutschen eine tatsächliche Schranke zwischen mir und den nicht-englischsprachigen Besuchern bildete. Dies wurde zuerst als ein Nachteil meiner Nützlichkeit angesehen, aber der Doktor bemerkte später oft, dass er froh darüber war, sonst wäre ich zu Tode geschwatzt worden, hätte ich alle Fragen beantworten sollen, welche die Fremden, die seine Zimmer dichtgedrängt füllten, an mich richteten.

Unter den intimsten Freunden des Doktors war eine Persönlichkeit, die ich hier „Mister X." nennen will. Dieser Herr erfreute sich des Rufes, der stärkste Mann in Schlesien zu sein, und er war augenscheinlich stolz darauf. Er verbrachte viel Zeit mit athletischen Übungen, rühmte sich dem Doktor gegenüber oft seiner Kraft und einiger seiner Heldentaten, und man hörte ihm immer gutmütig zu. „So stark Sie auch sind", bemerkte der Doktor eines Tages, „glaube ich nicht, dass Sie den Tisch halten können, wenn Walter ihn in die Höhe hebt." „Glauben Sie es nicht? Nun, mein lieber Herr, wenn Walter nichts dagegen hat, werde ich Ihnen schnell über diesen Punkt Aufklärung geben, ich möchte den Geist oder auch den Menschen sehen, den ich nicht besiegen könnte, wenn es sich um physische Kraft handelt." „Vielleicht versuchen wir es mit ihm!", sagte der Doktor zu mir. „Es würde nichts schaden, diesem jungen Mann die Eitelkeit zu nehmen." Ich hatte nichts dagegen, setzte mich daher an das eine Ende des rechteckigen Tisches und wartete auf das, was kommen würde.

Zu meinem Erstaunen legte Mister X. seine Jacke ab, löste seine Manschetten, stellte sich in Positur und ergriff den harmlosen Tisch, als ob er ein ungebändigtes Tier war, bei dem es der größten Kraftanstrengung bedurfte, um ihn an Ort und Stelle zu halten.

Da man sah, dass der Tisch keine Anstalten machte, sich zu bewegen, schienen all diese Vorbereitungen überflüssig zu sein, und ich beobachtete Mister X. Mit nicht geringer Neugier. Er hielt den Tisch nieder, als ob er ihn durch die Dielen drücken wollte. Die Muskeln seiner Arme waren aufs äußerste angespannt, Schweißperlen standen auf seiner Stirn, die Adern schwollen, und er schien all seine Kräfte zusammenzunehmen, aber der Tisch versuchte nicht, sich zu bewegen. Von Zeit zu Zeit ließ er in seinem Festhalten einen Augenblick nach, um sich die Stirn zu trocknen, und dann machte der Tisch kleine, kurze Sprünge, die Mister X. sofort veranlassten, seine Anstrengungen zu verdoppeln und mit einer solchen Schnelligkeit den Tisch zu ergreifen, mit der eine Katze sich auf eine Maus stürzt, die ihren Krallen entrinnen will.

Dies hielt ungefähr über eine halbe Stunde lang an, aber mit Ausnahme der erwähnten geringen Lebenszeichen verblieb der Tisch vollständig ruhig. Nach Verlauf dieser Zeit stellte sich Herr X. aufrecht und trocknete sich Gesicht und Hals ab, wobei er bemerkte, dass die Geister zu klug seien, um sich mit ihm einzulassen. Ich war enttäuscht, und nach dem Gesichtsausdruck des Doktors zu urteilen, empfand auch er einen gewissen Grad von Ärger.

Zu diesem Zeitpunkt fing der Tisch an, sich in sanft wiegender Art zu bewegen, und als Mister X. dies sah, machte er einen neuen Angriff. Aber diesmal fuhr der Tisch fort in seinen sanften regelmäßigen Bewegungen, weder schneller noch langsamer, weder einen Zoll mehr nach rechts noch nach links abweichend, trotz der Kraft, die Mister X. auf ihn auszuüben versuchte. Er tat sein Bestes, er hielt fest, als ob es um sein Leben ging. Er warf sich auf den Tisch, und nun wurde er wie in einer Wiege hin- und hergeschaukelt. Der Anblick, diesen Herkules mit einem Tisch kämpfen zu sehen, war so unendlich komisch, dass ich mich vor Lachen ganz erschöpft fühlte.

Schließlich gab er den Kampf ärgerlich auf. „Es ist völliger Schwindel!“, rief er aufgebracht aus, „Es ist nicht gerecht!“ „Was ist ein Schwindel? Was ist nicht gerecht?“, fragte der Doktor. „Nun, diese Art des Ringens. Es ist alles eine List von Walter. Er ließ mich ganz erschöpft werden, ehe er anfing, und dies ist kein Beweis von Kraft. Mir scheint“, sagte er ziemlich misstrauisch, „Sie denken, ich bin geschlagen, aber ich verwahre mich gegen diese Art des Ringens. Wenn Walter ehrlich verfahren will, dann will ich dafür einstehen, dass ich den Tisch festhalten will, aber ich gehe nicht wieder auf diese Art und Weise des Kämpfens ein.“ Seine Empörung war so lächerlich, dass wir nur mit Mühe davon absahen, ihn über die Nutzlosigkeit seiner verbrauchten Kräfte zu necken.

Mister X. wurde Spiritualist, nicht weil ihn die Lehren des Spiritualismus ansprachen, nicht weil es ihn interessierte, von dem Vorhandensein eines anderen Lebens zu wissen, sondern darum, weil er einen Tisch gefunden hatte, der ihm einen Streich spielte und seine Kräfte erschöpfte, ehe er den Wettstreit anfing, in dem er unterlag. Es ist mir oft als merkwürdig ausgefallen, dass verschiedene Temperamente so verschiedenartiger Manifestationen bedürfen, wenn irgendein Eindruck auf sie gemacht werden soll. Manche Männer hielten es nicht eines Gedankens wert, wenn alle Tische und Stühle im Haus sich belebten. Andere wiederum betrachteten all die materialisierten Gestalten, die jemals hervorgerufen wurden, mit vollkommener Gleichgültigkeit, wiederum andere blickten mit Verachtung auf all die inspirierten Schriften der Welt. Ein anderer Mann, der sich aus all den schönen Gedanken, die durch unsere Geisterfreunde zum Ausdruck kamen, nichts machte, wurde von ehrerbietiger Scheu und Ehrfurcht ganz überwältigt, als die Bewegungen eines Tisches beinahe sein Bein zerschlugen oder ihn in eine Ecke warfen.

Wiederum ein anderer Mann hielt weder das eine noch das andere für wahr, aber er würde sogar geglaubt haben, dass der Mond aus Sahnekäse geschaffen war, als auf sein Ersuchen ein Knoten in einen Ring, der aus einem gegerbten Fell geschnitten war, geknüpft wurde, ohne dass man den Ring zerschnitt, zerbrach oder sonstwie beschädigte. Trotzdem will ich nicht damit sagen, dass irgendwelche dieser Männer Spiritualisten im wahren Sinne des Wortes wurden. Der Glaube an Phänomene macht den Glaubenden nicht zu einem Spiritualisten. Sobald Doktor Friese die ersten Zusammenkünfte mit seinen Freunden nach seinem Rücktritt überstanden hatte, ging er sogleich ans Werk, sein erstes Buch über „Spiritualismus“ zu schreiben. Es wurde zu Leipzig veröffentlicht unter dem Titel: *„Jenseits des Grabes“*.

Kurz danach folgte ein größeres Werk, das seinen Ursprung, hauptsächlich den Schriften und Mitteilungen von Stafford und Walter verdankte: *„Stimmen aus dem Reich der Geister“*. Mit aufrichtigem Bedauern trennten wir uns, als die Zeit kam, wo wir unsere unterschiedlichen Wege gehen mussten: Er, um seine Studien fortzusetzen über das ihn nun ganz in Anspruch nehmenden Thema und um seine Bücher zu veröffentlichen, ich, um nach England zurückzukehren und dort, wenn möglich, Beschäftigung für meinen Zeichenstift zu finden. Während der Monate des Studiums hatte ich unter der Leitung des Doktors große Fortschritte in der Zeichenkunst gemacht, oder ich dachte wenigstens, dies getan zu haben, und ich glaubte, auf diese Weise leicht eine einträgliche Arbeit finden zu können. Ich will aber lieber sogleich bekennen, dass andere Personen nicht meine Meinung teilten, denn die Skizzen, auf die ich am meisten stolz war, riefen die Bemerkung eines meiner Freunde hervor, um dessen Urteil ich ersucht hatte: „Ich vermute, dass man sich diese aus der Ferne ansehen muss."

Anfangs fühlte ich mich sehr entmutigt und war geneigt, meinen Plan aufzugeben, jemals eine Künstlerin zu werden, aber eine andere Arbeit drängte sich mir auf, sodass ich mehrere Jahre lang meinen Bleistift nur zum Vergnügen gebrauchte. Der missionarische Eifer regte sich wieder in mir, und da ich einige Personen kennengelernt hatte, die sich ebenfalls lebhaft dafür interessierten, Proselyten[14] zu schaffen, fand ich viele, die mich eifrig unterstützten und bereit waren, mir mit Rat und Tat beiseite zu stehen.

Kapitel XVI.
Neue Manifestationen

„Geheimnisvolles ist in allen Dingen und in allen Wesen, in Stern und Atom –, in Ozean und Tautropfen –, in Baum und Blume –, in Tier und Wurm –, in Mensch und Engel –, in Bibel und Gott! Es gibt keine Welt, in der nichts Geheimnisvolles ist."
Dr. Davies

Ein Kreis von zwölf bis fünfzehn Personen wurde gegründet. Meine alten Freunde Mister und Mistress F. waren darunter sowie noch ein oder zwei andere, die an unseren ersten Versuchen teilgenommen hatten. Zur Bequemlichkeit der einzelnen Mitglieder, deren Heim in den verschiedenen Teilen der Stadt gelegen war, wurde beschlossen, mein Mal- oder Studierzimmer als Séance-Raum zu nutzen, da es für alle bequem zu erreichen war, und hier trafen wir uns zweimal in der Woche zu dem Zweck, Experimente zu veranstalten.

Es lag uns am meisten daran, das Porträt-Skizzieren zu pflegen, da ich mich in dieser Kunst jetzt weitaus fortgeschrittener fühlte, und ich glaubte sogar, dass es mir unter günstigen Bedingungen gelingen würde, farbige Skizzen herzustellen.

[14] Neubekehrte.

Dies versuchte ich bei der einen oder anderen Gelegenheit, und ich war darin ziemlich erfolgreich.

Aber die Kraft, die Geister in der deutlichen, klaren Art, die hierzu nötig ist, zu erblicken, versagte hin und wieder, und wir sahen uns häufig enttäuscht. Zuweilen hatten wir freilich auch Erfolg, und die erhaltenen Porträts erkannte man ohne Ausnahme. Mehrere von diesen wurden anschließend photographiert, aber die Originale behielten deren Freunde, die sie als die Porträts ihrer verlorenen Angehörigen für sich beanspruchten. Ich habe wiederholt bedauert, dass ich einige von diesen Skizzen aus meinen Händen gab, bevor wir sie photographierten. Daher bin ich nur im Besitz sehr weniger Originale geblieben, nämlich derjenigen, die nicht erkannt worden waren. So sind sie nun weit und breit in verschiedenen Teilen der Welt verstreut.

Ein anderes Experiment bestand darin, geschlossene oder versiegelte Briefe zu lesen. Der erste Versuch war ziemlich gut gelungen. Ich konnte die Schrift deutlich sehen, aber musste mich nach den Faltungen des Papiers richten, dasselbe wieder und wieder umdrehen, um den Zeilen folgen zu können. Eines war in sieben Umschläge eingeschlossen, zugeklebt und versiegelt und in einer Sprache geschrieben worden, die ich nicht kannte, sodass ich jedes Wort laut buchstabieren musste, damit ein Mitglied des Kreises es nach meinem Diktat niederschreiben konnte.

Als mir ein anderes Mal ein Brief zum Lesen gegeben wurde, war ich trotz verschiedener Versuche unfähig, etwas daraus zu entnehmen. Als ich schließlich wieder einmal den Briefumschlag in die Hand nahm, war ich entzückt, dessen Inhalt für mich deutlich sichtbar zu finden. Aber er war auch in einer fremden Sprache – schwedisch – geschrieben, und ich war genötigt, jedes Wort vorsichtig abzuschreiben, da ich seine Bedeutung nicht kannte.

In der ersten Zeit wartete ich besorgt auf das Öffnen der Briefe, weil ich zweifelte, dass ich die tatsächliche Schrift wirklich gesehen hatte, aber da niemals ein Fehler vorgekommen war, empfand ich später keine Furcht mehr. Ich wusste, dass ich das richtig erschaute, was sich hinter dem versiegelten Umschlag befand. Aber auch diese Kraft schwankte zuweilen. Mitunter, wenn mir zwei Briefe zum Lesen gegeben wurden, war der eine so klar und deutlich, als ob er vor mir ausgebreitet läge, der andere hingegen völlig undurchdringlich.

Ein- oder zweimal behielt ich solche Briefe bei mir, hin und wieder versuchend, den versiegelten Inhalt zu entziffern. In manchen Fällen war ich dann befähigt, diese Schriftzeichen zu sehen und zu lesen, obgleich mühsam, da ich die Wörter vielfach erraten musste. Oftmals schien das Papier eine trübe Färbung zu haben, zuweilen ganz schwarz zu sein, und die geschriebenen Worte waren nicht zu unterscheiden. Merkwürdigerweise hatte ich eine besondere Abneigung gegen solche Briefe, die in manchen Fällen beinahe bis zum Entsetzen anwuchs. Ich scheute mich, sie zu berühren, und wenn ich es getan hatte, fühlte ich ein instinktives Verlangen, meine Hände zu waschen. Ganz vergeblich versuchte ich dieses Gefühl zu bekämpfen, da es häufig meiner Tätigkeit hinderlich war. Jeder Zwang, den ich mir auferlegte, gereichte mir jedoch zum Nachteil für die Ausübung dieser Kräfte.

Oftmals habe ich zu mir selbst gesagt: „Ich will diesen Brief lesen und seinen Schreiber für unsere Sache gewinnen". – Nicht weil ich irgendwelche besonderen Sympathien für ihn hegte, sondern vielleicht darum, weil seine gesellschaftliche oder einflussreiche Stellung ihn zu einem erwünschten Mitkämpfer machte, oder weil sein eigensinniger Unglaube ein Gefühl des Widerspruchs in mir erweckte, und ich war eifrig darauf bedacht, zu zeigen, wie ich in meiner Behauptung, dass dies getan werden könne, recht behielt. Ich erinnere mich jedoch nicht, jemals einen besonderen Erfolg in solch einem Fall gehabt zu haben.

Zu anderen Zeiten waren Briefe, die ich von vollständig Fremden empfing, welche ich niemals gesehen hatte, für meinen Blick so klar wie Kristall. Obgleich diese Kraft unserem Kreis sehr viel Unterhaltung bot, solange es auf uns allein beschränkt blieb, so gab sie doch Veranlassung zu bedeutenden Unannehmlichkeiten, wenn darüber Außenstehenden gegenüber gesprochen wurde, und mehr als einmal wurden wir durch die Bemerkungen von anti-spiritualistisch gesinnten Personen missgestimmt, die nicht zögerten, zu sagen, dass alles Betrug sei.

Es war äußerst schwer, diese Dinge innerhalb des auserwählten Kreises, den wir gebildet hatten, geheimzuhalten, obgleich dies in unserer Absicht lag. Fortwährend versuchten Personen die Bekanntschaft des einen oder anderen von uns zu erlangen, um auf diese Weise Einlass zu unseren Séancen zu gewinnen. In der Tat datiert die Freundschaft mit vielen, die ich besonders hoch schätze, aus dieser Zeit, und natürlicherweise habe ich auch eine deutliche Erinnerung an solche, die nicht unsere Freunde waren. Wenigstens rechnete ich sie niemals zu ihnen, bis mir ganz kürzlich von Stafford gesagt wurde, dass „Feinde oft von größerem Wert sind als Freunde, weil sie unsere Fehler entdecken und stärker darauf achten, unsere Tugenden jedoch übersehen oder nicht beachten, und uns dadurch deutlich die Notwendigkeit unserer Besserung aufzeigen. Freunde dagegen überbetonen unsere Tugenden und beachten unsere Fehler nicht."

Ich glaube, dass dies alles sehr wahr ist, aber ich denke, die meisten Menschen ziehen Freunde den Feinden vor, obgleich Feinde als Besserungsmittel zuweilen nötig sein mögen, wie es die Verabreichung von Rhabarber und Magnesia oder die Fieberpulver für mich in meiner Kindheit waren. Aber ich mochte damals ebenso wenig meine Medizin gerne als jetzt die Feinde, trotz der weisen Aussprüche Staffords.

Ich habe nichts gegen Anti-Spiritualisten, es erfreut mich in der Tat, einen bekehren zu können, aber ich habe etwas gegen einen Menschen, der ein Thema abschätzig beurteilt, das er nicht versteht und von dem er keine persönliche Erfahrung hat. Ich halte es für Hochmut und Anmaßung, wenn ein Mensch ohne Erfahrung oder Kenntnis der Tatsachen versucht, den Glauben derjenigen in Frage zu stellen, die eine Lebenszeit in sorgfältiger Forschung und eifrigem Experimentieren zugebracht haben, egal, bei welchem Thema. Hinsichtlich dieses besonderen Themengebiets kann nur der vollständig Unwissende sich ein solch negatives Urteil erlauben. Eine Person, die selbst bloß eine kurze Zeit mit vorurteilsfreier Nachforschung zugebracht hat, würde nicht wagen zu sagen: „Es ist nichts daran." Er könnte vielleicht vieles finden, das ihm unangenehm und nicht ansprechend ist, aber doch würde er nichts dagegen sagen, sondern nur bemerken: „Ich verstehe es nicht."

Zu jener Zeit, von der ich schreibe, in den Jahren von 1873 bis 1880, gab es sehr viele erregte Gemüter wegen der Phänomene. Es praktizierten mehrere Medien, über deren Séancen in verschiedenen Zeitungen berichtet wurde, und die Anti-Spiritualisten nahmen die Gelegenheit wahr, „Heu zu machen, während die Sonne schien." Die unwissendsten Menschen, die kaum wussten, wie sie ihre Worte zusammenreihen sollten, standen auf der öffentlichen Rednertribüne und verdächtigten den Spiritualismus mit aller Kraft, die ihnen zu Gebote stand. Sie befolgten den Rat eines berühmten Juristen an einen jüngeren Kollegen: Als sie sahen, dass die Angelegenheit sich gegen sie wandte, schmähten sie ihren Gegner mit jeder anzüglichen und schändlichen Bezeichnung ihres Wörterbuchs. Vielleicht waren jene Menschen die Feinde, von denen Stafford sagen würde, dass sie wertvoll sind, aber sicherlich erschwerten sie die Arbeit der Medien gerade zu dieser Zeit sehr.

Eines dieser Medien, das zahlreiche Schmähungen von solchen klugen Rednern erleiden musste, war Mistress M., eine junge verheiratete Dame, mit der ich längere Zeit ein wenig bekannt war und deren Materialisations-Séancen ich mehr als einmal beiwohnen konnte. Sie hatte früher das Zimmer genutzt, das ich jetzt innehatte, und ihr Kabinett stand noch in der Ecke. Ihre Gesundheit war zu jener Zeit nicht sehr gut, und darum hatte sie ihre Séancen unterbrochen. Eines Abends hielten wir unsere gewohnte wöchentliche Zusammenkunft ab, die sich als ganz erfolglos erwies, was vermutlich durch Sturmwind und Regen verursacht wurde, der die Aussicht auf den Heimweg nicht beneidenswert machte. Wir schlossen unsere Sitzung zeitig, warteten aber, bis der Regen aufgehört hatte. In der Zwischenzeit schlug jemand vor, dass einer von uns sich hinter die Vorhänge des Kabinetts von Mistress M. setzen solle, um zu sehen, ob sich ein materialisierter Geist zeigen würde. Da niemand Einwand dagegen erhob, geschah es auch. Wir setzten uns, bildeten einen Kreis, und begannen zu singen. Wir sangen jedes Lied, das wir kannten, und fingen bereits an, uns zu fragen, wie lange dies so weitergehen solle, als ein Schnarchen hinter den Vorhängen die Tatsache verkündete, dass unser „Medium" eine behaglichere Zeit hatte als wir Außensitzenden. Wir lehnten es ab, weitere einschläfernde Melodien zu seinem Nutzen vorzutragen und ersuchten es daher, seinen Platz an eine weniger schläfrige Person abzugeben. Daraufhin nahm es seinen Sitz im Kreis wieder ein, und Mistress F. erbot sich, den freigewordenen

Stuhl hinter den Vorhängen zu besetzen. Wir begannen zu singen wie zuvor, machten es jedoch zur Bedingung, dass sie nicht einschlafen und uns nicht nutzlos singen lassen möge. Es vergingen jedoch keine fünf Minuten, als Mistress F. herausstürmte und behauptete, dass etwas Lebendiges im Kabinett sei und sie sich fürchtete. Da dies bloß als Entschuldigung angesehen wurde, öffneten wir die Vorhänge und prüften das Innere der kleinen, viereckigen Kammer. Da war kein Zeichen von irgendetwas Lebendigem oder Totem, tatsächlich nichts weiter als ein hölzerner Stuhl!

Wir überredeten sie, es noch einmal zu versuchen, woraufhin sie sehr zögerlich ihren Platz wieder einnahm, während wir uns wie zuvor setzten und eine neue Melodie zu singen begannen – oder besser gesagt kaum anfingen, als Mistress F. wiederum heraussprang, wobei sie erklärte, dass nichts sie zu überreden vermöchte, einen Augenblick länger hinter den Vorhängen zu verbleiben, da sie sicher war, es befände sich etwas Lebendiges darin. Da alles weitere Zureden ihr gegenüber erfolglos blieb, erklärte ich mutig meine Absicht, dem „etwas Lebendigen" entgegenzutreten, und ich setzte mich ins Kabinett, während Mistress F. meinen Platz im Zirkel einnahm. Für wenige Minuten herrschte vollkommene Stille, und ich fing schon an zu glauben, dass die Einbildung meiner Freundin sehr stark war, als ich einer merkwürdigen Luftbewegung in dem eingeschlossenen Raum bewusst wurde. Es war kein Laut vernehmbar, und da die dicken Vorhänge das Licht vollständig aussperrten, konnte ich auch nichts sehen, aber die Luft um mich herum schien bewegt zu sein, als ob ein Vogel umherflatterte.

Ich wollte es mir selbst nicht eingestehen, aber in diesem Moment fühlte ich Furcht und das Verlangen, ins Licht und in die Gesellschaft der Singenden hinauszustürzen, aber ich blieb still sitzen, da ich mich an meinen Stuhl festgebannt fühlte. Ich fürchtete mich, von dem „Etwas" berührt zu werden, und ich war der Überzeugung, dass ich aufschreien würde, wenn es dies tat. Mir wurde abwechselnd heiß und kalt, und ich würde viel dafür gegeben haben, hätte ich an der anderen Seite der Vorhänge sitzen können. Ich wusste, dass ich nur meine Hand auszustrecken brauchte, um sie beiseitezuziehen, aber es überkam mich ein unbeschreibliches Gefühl der Abgeschlossenheit und Einsamkeit, das mich in eine unermessliche Entfernung zu den anderen zu versetzen schien. Dieses merkwürdige Gefühl übermannte beinahe mein Verlangen, mutig zu sein, und ich war eben im Begriff, ins Zimmer hineinzustürzen, als sich eine Hand auf meine Schulter legte, die mich auf den Stuhl niederdrückte, von dem ich aufgestanden war. Wunderbarerweise hatte dieses Berühren, das mich unter gewöhnlichen Umständen über alle Maßen erschreckt haben würde, zur Folge, meine Furcht und meine Aufregung zu beruhigen. Ich erinnerte mich, dass vor langer Zeit, als ich in einer stürmischen Nacht in entsetzlicher Angst neben meinen schlafenden Geschwistern wachte, sich eine Hand auf meinen Arm legte. Wie damals wirkte jetzt der Druck der unsichtbaren Finger wie ein Zauber, und ich war nicht länger furchtsam.

Die flatternde Bewegung in der Luft hörte auf, und alles wurde still. Die unsichtbare Hand hob sich weg, und nun kamen Fragen von den Draußensitzenden, die begannen, von ihrer sich selbst auferlegten Aufgabe des Singens müde zu werden. „Sehen Sie irgendetwas darinnen?" „Haben Sie etwas Lebendiges gefunden?" „Wie lange sollen wir noch weiter so sitzen? Lassen Sie uns aufgeben. Es regnet nicht mehr, wir können jetzt nach Hause gehen." Als ich hinter den Vorhängen hervorkam, fragten sie: „Fühlten oder sahen Sie irgendetwas Merkwürdiges?" „Ich sah nichts, aber fühlte eine sonderbare vibrierende Bewegung, als ob ein Vogel flöge, und einmal berührte etwas meine Schulter."

Dieses Ereignis war das Gesprächsthema in den folgenden Tagen, und nach unserer nächsten Séance, die auch zufällig früher als gewöhnlich beendet war, wurde ich ersucht, noch einen Versuch mit dem Kabinett auszuführen, woraufhin ich meinen Platz wie bei der vorigen Gelegenheit einnahm. Das Kabinett bestand bloß in einer kleinen Vertiefung in einer Ecke des Zimmers. Die Vorderseite war von der Decke bis zum Fußboden mit dicken, roten Wollgardinen verhangen. Während der Séancen wurde das Zimmer durch ein oder zwei Gasflammen, die meistens niedrig geschraubt waren, matt erleuchtet, aber das Zimmer war zur Genüge erhellt, um jeden zu befähigen, alles darin zu sehen und zu beobachten, was sich zutrug, und auch zu lesen oder Notizen zu machen. Das Licht genügte jedoch nicht, um die Dichte der Vorhänge zu durchdringen, so dass ich mich, hinter ihnen sitzend, in vollkommener Dunkelheit befand, während die Personen auf der anderen

Seite der Behänge ausreichend Licht für alle gewöhnlichen Zwecke hatten. Es dauerte nicht lange, bis dieselbe sonderbare Luftbewegung eintrat wie bei der vorigen Séance.

Ich fühlte meine Haare vom Luftzug bewegt und angehoben, und ein kühler Hauch spielte um mein Gesicht und um meine Hände. Dann machte sich eine eigenartige Empfindung bemerkbar, die ich schon manchmal in Séancen an mir erfahren hatte. Häufig habe ich es von anderen so beschreiben gehört: Es ist, als ob Spinnweben über das Gesicht gezogen würden, aber mir, die ich es neugierig beobachtete, schien es, als ob ich feine Fäden fühlte, die aus den Poren meiner Haut gezogen wurden. Ich empfand nichts von der Furcht des vorhergehenden Abends. Zuerst hatte ich ein merkwürdiges, unheimliches Gefühl, ähnlich jenes Grauens, aber das ging vorüber, und ich wurde vollkommen ruhig und abgeneigt, mich zu bewegen oder irgendwelche der vielen Fragen zu beantworten, die meine draußen sitzenden Freunde an mich richteten. Zur selben Zeit hatte ich ein großes Interesse an der Analyse meiner eigenen Empfindungen, und ich fragte mich, was aus diesem Experiment hervorgehen würde, denn dass sich etwas ereignen würde, davon war ich überzeugt.

„Da ist das Gesicht eines Mannes!“, hörte ich eine Stimme ausrufen.
„Wirklich, da ist es!“
„In der Tat, wie seltsam!“
„Können Sie es sehen?“
„Ja, wir können es alle sehen, wer kann es sein?“
„Wer ist es?“, fragte ich, durch diese Rufe aufgemuntert.
„Da, zwischen den Vorhängen ein rundes Gesicht mit dunklen Augenbrauen, Haar und Schnurrbart. Da! Er nickt und lacht. Können Sie ihn sehen?“
Vergeblich strengte ich meine Augen an. Ich konnte nichts erkennen. Ein kleiner Lichtschimmer durch die Öffnung der Vorhänge schien anzudeuten, dass etwas sie in Mannshöhe auseinanderhielt. Aber das war alles.
„Zu sonderbar!“
„Ich möchte wissen, wer es ist.“
„Was für ein hübsches Gesicht er hat!“
„Können Sie seine Zähne sehen, wenn er lächelt?“
„Sehen Sie, wie er nickt, wenn wir sprechen!“

Diese und ähnliche Ausrufe erregten meine Neugier, so dass ich eine Bewegung machte, um außerhalb der Vorhänge zu gehen und einen Blick auf den geheimnisvollen Besucher zu werfen. Als ich aufstand, waren meine Knie seltsam schwach, und ich fragte mich erstaunt, ob mir wirklich ganz wohl war. Ich steckte meinen Kopf an der Seite des Vorhanges heraus und sah in der angegebenen Richtung zur Öffnung in der Mitte und da – war das Gesicht von Walter, der mit heiter lachenden Augen auf mich niederblickte. Ich erkannte ihn augenblicklich, als er im Licht der Gasflamme erschien, das voll auf sein Antlitz fiel, ganz dieselben Gesichtszüge, die ich gesehen und skizziert hatte unter so ganz anderen Bedingungen. „Walter!", rief ich aus. Er nickte und lächelte. Ich fühlte mich schwach. Ich war erstaunt und hatte noch eine Empfindung von etwas anderem, das ich nicht verstand, sodass ich kraftlos wieder auf meinen Sitz zurücksank.

Dann folgte eine Flut von Fragen an Walter, der offenbar durch ausdrucksvolle Gebärden antwortete, die ich jedoch nicht sehen konnte. Aber ich entnahm aus den Bemerkungen der Fragenden, dass Walter hochentzückt von seinem Werk an diesem Abend war.

Kapitel XVII.
Materialisierte Geister

„Von dem Nebelreiche dort oben,
Das die Erdenwelt nicht versteht."
Longfellow

Der Erfolg unserer Arbeit an diesem Abend war die Ursache lebhafter gegenseitiger Glückwünsche unter den Mitgliedern unseres Kreises, die große Dinge prophezeiten, wenn wir nur weitermachen würden, unsere Experimente in derselben Richtung fortzusetzen. Was mich betrifft, so kann ich nicht sagen, dass ich irgendetwas anderes empfand als die natürliche Neugier und das Interesse, das ein solches Phänomen zu erregen pflegt.

Ich hatte materialisierte Geister in anderen Séancen gesehen, aber – um die Wahrheit zu sagen –, das, was ich in dieser Hinsicht bis jetzt erlebte, hatte auf mich keinen besonderen Eindruck gemacht. Ich will damit keineswegs die Echtheit der Manifestationen anzweifeln, obgleich ich bei ein paar Gelegenheiten große Schwierigkeit hatte, meine Gedanken von der Annahme abzubringen, dass es die Gestalt des Mediums war, die den Geist darstellte. In der Tat sprach mich diese Stufe der Manifestationen nicht an, und der Gedanke, diese weiter auszubilden, erweckte in mir die Empfindung, dass ich irgendwie die mir innewohnende Kraft in gewissem Grad herabwürdigte. Es dauerte eine lange Zeit, bis ich die Angelegenheit in dem Licht sehen konnte, in dem sie mir von meinen Freunden dargestellt wurde, nämlich dass alle Manifestationen gleich wertvoll und der Ausbildung würdig sind –, dass jede Tatsache, die unzweifelhaft bewiesen werden kann, von unschätzbarem Wert ist beim Aufbau einer Wissenschaft –, dass diese besondere Art von Phänomenen diejenige war, auf die man viele Hoffnungen setzte im Hinblick auf die Feststellung der Wahrheiten, die der Spiritualismus beanspruchte bezüglich der Wirklichkeit einer anderen Existenzform und dem Bestehen einer Verbindung zwischen ihr und unserer Welt. – Viele dieser Argumente wurden mir vorgetragen, um auf mich einzuwirken, und obgleich ich nicht den unendlichen Wert dieser Manifestationen vor anderen sehen konnte, wollte ich den Wünschen meiner Freunde nicht entgegenstehen und willigte zuletzt widerstrebend ein, die Experimente fortzusetzen.

Wenn ich früher Materialisations-Séancen beigewohnt hatte, so behielt ich meine persönliche Meinung bezüglich ihrer Entstehung immer für mich. Aber andere meiner Bekannten waren nicht so zurückhaltend, auch zögerten sie nicht, beizeiten Bemerkungen zu machen, die nichts weniger als schmeichelhaft für die Geister oder das Medium waren, sodass mir der Gedanke unangenehm war, dass ich mich möglicherweise denselben Schmähungen aussetzen konnte.

Das Medium und materialisierter Geist, zusammen photographiert. Das Medium schützt seine Augen vor der Wirkung des Magnesiumlichtes.
(Kopiert von einer Photographie Juni 1890).

Medium und materialisierter Geist, zusammen photographiert einige wenige Sekunden nach dem vorhergehenden.
Der Geist bedeckt das Medium mit einem Faltenwurfe, welchen das Licht augenscheinlich aufgelöst hat.

Hier setzte sich jedoch ein alter Freund, Mister A., der ein Mitglied unseres ersten Kreises gewesen war, für mich ein, und um irgendwelche Unannehmlichkeiten dieser Art zu verhindern, schlug er vor, dass wir in unserer Arbeit auf andere Weise vorgehen sollten. Wir wollten sorgfältig diejenigen unserer Freunde aussuchen, die sich für das Pflegen dieser Art von Manifestationen interessierten, und sie einladen, einer wöchentlichen Zusammenkunft beizuwohnen, aber nur unter der Bedingung, dass nichts, was dort vorkam, öffentlich bekanntwerden sollte, bis zwölf Séancen vorüber waren. Jeder musste sich während dieser Zeit verpflichten, regelmäßig und pünktlich anwesend zu sein. Keine Entschuldigung für ein Ausbleiben sollte angenommen werden, ausgenommen eventuelle Krankheit. Fremde sollten unter keinen Umständen Einlass erhalten.

Diese Einladungen und Bedingungen wurden an etwa fünfzehn oder zwanzig Freunde geschickt und fanden Annahme, und auch ich gab meine Zustimmung, dass ich alles, was in meiner Kraft lag, tun wollte, um meinen Platz auszufüllen. Ich war gerne bereit, dieser Angelegenheit eine Probezeit von sechs Wochen zu gewähren, da ich dachte, wir würden dann gesehen haben, ob durch das Pflegen dieser Art von Experimenten etwas erreicht werden konnte oder nicht. Ich fühlte, dass ich meinen Freunden einige Rücksicht schuldete, da sie geduldig den verschiedenen Entwicklungen gefolgt waren, die unsere Forschungen begleitet hatten. Über manche Versuche denke ich, dass sie gewiss schrecklich ermüdend für die Teilnehmer waren. Trotz meiner Abneigung für das Phänomen, das wir pflegen wollten, glaubte ich in dem Bewilligen von sechs Wochen für diesen Zweck die Wünsche meiner Freunde zu befriedigen und ihnen dadurch einigermaßen für die Hilfe zu danken, die sie mir gewährt hatten auf dem Weg zum spiritualistischen Wissen, das ich kaum ohne ihre freundliche Mitwirkung erreicht haben würde. Das also waren die Gründe, die mich bewogen, diesen neuen Weg zu betreten.

Die Séancen begannen. Das Kabinett war neu, leicht gebaut, beinahe neun Fuß lang, über sechs Fuß hoch, ungefähr drei Fuß breit. Die Längsseite war jedoch durch zwei Gaze-Scheidewände in drei Abteilungen geteilt. Jede maß ungefähr drei Fuß im Quadrat, nur die Vorderseite, die man durch dicke, dunkle Vorhänge verhangen hatte, war offen. Die Idee eines Kabinetts von dieser Form und Größe stammte zum Teil von Mister A., und sie entstand in Berücksichtigung meiner Abneigung, in unmittelbare Berührung mit den „materialisierten Geistern“ zu kommen. Auch wollten wir sehen, ob die Gaze irgendein Hindernis für das Kommen und Gehen der Gestalten bieten würde.

Es bestand keine andere Möglichkeit des Ein- und Ausgangs als die auf der Vorderseite, außerdem konnte keine Person von einer Abteilung in irgendeine der anderen beiden gelangen, ohne die Gaze-Scheidewand zu durchbrechen oder durch die Vorhänge herauszugehen und an der Vorderseite einzutreten. Die ganze Einrichtung war außerordentlich einfach und, soweit ich es beurteilen kann, die befriedigendste Art sogenannter „Test-Kabinetts“, die erprobt worden sind, da sie dem Medium vollständige Freiheit gab, während sie die anderen Personen vor der Möglichkeit schützte, annehmen zu können, dass sie die Opfer gemeiner Betrügereien waren.

Ich habe sehr starke und bestimmte Ansichten über alle Tests und von den Leuten, die sie befürworten, aber diese Überzeugungen sind im Laufe der Zeit und unter bitteren Erfahrungen entstanden. Zu Beginn unserer Experimente hatte ich alles zu lernen und wie die anderen mit dem ABC zu beginnen.

Niemand hatte je gewagt, einen Zweifel an meiner Wahrhaftigkeit zu hegen. Immer arbeitete ich aus reinem Interesse an dem Thema, und jede Entwicklung beobachtete ich mit genau derselben, vielleicht sogar mit größerer Teilnahme als irgendwelche meiner Freunde. Diese seltsamen Kräfte, die sich eine nach der anderen entfalteten, entzückten mich in demselben Maße, wie sie mir geheimnisvoll waren. Ich kritisierte mich selbst und versuchte, sie unparteiisch zu analysieren. Hätte ich diese merkwürdigen Fähigkeiten für mich ganz allein entwickeln können, würde es mir größere Befriedigung gegeben haben, da ich dann, wie ich glaube, die Arbeit und die Art und Weise der Entfaltung besser verstanden hätte, wenn ich nicht durch das Anhören der Vermutungen, Annahmen und Theorien anderer gestört worden wäre. Aber dies konnte ich nicht tun. Alleine war ich gewissermaßen machtlos. Ich sah zuweilen meine guten Freunde mehr als notwendige Übel denn als Gehilfen an, und wäre ich fähig gewesen, meine Experimente allein fortzusetzen, würde ich es zu diesem Zeitpunkt entschieden vorgezogen haben.

Aber da dies unmöglich war, waren die vorgeschlagenen Tests ebenso sehr nach meinem Geschmack wie nach dem ihren. So lange sie anfangs dazu genutzt wurden, das Resultat zu beobachten, war ich ebenso bestrebt wie jeder andere, neue Pläne vorzuschlagen, um zu sehen, wie die Geister handeln würden, wenn man ihnen Hindernisse in den Weg stellte.

Das Zimmer war so eingerichtet, dass es die größten Annehmlichkeiten für beide Faktoren, für die Teilnehmer wie für die Geister bot. Die Fenster, welche sich dem Kabinett gegenüber befanden, waren teilweise verdunkelt, das Tageslicht fiel durch die oberen Teile ein, die rot oder orangefarben waren und durch die man mehr oder weniger Licht, je nach Bedürfnis hineinlassen konnte. Dies war für Séancen bei Tageslicht. Für den Abend wurde eine geschickte Einrichtung für die Gasbeleuchtung ausgedacht: Die Wände im Hintergrund des Zimmers waren durch einen Schirm aus rotem oder orangefarbenem Papier bedeckt, der einige Zoll von der Wand entfernt stand. Hinter diesen Schirm war ein Gasrohr gelegt, das horizontal an der Wand entlanglief, und an diesem Rohr waren mehrere Gasflammen angebracht, die durch einen Hahn von außen reguliert werden konnten. Dieser Hahn wurde entweder von den Geistern selbst oder von einem der Teilnehmer gehandhabt. Das Licht mehrerer kleiner Gasflammen, auf diese Weise durch farbiges Papier gedämpft, war ebenso ausreichend wie angenehm, da jeder Teil des Zimmers gleichmäßig erleuchtet war, entweder mit einem hellen oder mit einem matten Licht, je nachdem, was gebraucht wurde.

Im Inneren des Kabinetts jedoch herrschte tiefe Dunkelheit, wenn nicht die Vorhänge der einen oder der anderen Abteilung in die Höhe gehoben wurden. Dann konnte derjenige, der darin saß, deutlich bis zum entgegengesetzten Ende sehen, da die Gaze-Abteilungen kein Hindernis für das Auge boten, obgleich sie undurchdringlich für den Körper waren. Das Zimmer wurde durch einen Asbest-Kamin erwärmt und machte im Ganzen einen freundlichen, behaglichen Eindruck.

Nachdem wir die Zahl der Gäste, die unseren Kreis bilden sollten, vervollständigt und alle sich bereit erklärt hatten, soweit es ihnen möglich war, behilflich zu sein und die aufgestellten Bedingungen anzunehmen, fingen wir unsere neue Forschungsrichtung an, voller Interesse und Erwartung dessen, was daraus entstehen würde. Mister A. sollte im allgemeinen der Leiter sein. Mister F. war bereit, Notizen von jedem Vorkommnis zu machen und jede Einzelheit aufzuschreiben, wie sie sich ereignete.

Mistress B., eine Pianistin, übernahm die Leitung des Gesangs, der bis jetzt bei uns noch nicht sehr gepflegt worden war. Diese Dame gab sich auch große Mühe, den Gesang unserer Freunde zu vervollkommnen, sodass das Singen mehr ein Vergnügen als eine Qual für uns wurde. Wir hatten jetzt ein kleines Harmonium im Zimmer. Ein anderer Herr stellte den Antrag, dass lediglich unsere abendlichen Experimente mit einem Gebet zu Gott um seine Leitung und um Befreiung von allen bösen Mächten beginnen sollten.

Die Kosten all der Einrichtungen in unserem Séance-Zimmer wurden durch die Mitglieder des Kreises gedeckt, die eines Fonds für diesen Zweck eingerichtet hatten. Nachdem die laufenden kleinen Ausgaben wie für Gas und Miete, bestritten worden waren, wurde der Überschuss dazu verwandt, den Ärmeren unter den Kranken zu helfen, die sich hilfesuchend um uns drängten.

Niemals zuvor in meinem Leben hatte ich soviel Armut, Elend und Krankheit in der Welt vermutet, als wie mir jetzt entgegentrat, auch hatte ich nicht geglaubt, wie wenig die Ärzte tun können, um dies zu lindern, und wie trotz aller Anstrengungen der mildtätigen und barmherzigen Wohltäter in unserer Mitte solche Not existieren konnte. Mir wurde zuweilen völlig unwohl, wenn ich die Schrecken der Krankheit und des Mangels mit eigenen Augen sah und mich ihnen gegenüber zu helfen so machtlos fühlte.

Oftmals habe ich mich selbst gefragt, wenn ich eine Höhle des Elends und der Trunkenheit besuchte: „Kann dies Gottes Welt, können diese Menschen seine Kinder sein?“ Was nützte es, diesen blassen, abgemagerten Kleinen, die nach Sonnenschein und frischer Luft oder nach stärkender Nahrung hungerten, Medizin zu geben – diesen Armen, deren Glieder oft versagen wollten, den geschwächten Körper zu tragen, der eine Folge der Schwachheit oder Schuld ihrer Eltern war, indem sie von ihnen Krankheit als ihr einziges Geburtsrecht ererbten?

Ich habe mich oft gefragt, wenn ich eine Welt erschaffen und mit einem solchen Ergebnis bevölkert hätte, ob ich sie nicht ebenso rasch zerstört haben würde, wie ich es mit einer fehlerhaften Zeichnung zu tun pflegte, die ich vernichtete und dann von neuem begann. Es schien mir keine Barmherzigkeit darin zu liegen, durch meine Hilfe die elende Existenz dieser armen, unglücklichen Opfer von Unwissenheit und Krankheit zu verlängern.

Aber Stafford dachte anders darüber. Er war unermüdlich in seinem Bemühen zu helfen, die Leiden zu lindern, rastlos im Ratgeben, Lehren und Ermahnen, wobei er sogleich die Wurzel des Übels erfasste und darauf hinwies, wo Fehler gemacht worden waren und wie man sie wieder gut machen konnte, wenn es noch nicht zu spät war.

Er zögerte niemals, darauf hinzuweisen und in scharfen Worten zu tadeln, wenn Krankheiten nicht durch Unwissenheit, sondern durch vorsätzliche Verletzung der Naturgesetze verursacht worden waren. Seine Teilnahme für die Leidenden war ebenso unbegrenzt wie sein Wunsch zu helfen. Folglich gab es keinen Mangel an Elenden und Bedürftigen, auf die man einen Überschuss unseres Fonds verwenden konnte. Stafford war gegen Arzneien aufgrund seiner Überzeugung, dass Medikamente nur eine andere Krankheit hervorriefen, die in vielen Fällen ebenso schädlich wie die zu heilende war. Seine Art und Weise der Behandlung bestand größtenteils in dem Rat, natürlich zu leben, einfache Kost und frische Luft zu genießen und sich körperliche Bewegung zu verschaffen. Sie bestand aber auch in einem Mitteilen von Kenntnissen über Recht und Unrecht, über das, was dem Körper nützlich und schädlich ist, um die kranke Person zu befähigen, sich selbst zu heilen. „Gebt den Kindern Nahrung, und lasst die Medikamente beiseite", schrieb er zuweilen, sodass die Heilmittel, die ich in manche Ortschaften und Höfe mit elenden Wohnungen trug, hauptsächlich aus Hafermehl, Brot, Früchten und ähnlichen Nahrungsmitteln bestanden anstelle unschmackhafter Mixturen der Chemiker. Meine Klientenzahl vergrößerte sich schnell, bis ich kaum mehr wusste, wie es ist, eine Stunde für mich zu haben, und dies war der Fall trotz der Hilfe, die ich von Mister und Mistress F. erhielt, die nicht gering war. In der Tat, wären sie nicht gewesen, würde viel von dieser Arbeit niemals vollendet worden sein. Obgleich Stafford nicht viel sagte, gab er mir doch zu verstehen, dass er nicht viel Wert auf die Experimente legte, die wir zu machen im Begriff waren, und dies enttäuschte mich, aber ich hoffte auf seine Mitwirkung für später.

In den nächsten paar Séancen behaupteten die Teilnehmer im Zimmer, dass sie wahrgenommen hatten, wie die Vorhänge der verschiedenen Abteilungen sich öffneten und Gesichter daraus hervorblickten, aber ich sah nichts. Eins dieser Gesichter erkannte Mistress F. als das von Walter, und sie fragte ihn, ob er nicht herauskommen und sich der Gesellschaft vollständig zeigen wolle.

Er antwortete durch Klopfen oder Zeichen, (welcher Art sie waren, habe ich vergessen), dass er es gern tun würde, aber er habe keine Kleider und wolle Damen durch sein Erscheinen im Gewand des Gartens Eden nicht entsetzen. „Wir wollen Ihnen mit einem Überwurf aushelfen", sagte ein Herr, aber Walter lehnte es ab. Mistress F, fragte dann, ob Walter wünsche, dass sie ihm Kleider fertigen würde, und ob er sie tragen und den Schutz des Kabinetts bei unserem nächsten Zusammentreffen verlassen würde. Ob Walter ein Zeichen der Zustimmung für dieses Anerbieten gab, weiß ich nicht gewiss, aber während der nächsten Tage beschäftigten Mistress F. und ich uns mit dem Anfertigen eines Gewandes, das wir an unserer nächsten Zusammenkunft zu Walters Verfügung stellen wollten. Wir wählten weißen Musselin, da dieser Stoff uns „spiritueller" als jedes andere Material zu sein schien. Wir schnitten zu und beratschlagten, nähten und säumten und betrachteten schließlich die Arbeit unserer Hände mit großer Befriedigung. Wir hatten eine Art Morgengewand mit reichen Falten und weiten, offenen Ärmeln hergestellt. Wir entnahmen unsere Ideen über die angemessene Form des Kleides von Bildern der Kostüme der Heiligen und Engel. Das fertige Gewand trugen wir in das Séance-Zimmer, zeigten es voll Stolz den Übrigen der Gesellschaft und legten es dann in die mittlere Abteilung des Kabinetts für Walter bereit, wenn er kam. Als er jedoch erschien, war das erste Anzeichen seiner Gegenwart das Zusammenrollen des Gewandes, das wir mit so viel Sorgfalt gearbeitet hatten. Er überreichte es Mistress F. mit der Botschaft, dass es weder verwendbar noch notwendig war. Walter selbst trat mutig aus dem Kabinett in die Mitte des Kreises, in Gewänder gekleidet, die in ihrem leuchtenden Weiß, ihrer Weichheit und Feinheit unsere Gabe beschämten.

Walter war augenscheinlich sehr erfreut über seinen Erfolg, „für sich selbst einen neuen Körper geschaffen zu haben", wie er es nannte, ebenso wie über seine Geschicklichkeit in dem Verschaffen der Draperien, die so viel Bewunderung hervorriefen. Er schien sich schnell mit der ganzen Gesellschaft bekannt zu machen, und ihre Unterhaltung mit ihm und ihre Bemerkungen erregten große Neugier in mir, denn während der ganzen Zeit saß ich in der Dunkelheit des Kabinetts, unfähig, einen Schimmer von dem zu sehen, was draußen vorging.

Trotz meines Wunsches, teilzunehmen an den Geschehnissen auf der anderen Seite des Vorhangs, fühlte ich mich merkwürdig kraftlos und matt, aber nicht etwa schläfrig. Vielmehr schien mein Gehirn weit lebhafter und tätiger zu sein als jemals zuvor. Gedanken und Eindrücke jagten sich mit blitzhafter Schnelligkeit. Klänge, von denen ich wusste, dass sie entfernt waren, schienen ganz nah bei meinen Ohren zu ertönen. Ich fühlte, dass ich mir der Gedanken oder besser der Gefühle von jedem im Zimmer bewusst war, aber hatte keine Neigung, auch nur einen Finger zu heben, um mich zu befähigen, irgendetwas zu sehen, obgleich ich zur selben Zeit vor Neugier brannte, einen Anblick von Walter zu erhaschen, wie er in ihrer Mitte umherging.

Weiterhin entdeckte ich, dass dies nicht bloß Mattigkeit oder Schwäche war, sondern dass ich tatsächlich keine Kraft hatte, mich zu mühen, ohne eine große Anstrengung zu machen, die ausnahmslos die materialisierten Gestalten zwang, sich in das Kabinett zurückzuziehen, als ob ihnen die Kraft zu stehen oder sich aufrecht zu halten plötzlich genommen war. Aber diese Tatsache, ebenso wie so viele andere, war nicht ohne Schmerzen zu erlernen.

Kapitel XVIII.
Yolande

„Was ist's? Ein Geist!
O Himmel, wie's umherschaut! Glaube mir, Vater,
'S ist herrlich von Gestalt, doch ist's ein Geist."
Shakespeare, „Der Sturm", I. Akt, Szene 2

Ehe unsere Reihe der Séancen zu Ende ging, waren wir soweit fortgeschritten, dass Walter anscheinend ohne Schwierigkeit in unserer Mitte erscheinen konnte, an Körper so solide und materiell wie jeder von uns. Oftmals äußerte er sich schriftlich über das Aussehen einiger anderer Geister, die gegenwärtig waren, obgleich für uns unsichtbar, da sie es nicht vermochten, sich mit Material zu bekleiden, wie er es getan hatte. Dies schien Walter offenbar die Idee zu geben, die Rolle des Türhüters für die weniger Geschickten zu übernehmen und ihnen bei der Arbeit des Materialisierens beizustehen. Nach diesem Beschluss seinerseits sahen wir wenig von Walter, aber kaum ein Abend verging, an dem nicht zwei oder mehrere fremde Gestalten uns einen Besuch abstatteten. Unter ihnen befand sich eine, die, wie es schien, schnell unabhängig wurde von Walters hilfreichem Beistand. Dies war Yolande, nach Walters Angaben ein junges, arabisches Mädchen von fünfzehn oder sechzehn Jahren, die bald die Hauptperson unserer Séancen bildete, eine schlanke, olivfarbene Maid, deren Naivität und Grazie bewundert wurden und sie selbst zum Wunder unseres Kreises machte. Bei ihrem erstmaligen Erscheinen schienen ihre Neugier und Wissbegier grenzenlos zu sein. Alles, was sie sah, interessierte aufs höchste, von den Kleidern der Gesellschaft bis zur Ausstattung des Zimmers. Die Orgel war ihr besonderes Entzücken, und sie ahmte sehr bald die Melodien nach, die Mistress B. für sie spielte, obgleich sie niemals fähig war, die Bälge zu beeinflussen.

Anscheinend konnte sie ihren Gebrauch nicht verstehen. Einer der Herren, ein Geheimpolizist, besaß ein silbernes Kornett, auf dem er ein vollendeter Spieler war, und als er Yolandes Liebe für die Musik bemerkte, brachte er es eines Abends mit und spielte ihr einige ihrer Lieblingsmelodien vor. Er hatte an dem Instrument eine Vorrichtung, durch die der Klang der sonst lauten Töne zu einer süßen Weichheit gedämpft wurde. Yolande hatte sich auf die Erde gesetzt, um diesem Wunder zuzuhören. Wenn Mister J. ein Lied gespielt hatte, bat Yolande um das Instrument, das sie dann mit großer Sorgfalt untersuchte. Jedes seiner Teile wurde bis ins Detail betrachtet, und wenn dies geschehen war, so versuchte sie selbst darauf zu spielen. Es gelang ihr jedoch nicht, einen Ton hervorzubringen, obgleich sie es auf beiden Seiten probierte. Zuletzt gab sie den Versuch sichtlich enttäuscht auf. Jemand hatte ihr einige kleine, silberne Glöckchen gegeben, die sie außerordentlich erfreuten. Sie waren auf ein Band gereiht, und dies befestigte sie häufig um ihre Knöchel oder Handgelenke, und wenn Mister J. auf seinem Kornett spielte, gab Yolande den Takt zur Melodie durch Bewegungen ihrer graziösen Füße oder Arme vor.

Damit rief sie eine bewundernswerte Begleitung durch den Klang der klingenden Glöckchen hervor. Diese Ausführung schien ihr ein großes Entzücken zu bereiten, und man musste staunen, wenn man hörte, wie sie durch ihre geschickten Bewegungen die Klänge der Glöckchen verändern konnte, um sie der Melodie, die gespielt wurde, anzupassen.

Zuweilen ertönten sie in einer langsamen, weichen, träumerischen Art, wie fallende Wassertropfen aus der Ferne, dann schnell und klar wie die fröhlichen, hellen Töne eines Singvogels und dann wie Kastagnetten, von kunstfertiger Hand gespielt, während sie ihren Körper und ihre Arme graziös dazu bewegte, egal, ob sie auf der Erde saß oder in der Mitte des Kreises stand. Die meisten Beschreibungen von Yolandes zahlreichen Reizen verdanke ich den Mitgliedern des Kreises, und die Einzelheiten den Notizen, durch Mistress F. aufgezeichnet, denn obgleich ich ganz Ohr war, wurde ich durch den Platz, den ich in dem Kabinett einnehmen musste, am Gebrauch meiner Augen während der Séancen gehindert. Es schien mir, als ob die „Geister“ mich beinahe mieden, wenigstens glaubten sie es niemals für notwendig zu erachten, meine sehr natürliche Neugier zu befriedigen, wenn irgendetwas mehr Aufmerksamkeit oder Erstaunen als gewöhnlich hervorrief.

Einmal sah ich Yolande sehr deutlich, aber ich glaube, dass dies mehr durch Zufall als durch Vorsatz von ihrer Seite geschah. Sie hatte sich einige Zeit draußen amüsiert und öffnete die Vorhänge zwischen der nächsten Abteilung und der, in welcher ich saß, mit der augenscheinlichen Absicht einzutreten. Aber etwas erregte ihre Aufmerksamkeit, und sie stand da, hielt beide Vorhänge zurück, während das Licht voll auf ihr Gesicht und ihre Gestalt fiel. Das gasbeleuchtete Zimmer ermöglichte es mir, eine sorgfältige Betrachtung ihrer Erscheinung anzustellen. Ihre dünnen Draperien erlaubten, den weichen Olivton ihres Halses, ihrer Schultern, Arme und Knöchel deutlich zu erkennen. Das lange, schwarze, wellige Haar hing über ihre Schultern bis zu ihren Hüften herunter und wurde durch eine schmale, turbanförmige Kopfbedeckung zusammengehalten. Sie hatte ein feines, ebenmäßiges und anmutiges Gesicht, die Augen waren dunkel, groß und lebhaft. Jede ihrer Bewegungen war so voller Grazie wie die eines zarten Kindes, oder wie es mir damals erschien, als ich sie halb scheu, halb kühn zwischen den Vorhängen stehen sah, wie die eines jungen Rehs.

Yolande wurde bald außerordentlich geschickt. Ihre furchtlose Beweglichkeit, ihre kindliche Neugier und ihr Erstaunen über jeden neuen Gegenstand, der unter ihre Augen kam, waren eine Quelle des beständigen Interesses für uns alle. Sie hatte eine große Liebe für leuchtende Farben und glitzernde Dinge. Sie untersuchte mit der größten Aufmerksamkeit jedes Schmuckstück, das die Damen trugen. Zuweilen schmückte sie sich selbst damit, und sie schien außerordentlich befriedigt zu sein, wenn die Mitglieder des Kreises ihre Bewunderung durch Bemerkungen zu erkennen gaben. Eine Dame brachte einmal einen in leuchtenden Farben gehaltenen, persischen Seidenschal, den Yolande mit großem Entzücken betrachtete und sogleich über Schultern und Taille schlang. Sie konnte nicht bewogen werden, sich von diesem Schal zu trennen.

Als sie verschwand und die Séance geschlossen war, wurde sorgfältig nach dem Schal gesucht, aber er war nicht zu finden. Als Yolande das nächste Mal kam, fragte die Dame, was sie damit getan hatte. Yolande schien ein wenig bestürzt über die Frage zu sein, aber augenblicklich machte sie einige Bewegungen mit ihren Händen in der Luft und über ihren Schultern, und der Schal war da, so drapiert, wie sie ihn an dem vorigen Abend umgelegt hatte. Wie er kam und woher, sah niemand. Yolande stand ohne das Halstuch vor ihnen, gekleidet in die weichen, weißen Geistergewänder, die kaum ihre graziöse Gestalt verbargen, doch eine Bewegung ihrer schmalen braunen Hand, und schon waren die bloßen Schultern bedeckt mit den Falten des lebhaft-farbigen seidenen Schals. Sie gab dieses Halstuch nie aus ihren Händen. Wenn sie sich nach und nach unter Beobachtung von zwanzig Augenpaaren in Nebel zuweilen auflöste und der Schal auf der Erde liegengeblieben war, sagten wir: „Endlich hat sie ihn doch vergessen". Aber nein, der Schal selbst verschwand nach und nach in derselben Weise wie seine Trägerin, und kein Suchen, das wir nachher anstellten, ließ uns jemals seinen Aufenthaltsort entdecken. Doch Yolande versicherte uns fröhlich, dass wir ihn nur nicht sahen, weil wir blind waren, denn der Schal verließ ja nie das Zimmer. Dies schien sie zu ergötzen, denn sie ermüdete niemals, unser Erstaunen dadurch wachzurufen, dass sie Dinge unseren Augen unsichtbar machte oder Blumen in das Zimmer gelangen ließ, die nicht durch irdische Hände dorthin gebracht worden waren.

Ein Mitglied unseres Kreises hat zu dieser Zeit einen Bericht über dieses wunderbare Wesen niedergeschrieben und beschreibt ihr merkwürdiges Erscheinen und Verschwinden mit den folgenden Worten: „Zuerst bemerkt man einen nebelartigen, wolkigen Fleck von etwas Weißem auf der Erde vor dem Kabinett. Er vergrößert sich nach und nach, breitet sich sichtbar aus, als ob es ein belebter Musselinhaufen wäre, der Falte auf Falte an der Erde liegt, bis er ungefähr die Ausdehnung von zweieinhalb bis drei Fuß und eine Dicke von einigen Zoll erreicht hat. Plötzlich beginnt er sich langsam im oder nahe des Mittelpunkts zu erheben, als ob ein menschlicher Kopf darunter sei, während der wolkige Nebel auf der Erde anfängt, mehr wie Musselin auszusehen, der in Falten um die Substanz fällt, die so geheimnisvoll in die Höhe steigt. Wenn es dünn zwei oder mehr Fuß Höhe erreicht hat, sieht es aus, als ob ein Kind darunter seine Arme nach allen Richtungen bewegt und irgendetwas bearbeitet. Es fährt fort, emporzusteigen, oftmals etwas niedersinkend, um wieder höher als zuvor zu kommen, bis es eine Höhe von ungefähr fünf Fuß erreicht hat, sodass dann seine Gestalt gesehen und wahrgenommen werden kann, wie sie die Falten der Draperie um ihre Figur ordnet.

Dann erheben sich die Arme ziemlich hoch über den Kopf und öffnen sich nach außen durch eine Masse von wolkenähnlicher „Geisterdraperie“, und Yolande steht vor uns, unverschleiert, graziös und schön, beinahe fünf Fuß hoch mit einer turbanartigen Kopfbedeckung, unter der ihr langes, schwarzes Haar über ihre Schultern und ihren Rücken wallt. Ihre orientalische Bekleidung zeigt jedes Glied und jede Körperkontur, während sie die überflüssige, weiße, schleierähnliche Draperie der Bequemlichkeit wegen um sich herumgeschlungen oder auf den Teppich beiseite geworfen hat, bis sie wieder gebraucht wird. All dies zu vollenden, nimmt ungefähr zehn bis fünfzehn Minuten in Anspruch.

Wenn sie verschwindet oder sich entmaterialisiert, geschieht es folgendermaßen: Während sie vorwärts tritt, um sich zu zeigen und von irgendwelchen anwesenden Fremden erkannt zu werden, öffnet sie langsam und vorsichtig die schleierähnliche, überflüssige Draperie. Wenn sie diese entfaltet, legt sie sie über ihren Kopf, breitet sie über sich aus wie einen großen Brautschleier und sinkt dann sogleich, aber langsam nieder. Beim Zusammensinken verliert sie immer mehr an Umfang, und sie entmaterialisiert ihren Körper unter der wolkenähnlichen Draperie, bis er wenig oder gar keine Ähnlichkeit mehr mit Yolande hat. Dann fällt sie noch weiter zusammen, verliert nach und nach die Form eines menschlichen Wesens und sinkt schnell bis zu fünfzehn oder zwölf Zoll auf den Fußboden herab. Schließlich stürzt die Gestalt plötzlich zu einem Haufen Draperie zusammen – tatsächlich sind es Yolandes abgelegte Gewänder, die langsam, aber gut sichtbar zu Nichts zerschmelzen. Die Dematerialisation von Yolandes Körper nimmt zwei bis fünf Minuten in Anspruch, während das Verschwinden der Draperie eine halbe bis zwei Minuten währt.

Bei einer Gelegenheit jedoch entmaterialisierte sie diese Draperie oder diesen Schleier nicht, sondern ließ alles auf dem Teppich auf einem Haufen liegen, bis ein anderer Geist aus dem Kabinett kam, der es einen Augenblick anschaute, als ob er über das Verschwinden der armen Yolande nachsinne. Dieser größere Geist verschwand ebenfalls und wurde durch die kleine, flinke und lebhafte Kindergestalt von Ninia, dem niedlichen spanischen Mädchen, abgelöst, das ebenfalls kam, um Yolandes Überreste anzusehen. Sie hob neugierig die verlassenen Gewänder auf und wickelte sie um ihren eigenen kleinen Körper, der bereits mit Draperie wohlbekleidet war."

Einmal trat Yolande aus dem Kabinett und kam mir ganz nahe. Sie hatte ihren Schleier über dem Kopf, und neckisch schaute sie zu einem anderen Teil des Kabinetts, als ob sie jemandes Kommen sicher erwarte. Alsbald öffneten sich die Vorhänge, und eine andere größere Gestalt kam hervor, uns allen einen vollkommenen Anblick gewährend. Als die Gestalt zögerte, aus dem Kabinett herauszutreten, war es amüsant, Yolandes Ungeduld dabei zu sehen.

Ein anderer dieser geheimnisvollen Besucher war eine, deren Name, wie uns gesagt wurde, Y-Ay Ali war, eines der vollkommensten schönen Wesen, das man sich denken kann. Ihre hohe, stattliche Gestalt und helle, strahlende Schönheit, ihre majestätische Haltung und ihre graziösen Bewegungen bildeten einen deutlich erkennbaren Gegensatz zu Yolandes kätzchenhaften Bewegungen. Y-Ay Ali war in der Tat ein Wesen aus einer höheren Welt. Sie kam nur ein- oder zweimal sichtbar, obgleich uns oft gesagt wurde, dass sie gegenwärtig sei. Aber niemand, der sie einmal gesehen hat, wird sie jemals vergessen können. Sie wurde als besondere Autorität betrachtet, als eine Lehrerin, für die Yolande große Hochachtung und liebende Verehrung zeigte. Uns wurde gesagt, dass sie Y-Ay-Ali, obwohl ungesehen von uns, bei dem Hervorbringen der herrlichen Blumen behilflich war, die so geheimnisvoll in unsere Mitte gebracht wurden.

Kapitel XIX.
Die Ixora Crocata

„Und der Herr sprach: Dich jammert des Kürbis, daran du nicht gearbeitet hast, hast ihn auch nicht aufgezogen, welcher in einer Nacht ward und in einer Nacht verdarb.
Jona, Kap. 4, Vers 10

Eines Tages erhielt ich einen Brief von einem wohlbekannten Gentleman aus Manchester, Mister W. Oxley sowie von zwei ebenso prominenten Personen aus Deutschland, die um die Erlaubnis baten, bei einer unserer Séancen anwesend sein zu dürfen. Ich legte ihr Gesuch den übrigen Mitgliedern unseres Kreises vor und bat sie, zu entscheiden. Das Resultat war, dass alle drei Fremden bei der nächstfolgenden Séance zugegen waren. Diese Sitzung gestaltete sich ganz besonders interessant, wenn man überhaupt sagen darf, dass irgendeines dieser merkwürdigen Dinge wunderbarer als ein anderes ist. Aber dieser Fall ist so oft in verschiedenen Ländern publiziert worden, dass wenigstens manche Leute ihn besonders erwähnenswert gefunden haben. Mister Oxley sagte uns, dass er mit seinem Kommen einen bestimmten Zweck verfolge, von dem er aber nicht sprechen wolle, wenn er ihn nicht erreiche. Auch hätten die Geister durch ein anderes Medium zu ihm gesagt, er würde sein Ziel erreichen, wenn er Einlass in unseren privaten Zirkel erhalten könne. Wir fragten uns natürlich, welches sein Zweck war, und wir befürchteten ein wenig, dass sein Vorhaben erfolglos sein würde, wenn wir den beiden anderen Fremden erlaubten, zugegen zu sein. Gerade zu dieser Zeit hatte ich mich auf der Treppe durch einen Sturz beim Heruntergehen am Arm verletzt und mir den Ellbogen ausgerenkt. Dieser Unfall war nicht dazu angetan, die Wahrscheinlichkeit unseres Erfolges zu vergrößern, so dass ich, als ich an diesem Abend ins Séance-Zimmer ging, mich geneigt fühlte, vorzuschlagen, das Experiment aufzuschieben. Aber als ich bei meiner Ankunft erfuhr, dass die Zeit unserer Besucher außerordentlich beschränkt war, beschloss ich, es zu versuchen.

Wir nahmen unsere gewohnten Plätze ein. Mistress B. spielte ein Solo auf dem Harmonium, und es herrschte tiefe Stille. Da wurden die Vorhänge der mittleren Abteilung des Kabinetts beiseite gezogen, und Yolande trat ins Zimmer heraus. Sie blickte die Fremden fragend an, die ihren Blick mit Interesse erwiderten. Augenscheinlich bewunderten sie die schlanke, graziöse Gestalt und die dunklen Augen unserer kleinen Araberin. Ein Mitglied des Kreises beschreibt das Folgende, und ich wiederhole es hier aus demselben Grund, den ich bereits vorher erwähnte, nämlich, weil ich kein Augen-, sondern nur ein Ohrenzeuge war:

„Yolande durchschritt das Zimmer bis dorthin, wo Mr. Reimers saß, ein Herr, der durch ganz Europa als hervorragender Spiritualist wohlbekannt ist, und sie winkte ihm, näher an das Kabinett heranzugehen, damit er Zeuge einiger Vorbereitungen war, die sie im Begriff war durchzuführen. Hier muss ich sagen, dass bei früheren Gelegenheiten, wenn Yolande Blumen für uns materialisiert hatte, sie uns zu verstehen gab, dass Sand und Wasser für diesen Zweck notwendig waren. Folglich wurde ein Vorrat von feinem, reinem, weißem Sand und ausreichend Wasser in Bereitschaft gehalten für mögliche Vorkommnisse. Als Yolande, von Mister Reimers begleitet, in die Mitte des Zirkels kam, gab sie ihren Wunsch nach Sand und Wasser zu erkennen, und als sie Mister R. neben sich auf die Erde niederknien ließ, gebot sie ihm, Sand in die Wasserkaraffe zu schütten, was er tat, bis diese ungefähr halb gefüllt war. Dann wurde er aufgefordert, Wasser hineinzugießen. Dies war geschehen, und nun musste er es nach ihrer Aufforderung kräftig schütteln und es ihr zurückgeben.

Nachdem Yolande es sorgsam prüfend betrachtet hatte, stellte sie es auf die Erde und bedeckte es leicht mit der Draperie, die sie von ihren Schultern nahm. Sie zog sich dann ins Kabinett zurück, aus dem sie ein- oder zweimal in kurzen Zwischenräumen wiederkam, als ob sie sehen wollte, wie es sich weiter entwickelte.

Inzwischen hatte Mister Armstrong das überschüssige Wasser und den Sand hinweggetragen. Er ließ die Karaffe in der Mitte des Zimmers auf dem Fußboden stehen. Sie war mit dem dünnen Schleier bedeckt, der jedoch nicht im Geringsten ihre Form verbarg, so dass der obere Rand besonders sichtbar blieb.

Wir wurden durch Klopfen auf der Erde angewiesen zu singen, um unsere Gedanken in Harmonie zu bringen und die Neugier zu mildern, die uns alle mehr oder weniger beherrschte. Während wir sangen, bemerkten wir, dass die Draperie von der Unterseite der Karaffe in die Höhe stieg. Dies war vollkommen sichtbar für jeden der zwanzig Zeugen, die es aufs Genaueste beobachteten.

Yolande kam wieder aus dem Kabinett heraus und betrachtete es besorgt. Sie untersuchte es sorgfältig und stützte die Draperie zum Teil, als ob sie fürchtete, sie könne einen zarten Gegenstand darunter erdrücken. Zuletzt nahm sie die Bedeckung vollständig ab, und bot unseren erstaunten Blicken eine vollkommene Pflanze dar, die wie eine Art Lorbeer aussah. Yolande hob die Karaffe, in der die Pflanze fest und kräftig ausgewachsen zu sein schien. Ihre Wurzeln, durch das Glas sichtbar, waren dicht im Sand eingegraben.

Sie betrachtete die Pflanze augenscheinlich mit Stolz und Freude, und die Karaffe in ihren beiden Händen tragend, schritt sie durch das Zimmer und überreichte sie Mister Oxley, einem der anwesenden Fremden, der durch seine philosophischen Schriften über spiritualistische Themen und über die „Pyramiden von Ägypten" sehr bekannt ist. Er nahm die Karaffe mit der Pflanze entgegen, und Yolande zog sich zurück, als ob sie ihre Aufgabe vollendet hatte. Nachdem Mister Oxley die Pflanze untersucht hatte, stellte er sie auf die Erde neben sich, da kein Tisch zur Hand war. Viele Fragen wurden laut, und die Neugier war stark. Die Pflanze glich einem großblättrigen Lorbeer mit dunklen, glänzenden Blättern, aber sie war ohne jede Blüte. Niemand von denen, die zugegen waren, erkannte dieses Gewächs oder konnte es in irgendeine bekannte Art einreihen.

Wir wurden durch Klopfen zur Ordnung gerufen und ermahnt, nicht die Angelegenheit zu besprechen, sondern etwas zu singen und dann still zu sein. Wir gehorchten dem Gebot. Nach dem Singen gebot uns wiederholtes Klopfen, die Pflanze erneut zu untersuchen, und wir waren erfreut, dies tun zu dürfen. Zu unserer großen Überraschung bemerkten wir dann, dass sich ein großer, kreisförmiger Blütenkopf, der eine Blume von vollen fünf Zoll im Durchmesser bildete, geöffnet hatte, während die Karaffe zu Mister Oxleys Füßen auf dem Boden stand. Die

Blume war von einer wunderschönen orange-rosa Farbe oder ich möchte fast sagen, dass lachsfarben eine bessere Bezeichnung dafür war, denn ich habe nie zuvor dieselben Schattierungen gesehen, und es ist schwer, Farbtöne mit Worten zu beschreiben.

Der Kopf bestand aus über einhundertfünfzig viersternigen Blumenkronen, die beträchtlich vom Stiel abstanden. Die Pflanze war zweiundzwanzig Zoll hoch, hatte einen dicken, holzigen Stengel, der den Hals der Wasserkaraffe ausfüllte. Der Stengel hatte neunundzwanzig Blätter, die im Durchschnitt 2 bis 2,5 Zoll breit und 7,5 Zoll in ihrer größten Ausdehnung lang waren. Jedes Blatt war glatt und glänzend, auf den ersten Blick den Lorbeerblättern ähnlich, wie wir überhaupt anfangs annahmen, dass es ein Lorbeer sei. Die faserigen Wurzeln schienen ganz natürlich im Sand zu wachsen.

Wir photographierten anschließend die Pflanze in der Wasserflasche. Nebenbei bemerke ich, dass es uns unmöglich war, sie aus der Karaffe herauszunehmen, da der viel zu enge Hals die Wurzeln nicht hindurchließ. In der Tat füllte der verhältnismäßig schlanke Stengel die Öffnung vollständig aus. Die Pflanze hieß, wie wir erfuhren, „*Ixora crocata*“ und war in Indien einheimisch.

Wie kam die Pflanze hierher? Wuchs sie in der Flasche? War sie von Indien in einem entmaterialisierten Zustand gebracht und im Séance-Zimmer wieder materialisiert worden? Dies waren die Fragen, die wir uns gegenseitig erfolglos stellten. Wir erhielten keine befriedigende Erklärung. Entweder konnte Yolande sie nicht geben, oder sie wollte es uns nicht sagen. Soweit wir urteilen konnten – und die Ansicht eines professionellen Gärtners stimmte mit der unseren überein –, war die Pflanze augenscheinlich einige Jahre alt.

»Ixora Crocata« hervorgerufen für Mr William Oxley aus Manchester in einer Séance, gehalten am 4. August 1880. (*Nach einer Photographie*).

Wir konnten sehen, wo andere Blätter gewachsen und abgefallen waren, ebenso die Narben, die längst geheilt und verwachsen zu sein schienen. Dennoch war jeder Beweis vorhanden, zu zeigen, dass die Pflanze sich im Sand in der Flasche entwickelt haben musste, da sich die Wurzeln in ganz natürlicher Weise um die innere Fläche des Glases wanden. Alle Fasern waren vollkommen und ungebrochen, als ob sie in diesem Gefäß entkeimt und niemals gestört worden waren. Die Pflanze hatte nicht in die Flasche hineingesteckt werden können, aus dem einfachen Grund, weil es unmöglich war, die großen, faserigen Wurzeln und den unteren Teil des Stengels durch den Hals der Flasche hineinzuzwängen, welche zerbrochen werden musste, um die Pflanze herauszunehmen."

Mister Oxley sagt in seinem Bericht, den er später veröffentlichte: „Ich ließ die Pflanze am nächsten Morgen photographieren, brachte sie anschießend mit mir heim und stellte sie in meinem Gewächshaus unter die Pflege des Gärtners. Sie lebte drei Monate und schrumpfte dann zusammen.

Ich behielt die Blätter, verschenkte die meisten außer der Blüte und den drei obersten Blättern, die der Gärtner abschnitt, als er die Pflanze in Obhut nahm, und diese habe ich jetzt noch unter Glas gut erhalten, denn sie zeigen bis jetzt keine Anzeichen von Entmaterialisation. Vor der Erschaffung oder Materialisation dieser wunderbaren Pflanze, der „Ixora crocata", brachte mir Yolande eine Rose mit einem kurzen Stiel, der nicht länger als ein Zoll lang war. Ich steckte die Blume an meine Brust. Da fühlte ich, dass etwas hervordrang, und als ich sie herauszog, sah ich, dass nun zwei Rosen daran waren. Daraufhin befestigte ich sie wie zuvor, und als ich sie am Schluss unserer Zusammenkunft wieder hervornahm, hatte sich zu meinem Erstaunen der Stengel auf sieben Zoll verlängert, an dem sich drei vollerblühte Rosen und eine Knospe, sowie mehrere Dornen befanden. Diese Rosen brachte ich nach Hause und behielt sie, bis sie welkten. Die Blätter fielen ab, und der Stengel vertrocknete, ein Beweis für ihre Materialität und eigene Lebenskraft."

Farrenblätter, hervorgerufen in einer Séance am 12. April 1880.
Das schmale Stück zur Linken wurde als Muster dem Geiste
ausgehändigt, und die beiden Blätter zur Rechten
wurden hervorgerufen auf das Ersuchen eines Teilnehmers.
(Zu vergleichen folgende Photographie-Kopie).

Farrenblätter, hervorgerufen in einer Séance am 12. April 1880.
Nachdem zwei Farrenblätter auf des Teilnehmers Ersuchen hervorgerufen worden waren, wurde ihm das obige auch durch den Geist überreicht.
(Zu vergleichen vorhergehende Photographie-Kopie).

Pflanzen, hervorgerufen in einer Séance am 8. März 1890.
(*Nach einer Photographie*).

Pflanzen, hervorgerufen in einer Séance am 8. März 1890.
(*Nach einer Photographie*).

Die Erdbeerpflanze mit Früchten und Blüten, hervorgerufen in einer Séance. Die reifen Früchte wurden zum Teil von den Anwesenden genossen.

Dies war nur eine von Yolandes geschickten Darbietungen. Aber sie genügt, um zu zeigen, wie außerordentlich beeindruckend die Manifestationen waren, die unsere Experimente begleiteten.

Mister Oxley erklärte uns nach Ende der Séance, dass ihm ein Exemplar dieser besonderen Pflanze versprochen worden war, um eine Sammlung zu vervollständigen, und dass der Zweck seines Besuches bei uns der gewesen war, diese zu erlangen.

Eine andere Lieblingstat von Yolande war, ein Glas Wasser in die Hand eines ihrer besonderen Freunde zu geben und ihm zu sagen, es zu beobachten. Sie hielt dann ihre schlanken, schmalen Finger über das Glas, und während seine Augen aufmerksam das Wasser betrachteten, bildete sich aus ihm eine Blume, die das Glas ausfüllte. Diese erwies sich nach der Besichtigung meist als ein herrliches Exemplar einer wunderschönen Rose, die zuweilen mehrere Blüten an einem Stiel trug.

Yolandes Entzücken war ebenso groß wie das des begünstigten Freundes, wenn es ihr gelang, ihn zu überraschen. Aber wenn wir versuchten, zu erfahren, wie sie es tat, zuckte sie die Schultern und neigte ihren Kopf zur Seite, als ob sie nicht wusste, was sie sagen sollte. Ich denke manchmal, dass ihr es selbst nicht klar war, wie sie diese herrlichen Blumen hervorbrachte, sondern dass sie nur unter der Aufsicht ihrer geliebten Y-Ay Ali handelte, die, wie sie sagte, alles darüber wusste. Aber Y-Ay-Ali, wenn sie es wusste, behielt diese Kenntnis für sich, soweit es uns betraf. Wenn sie es uns auch erklärt hätte, würden wir vielleicht ebenso wenig fähig gewesen sein, denselben Erfolg wie Yolande hervorzubringen, wie wir es jetzt sind. Aber in jedem Fall blieb der „modus operandi“ dieser wunderschönen Schöpfungen so geheimnisvoll für uns wie zuvor.

Eine andere von Yolandes anmutigen Taten war folgende: Sie bat um einen Krug, füllte ihn halb mit Wasser und hob ihn mit Hilfe eines der Freunde auf ihren Kopf oder auf eine ihrer Schultern. Ihn derart tragend, bewegte sie sich von einem zum anderen – mit dem dunklen Gesicht, den gebräunten Armen, den schneeweißen Gewändern und dem schwarzen, welligen Haar, das über ihre hübschen Schultern und über ihre biegsame Gestalt herabfiel, bot sie ein Bild von orientalischer Grazie und Schönheit. Nachdem sie ihre Freunde begrüßt hatte, pflegte Yolande den Krug von ihrer Schulter zu heben, der alsdann mit Dutzenden der allerschönsten Rosen bis zum Rand gefüllt war, die sie großmütig unter die versammelte Gesellschaft verteilte. Meistens bot sie den Krug dar und ließ die Anwesenden selbst die Rosen herausnehmen. Zuweilen wurden Blumen von einer besonderen Farbe verlangt, die man auch jedes Mal erhielt. Einmal bemerkte jemand zu mir: „Warum fragen Sie nicht nach etwas?" Ich hatte wirklich niemals daran gedacht, etwas für mich selbst zu erbitten. Immer fand ich genügendes Interesse daran, das Tun von Yolande zu beobachten, sobald sich mir zufällig Gelegenheit bot, zu sehen, was vorging. Aber als Yolande diese Bemerkung hörte, sah sie mich fragend an, und ich bat sie, mir eine Rose zu geben - eine schwarze Rose. Das wird sie in Verlegenheit bringen, dachte ich, da ich damals kaum ahnte, dass eine solche Blume existierte.

Sofort tauchte Yolande ihre Finger in den Krug und brachte einen dunklen Gegenstand heraus, der vor Nässe tropfte, und überreichte ihn mir. Es war eine Rose von einer entschieden blau-schwarzen Farbe, dergleichen weder ich noch irgendjemand der dort Versammelten gesehen hatte. Es war ein herrliches Exemplar, obgleich mehr um seiner Seltenheit als um seiner Schönheit willen wertvoll, wenigstens für meinen Geschmack. Diese kleine Aufmerksamkeit von Yolande war auch bemerkenswert, denn sie schenkte mir sehr selten ihre Beachtung. Sie schien mich eher zu ignorieren oder meine Gegenwart im Kabinett als notwendiges Übel anzunehmen.

Es bestand – so kam es mir vor –, eine merkwürdige Verbindung zwischen uns. Ich konnte nichts tun, um ihr Erscheinen unter uns zu erzwingen. Sie kam und ging, soweit ich mir bewusst bin, vollständig unabhängig von meinem Willen. Aber wenn sie kam, war sie, wie ich fand, während ihres kurzen materiellen Daseins von mir abhängig. Ich schien nicht meine Individualität, aber meine Kraft und Bewegungsfähigkeit zu verlieren, und, obgleich ich es damals nicht wusste, einen großen Teil meiner materiellen Substanz. Ich fühlte, dass ich in irgendeiner Weise verändert war, aber die Anstrengung logisch zu denken, beeinflusste auf irgendeine geheimnisvolle Art Yolande und schwächte sie. Je stärker und lebhafter sie wurde, desto weniger Neigung hatte ich zu denken oder zu folgern. Aber meine Empfindungsfähigkeit wurde verstärkt bis zu einem schmerzhaften Ausmaß, nicht in körperlicher Hinsicht, sondern in psychischer. Mein Gehirn wurde anscheinend zu einer Art von Flüstergalerie, wo die Gedanken von anderen Personen körperliche Gestalt annahmen und widerhallten, als wären sie wirkliche, substantielle Gegenstände. Litt jemand, so fühlte ich den Schmerz. War irgendjemand bekümmert oder bedrückt, fühlte ich es sogleich. Freud und Leid machten sich in irgendeiner Weise für mich bemerkbar. Ich konnte nicht sagen, wer unter den versammelten Freunden litt, nur dass der Schmerz vorhanden war und sich in mancherlei Weise in mir wiederholte. Wenn jemand seinen Sitz verließ und damit die Kette brach, wurde mir diese Tatsache in einer geheimnisvollen, aber unverkennbaren Art mitgeteilt.

Zuweilen verursachten mir Yolandes Wanderungen eine unbestimmte Besorgnis. Sie freute sich augenscheinlich über ihren kurzen Aufenthalt in unserer Mitte. Dabei war sie so kühn, trotz ihrer anscheinenden Zaghaftigkeit, dass ich oft von Furcht gequält wurde über das, was sie vielleicht tun würde. Ein unheimliches Gefühl bemächtigte sich meiner, dass jeder Unfall und jede Unvorsichtigkeit von ihrer Seite auf mich zurückfallen könnte, auf welche Weise jedoch, davon hatte ich keine klare Vorstellung. Ich musste dies erst später lernen. Wenn zu irgendeiner Zeit meine Beunruhigung wirklich die Form eines Gedankens annahm, entdeckte ich, dass dies Yolande zwang, ins Kabinett zurückzukehren und zwar immer widerwillig, zuweilen mit einem kindlichen Widerstreben, das zeigte, dass mein Gedanke eine zwingende Macht über ihr Tun ausübte, und dass sie nur zu mir zurückkam, weil sie es nicht anders konnte.

Kapitel XX.
Zahlreiche Besucher aus dem Reich der Geister

„Der eine ist des anderen Genius,
Doch nun, wer ist von beiden echter Mensch,
Und wer Erscheinung? Wer entziffert sie?“
Shakespeare, „Die Komödie der Irrungen“. V. Akt, Szene 1

Unsere Besucher aus dem Geisterreich blieben keinesfalls auf Walter, Yolande, Ninia und Y-Ay Ali beschränkt. Es verging keine Zusammenkunft, ohne dass wir von Angesicht zu Angesicht einen fremden Besucher aus der Welt der Geister sahen.

Zuweilen kehrten sie in die Dunkelheit des Unbekannten zurück und kamen nicht wieder zu uns. Andere erschienen, wurden erkannt und blieben eine Weile bei uns – und verschwanden nur, um wiederzukommen, wenn wir uns das nächste Mal versammelten. Wie oftmals habe ich Gott gedankt für diese wunderbare Gabe, die mich befähigte, schmerzerfüllten Herzen solchen Trost zu bringen! Und so bitter ich auch durch grausame Verfolgungen von Seiten unwissender und ungläubiger Menschen gelitten habe, ich danke Gott dennoch.

Eines Abends wurden wir überrascht durch die plötzliche Erscheinung eines jungen Matrosen, der in seine blaue Uniform mit goldenen Litzen und Knöpfen gekleidet war und seine Mütze mit den Marineabzeichen auf dem Kopf trug. Ich sah ihn, wie das Licht auf ihn fiel, als er die Vorhänge teilte und aus dem Kabinett hinausging. Seine Erscheinung rief Erstaunen in mir hervor, weil sie so vollkommen einer irdischen Person ähnlich war, dass ich nicht denken konnte, es wäre ein Geist. Ich hatte jedoch keine Zeit gehabt, meine Gedanken zu sammeln, als ich einen Aufschrei und Ausrufe der Freude hörte, die das Resultat hatten, dem Gebet, das unser guter Mister H. hielt, ein Ende zu bereiten. Ich sah nichts, ich konnte nur lauschen.

Aber man erzählte mir nachher, dass die Szene, die dem Eintritt des Matrosenknaben in den Zirkel folgte, sehr ergreifend war. Er war auf eine Dame zugegangen, die am weitesten entfernt von ihm gesessen hatte, und diese, ihren verlorenen Sohn erkennend, stürzte ihm entgegen, um ihm auf halbem Weg zu begegnen. Er schlang seine Arme leidenschaftlich um ihren Hals, und so standen sie zusammen in inniger Umarmung. Es waren nur wenige unter uns, die nicht Tränen der Rührung für die Mutter und den Sohn vergossen, die sich auf so wunderbare Art wiederfanden.

„Es ist mein Sohn, mein Alfred!", sagte die Dame, „mein einziges Kind, das ich niemals wiederzusehen glaubte. Er hat sich nicht verändert, er ist nicht größer, nicht stärker, in keiner Weise anders. Der kleine Schnurrbart, auf den er so stolz war, ist gerade so wie er war, als ich ihm zum letzten Mal Lebewohl sagte, als er die Reise antrat, von der er niemals zurückkehrte. Er ist ganz und gar mein Junge, und niemand anders ist es! Nichts in der Welt kann diese große Tatsache ändern oder diesen Trost von mir nehmen, dass mein Junge noch lebt und mich liebt, wie er es immer getan hat."

Unter den vielen kranken Personen, die um die Hilfe unserer Geisterfreunde nachsuchten, war Mister Hugh Biltcliffe aus Gateshead, ein persönlicher Freund von Mister und Mistress F. Leider hörten wir von seiner Krankheit zu spät, um mehr tun zu können, als ihm seine letzten Stunden schmerzfreier zu gestalten, und zum Kummer einer großen Zahl von Freunden ging er ein in das jenseitige Land, wenige Tage später, nachdem uns die erste Nachricht von seiner Krankheit erreicht hatte. Seine Witwe und seine Kinder waren untröstlich. Er war ein Spiritualist gewesen, aber hatte niemals irgendeinen aktiven Anteil an der Verbreitung seines Glaubens genommen, obgleich er sich sehr für alle Bewegungen interessierte, welche die allgemeine Volksbildung und dessen Wohl betrafen. Die Tätigkeiten der Abstinenzbewegung waren sein besonderes Arbeitsfeld. Seine Frau, obgleich sie seine Ansichten teilte, zeigte wenig Interesse an den Experimenten, mit denen wir uns beschäftigten, und in der Tat sah ich sie nach dem Tod ihres Mannes nur noch selten. Ich hatte keinen von beiden bis kurz vor seinem Dahinscheiden gekannt, wo er sehr abgemagert und verändert in seiner Erscheinung war, so dass ich über sein früheres Aussehen gar keine Vorstellung besitze.

Mistress Biltcliffe kam einige Monate nach dem Tod ihres Mannes in Begleitung von Mister und Mistress F. zu einer unserer Abendversammlungen, und was folgte, will ich mit den Worten von Mister F. wiedergeben, der später eine schriftliche Bestätigung der Ereignisse veröffentlichte, die Mistress Biltcliffe und zwei andere Damen, die auch seiner dabei zugegen waren, unterzeichnet hatten.

Er schreibt: „Mister Hugh Biltcliffe, ein geschätzter Freund von mir, starb vor ungefähr zwölf Monaten. Er war ein wohlbekannter Mann in Gateshead, nahm tätigen Anteil an der Abstinenzbewegung und stand einige Jahre einer Sonntagsschule vor. Beide, er und seine Frau, Mistress Isabella Biltcliffe, waren Spiritualisten, aber sie hatten niemals einer derartigen Séance beigewohnt, wie ich sie hier beschreiben will.

Als die Séance, wie wir dachten, ihrem Ende zuschritt, da erschien in der Öffnung der Vorhänge ein stattlicher, großer, wohlgestalteter Mann mit dunklem Backenbart und Haar, in lange, weiße Gewänder gekleidet. Seine ganze Erscheinung war majestätisch und edel. Ich erkannte in ihm augenblicklich meinen Freund Biltcliffe. Am bemerkenswertesten dabei ist die Tatsache, dass nicht nur ich ihn wiedererkannte, sondern seine Frau, meine Frau und eine andere anwesende Dame. Alle erkannten ihn sogleich, als er erschien. Außer diesen Personen waren es zwei entfernt sitzende Herren, die den Namen meines Freundes nannten und fragten, ob sie recht hatten. So erkannten ihn vier Personen, ohne darüber den geringsten Zweifel zu hegen, während die anderen beiden, augenscheinlich ihn kennend, etwas unsicher waren, ob sie tatsächlich der Wahrnehmung ihrer Sinne glauben konnten. Er kam in meine Nähe und streckte seinen Arm aus, um mir die Hand zu geben. Seine Hand, etwas größer als meine, war warm, weich und natürlich. Sein Händedruck war fest und kräftig, ganz so, wie er es während seines irdischen Lebens gewesen war, und ich interpretierte sein herzliches Erfassen meiner Hand als einen Ausdruck des Dankes für kleine Dienste, die ich ihm während seiner Krankheit erwiesen hatte.

Zehn Tage später besuchte uns bei einer Zusammenkunft Mistress Biltcliffe mit ihren zwei kleinen Töchtern, der dreizehnjährigen Agnes und der etwa sieben bis acht Jahre alten Sarah. Wieder kam mein Freund und zeigte sich uns, damit dass er, obgleich wir ihn ins Grab gelegt hatten, noch ebenso lebendig war wie wir, und er war eifrig bestrebt, die Tatsache zu bezeugen, dass es keinen Tod gibt.

In dem Augenblick, als er vor uns erschien, lief seine kleine Tochter Sarah, ein aufgewecktes, intelligentes Kind, zu ihm hin, und er nahm sie in die Arme und küsste sie. Sie klammerte sich an ihn, als ob sie sich niemals wieder von ihm trennen wollte, und sie musste von ihrer älteren Schwester weggenommen werden, die ihren Vater auch umarmte und küsste. Viele, viele Fragen stellten sie dann an uns, solche wie: ‚Woher hat er all die weißen Gewänder bekommen, mit denen er bekleidet war? Was tat er mit den Kleidern, als er fortging? Wie kam er ins Zimmer? Ob ich ihn erkannte? Ja, ich erkannte ihn. Denkt ihr, dass ich meinen Vater nicht kenne? Wie sonderbar es ist! Er ist tot, wie ihr wisst, und doch ist er lebendig. Wie ist das möglich?'

Diese und einige hundert andere Fragen und Bemerkungen bereiten klügeren Köpfen als den ihren Kopfzerbrechen, aber der Weiseste würde nicht imstande gewesen sein, sie glauben zu machen, dass sie nicht wirklich ihren Vater gesehen und umarmt hatten, der für sie länger als ein Jahr tot gewesen war."

Ich will noch einen anderen Fall ähnlicher Art erwähnen, der mich interessierte, weil ich mit all den daran Beteiligten persönlich befreundet war. Ein älterer Herr meiner Bekanntschaft gehörte seit vielen Jahren zu den Spiritualisten. Seine Frau, die nicht im Geringsten mit seinen Lebensanschauungen übereinstimmte, starb um diese Zeit. Ich hegte nicht dieselbe freundliche Gesinnung für sie wie für ihn, weil, wenn ich hin und wieder ihr Heim besuchte, ihre scharfen Reden mich ziemlich unangenehm berührten, und ich bedauerte den armen Mann, der, wie ich fürchtete, seine Studien nur unter ungünstigen Umständen, die mir fremd waren, fortsetzen konnte.

Jedoch, starb sie, und es überraschte mich ein wenig, wahrzunehmen, wie sehr ihr Verlust meinen alten Freund schmerzlich berührte. Einige Tage nach dem Begräbnis kam er ins Séance-Zimmer, ohne die Absicht zu haben, der Sitzung beizuwohnen. Aber weil er nun einmal da war, so blieb er auch. Sein Kummer hatte mich sehr betrübt, und ich freute mich deshalb über sein Bleiben, da ich glaubte, dass er dadurch an etwas anderes denken würde als an sein gegenwärtiges Leid. Ich weiß nicht mehr genau, was sich am Anfang der Séance ereignete, aber ich erinnere mich deutlich, dass die Vorhänge mit einem Ruck zurückgezogen wurden, wodurch das Licht voll auf die Gestalt von Mistress Miller fiel. Obwohl ich zu dieser Zeit schon an alle Arten von unglaublichen Dingen gewöhnt war, raubte mir die Verblüffung fast den Atem. Da konnte kein Irrtum möglich sein! Jeder ihrer Züge, jede ihrer Bewegungen waren ihr eigentümlich. Sie wurde augenblicklich von mehreren ihrer Bekannten wiedererkannt.

Ihr Mann, vor innerer Rührung beinahe überwältigt, wollte sie umarmen, aber sie wandte sich von ihm, wobei sie scharf fragte: „Was hast du mit meinem Ring getan?“ Ein Donnerschlag hätte uns nicht mehr erschrecken können als diese Frage. „Meine Liebe“, antwortete der arme Mann, „ich habe nichts mit deinem Ring getan. Ist er nicht an deinem Finger?“, und er brach beinahe in Schluchzen aus, während Mistress Miller ins Kabinett zurückging, aus dem sie herausgekommen war. Mister Miller schien sehr betrübt über ihren augenscheinlichen Unwillen zu sein. Er erzählte uns, seine Frau habe vor ihrem Tod gesagt, dass zwei Ringe, die sie immer trug, nicht entfernt werden sollten, wenn sie stürbe, und er versprach ihr, diesen Wunsch zu befolgen. Mehr als dies wusste er nicht, noch verstand er im Geringsten ihre Bemerkung. Ich glaube, er fühlte auch nicht die Unfreundlichkeit ihrer Behandlung, aber ich bin überzeugt, die meisten von uns waren mehr oder weniger empört, dass dieses liebende, trauernde Herz unbeachtet und gekränkt wurde um eines Ringes willen, mochte dieser noch so wertvoll sein.

Später sagte uns Mister Miller, er habe nach seiner Rückkehr zu Hause seine Tochter über die Ringe befragt und von ihr erfahren, dass sie diese, da sie den Wunsch ihrer Mutter nicht kannte, kurz vor dem Begräbnis entfernt hatte, weil sie dachte, ihr Vater würde sich später freuen, die Ringe zu besitzen. Dies also erklärte die scharfe Frage, mit der Mistress Miller ihrem Mann begegnete. Sie kam mehrere Male wieder und tauschte Grüße mit ihren Freunden aus.

Aber ich glaube, sie überwand niemals ihr Vorurteil gegen den Spiritualismus und machte nur Gebrauch von unseren Versammlungen, wenn sie einen Zweck dadurch erreichen wollte. Sich selbst zum Trotz, war die bloße Tatsache ihrer Erscheinung jedoch ein genügendes Zeugnis zu Gunsten des Themas, das sie verachtete, denn alle, die sie gekannt hatten – und deren waren nicht wenige – erhielten überzeugende Beweise, dass Mistress Miller ganz zweifellos am Leben war und sich weder in der Erscheinung noch in ihrem Charakter verändert hatte.

Beim Studium dieser Manifestationen erfährt man in seinen orthodoxen Ideen über die Einwohner der himmlischen Sphären einige ernstliche Erschütterungen. Soweit ich es beurteilen konnte, stimmten keine unserer Geisterbesucher mit meiner vorgefassten Idee über engelhafte Wesen überein, mit Ausnahme vielleicht von Y-Ay Ali. Sie schienen so irdisch zu sein wie zuvor in ihrem Leben, und ein anderer Vorfall, bei dem eine lange Unterhaltung zwischen einem Besucher des Séance-Zimmers und einem Geist stattfand, gab mir Stoff zum Nachdenken für sehr lange Zeit.

Es war die gewohnte wöchentliche Zusammenkunft. Zwei Fremde, Freunde eines der Mitglieder, waren durch allgemeine Zustimmung eingeladen worden, an der Séance teilzunehmen, als ein Geist erschien, ein großer, wohlgestalteter Mann, mit schwarzem Haar, schwarzem Schnurr- und Backenbart, mit einer ziemlich hohen und breiten Stirn. Da er uns anscheinend unbekannt war, fragten wir, ob irgendjemand hier sei, wegen dem er kam, und die Gestalt gab uns zu verstehen, dass sie einen der fremden Herren kannte, die zugegen waren. Dieser Herr wünscht nicht, dass sein Name veröffentlicht wird, und ich will ihn deshalb in der Wiedergabe der Unterhaltung mit dem Buchstaben B. bezeichnen.

Mister B.: „Wer ist es? Ist es Phillips?“
Geist: „Nein.“
Mister B.: „Ist es Lynch?“
Geist: „Ja, Emmanuel Lynch.“

Mister B.: „Ich dachte gar nicht an Emmanuel. Es war Frank, dessen ich mich erinnerte. Er starb auf See."
Geist: „Nein, ich fand meinen Tod nicht in den der Meereswogen. Ich starb an der Schwindsucht."
Mister B.: „Ja, das ist richtig. Ich meinte, Frank starb auf See, aber Emmanuel starb in Hartlepool."
Geist: „Ja, in Old Hartlepool. Wissen Sie, ob mein Vater und meine Mutter noch leben? Und lebt meine Frau noch? Wann, sagten Sie, dass Frank starb? Lebt Ralph noch? Auf welchem Schiff war ich, als Sie mich zuletzt sahen?"
Mister B.: „Ich weiß nicht, wie das Schiff hieß, aber es war ungefähr im Jahr 1867. Ich kann Ihre anderen Fragen nicht mit Bestimmtheit beantworten, da ich seit längerer Zeit nicht in Hartlepool war."
Geist: „Ich möchte die alten Leute gern noch einmal sehen oder wissen, ob sie ihre Welt verlassen haben. Der alte Mann war sehr krank, ehe ich starb, aber dies war nichts Neues für ihn. Wenn man bedenkt, dass er und die Mutter so kräftig waren, und wir Jungs starben alle – neun von uns an Schwindsucht."
Mister B.: „Ich habe gehört, dass es neun Knaben waren, aber Emmanuel und Frank waren die einzigen, die ich kannte."
Geist: „Ich möchte wissen, ob Kate, meine Frau, wieder verheiratet ist, aber das schadet nichts. Kannten Sie Brough, den Obermaat?"
Mister B.: „Nein, ich kannte den Obermaat nicht."
Geist: „Kannten Sie den alten Kapitän Wynn?
Mister B.: „Ja, er lebt noch, ich sprach heute mit ihm."
Geist: „Diesen meine ich nicht. Er lebte in Poplar in London. Er starb lange vor mir. Er ist jetzt hier und wünscht eine Botschaft an seine Frau zu schicken. Er möchte wissen, ob sie wieder verheiratet ist oder ihn vergessen hat. Denn wenn sie dies getan hat, will er sie nicht behelligen."
Mister B.: „Ich weiß ihre Adresse nicht."
Geist: „Schreiben Sie an John Fennick, 44 Coal Exchange, London. Er wird Ihnen Mistress Wynns Adresse geben. Fragen Sie Emily M., ob sie sich an Manny Lynch erinnert. Sie wollte mich heiraten."
Mister B. (zum Kreis): „Manny Lynch, ja wir pflegten ihn Manny zu nennen. Er ließ seine Büste von einem Bildhauer anfertigen, als er auf dem Mittelmeer war."
Geist: „Ja, Jack Rogers ließ seine auch anfertigen und gab sie für die Garibaldis aus."
Mister B.: „Lebt Jack Rogers noch?"
Geist: „Er verließ mich und segelte ab auf dem Schiff ‚Iron Age', das unterging. Ob er ertrank, kann ich nicht sagen."

Mister B.: „Ich kenne den Namen des Schiffes ‚Iron Age', aber ich wusste nicht, dass Jack Rogers darauf war. Haben Sie Kapitän W. Y. kürzlich gesehen?"
Geist: „Nein, ich hörte etwas über ihn zu der Zeit, als ich krank wurde, aber ich kann mich nicht erinnern, was es war. Ist er tot?"
Mister B.: „Ja."
Geist: „Er war ein wirklich vorzüglicher Mensch. So auch M. Bringen Sie diesem meine Empfehlungen, und sagen Sie ihm, dass ich mich über eine Unterhaltung mit ihm freuen würde. Richten Sie an Emily meine herzlichen Grüße aus. – Es tut mir leid, dass ich nicht alle beide zufriedenstellen konnte. Kommen Sie nur oft hierher, und wir wollen über alte Zeiten und alte Kameraden plaudern."

Ich sah den Fremden niemals wieder, aber ich hätte gerne gewusst, welche Vorstellungen er über den Himmel nach dieser Unterhaltung haben mochte. Emmanuel Lynch interessierte sich, soweit ich es beurteilen konnte, noch ebenso sehr für die Dinge, die sein irdisches Leben betrafen, wie er es immer getan hatte. Sein Freund erzählte uns, Emmanuel oder Manny Lynch sei ein Ingenieur an Bord eines Dampfers gewesen und es gäbe keinen Schatten eines Zweifels darüber, dass der Geist sein eigenes Selbst und kein anderer war. Sie waren beide, der Besucher und der Geist, vollkommen Fremde für mich und für die meisten unseres Kreises, und diese Unterhaltung, die, ohne Argwohn zu erregen, unter zwei irdischen Freunden stattgefunden haben könnte, die sich nach Jahren der Trennung wiedersahen, fiel uns als etwas Unheimliches, Grauenerregendes auf. Wir dachten, dass Geister nicht solche Fragen zu stellen brauchten, wie es Emmanuel Lynch getan hatte. Aber er präsentierte sich wie jemand, der auf einer langen Reise gewesen und begierig zu wissen war, welche Veränderungen sich während seiner Abwesenheit ereignet hatten.

Eines Abends, während ich ruhig im Kabinett saß, auf die Gesprächsfetzen achtend, die außerhalb zirkulierten, vernahm ich einige Worte, dicht an meinem Ohr gesprochen, die mich aufschreckten und mich veranlassten, eine aufrechte Position anzunehmen, um aufmerksamer lauschen zu können. Ich nahm wahr, dass jemand nahe des Kabinetts französisch sprach, und ich merkte, dass die Worte an eine Geistergestalt gerichtet waren, die zwischen der Öffnung der Vorhänge stand. Ich hatte sie dem Licht entgegen herausgehen sehen, aber die besondere Mattigkeit, die ich in mir fühlte, während sich diese Gestalten manifestierten, hinderte mich, den

Bewegungen aufmerksam zu folgen. Ich erwachte daher, als ich hörte, wie Worte in einer fremden Sprache an die Geistergestalt gerichtet und von ihr beantwortet wurden, mit einem Gefühl von etwas Neuem, das vor sich ging, und die Worte *„Ma petite, ma fille!“*, erregten eine solch starke Neugier in mir, dass ich das unwiderstehliche Verlangen empfand, die sprechende Person zu sehen.

Ich erhielt die Erlaubnis, meinen Platz im Kabinett zu verlassen, und als ich schwach und angestrengt außerhalb der Vorhänge dahin ging, wo die weißgekleidete Gestalt stand, kam ich Angesicht zu Angesicht mit – mir selbst! – Zumindest schien es mir so zu sein. Die Gestalt war ein wenig höher, ein wenig breiter, das Haar länger, das Gesicht und besonders die Augen größer, aber als ich in das Antlitz blickte, hätte ich mein eigenes Spiegelbild betrachten können, so groß war die Ähnlichkeit.

Sie legte ihre Hände auf meine Schultern, und während sie mich aufmerksam betrachtete, flüsterte sie: *„Mignonne, ma petite.“* So erfreut ich war, von Angesicht zu Angesicht eine liebe, aber bisher unbekannte Angehörige zu sehen, überwog doch das Gefühl von erstaunter Verwirrung jede andere Empfindung. Ich konnte nicht sagen, dass ich sie erkannte, denn meine Augen hatten nie zuvor bewusst auf ihr geruht. Doch hegte ich an der Wirklichkeit ihrer Person keinen Zweifel, obgleich die merkwürdige Ähnlichkeit mit mir selbst befremdlich war. Ich hatte niemals gehört, dass ich ihr irgendwie ähnlich sei, und ich wusste niemanden unter den Lebenden, der sie gekannt hatte und bei dem ich mich hätte erkundigen können. Sie, die uns später unter der Bezeichnung „die französische Dame“ bekannt wurde, war eine von unseren sehr wenigen Besuchern aus der Geisterwelt, die fähig schien, sprechend mit uns zu verkehren, während die Mehrzahl von ihnen sich durch Zeichen oder Gebärden verständlich machte, wenn sie Fragen beantworteten, die an sie gestellt wurden. Obgleich sie, wie wir alle wussten, meine besondere Freundin war und hauptsächlich um meinetwillen zu uns kam, schenkte sie mir weniger Aufmerksamkeit als den anderen Mitgliedern unseres Kreises.

Vielleicht hinderte sie die besondere Stellung, die ich in den Séancen einzunehmen hatte, mir ihre Zuneigung zu bezeugen, da sie fand, dass, wenn irgendetwas meine Gedanken besonders beschäftigte oder mein Interesse erweckte, dies ein Abnehmen ihrer Kraft verursachte, während sie in unserer Mitte weilte. Wie dem auch sein mochte, sie erwies den anderen des Kreises viel mehr Aufmerksamkeit, insbesondere Mister F., der zufällig der einzige Anwesende war, der sich mit ihr in ihrer Muttersprache unterhalten konnte.

Sie wurde ein oft wiederkehrender Besucher, da sie Vergnügen an unserer Gesellschaft zu finden schien. Merkwürdigerweise nahm sie schnell von einem oder zwei unseres Kreises Notiz, die römisch-katholisch waren, und sie fühlte sich im Umgang mit ihnen anscheinend wohler als mit den anderen. Bei einer Gelegenheit beschenkte eine dieser Katholikinnen unsere „französische Dame" mit einem Rosenkranz, an dem eine kleine Medaille befestigt war, von der sie, wenn ich mich recht erinnere, sagte, dass sie vom Papst gesegnet worden sei. Die „französische Dame" nahm die Perlen, und während sie die Medaille schnell davon ablöste, ging sie durchs Zimmer zum Kamin, wo ein Feuer brannte, und ließ die Medaille absichtlich hineinfallen zum Entsetzen der Dame, die sie ihr gegeben hatte. Da man fragte, welchen Grund sie hatte, dies zu tun, antwortete sie kühl, dass die Medaille der Läuterung bedürfe. Als die Medaille später in der Asche gefunden wurde, war sie glänzend und rein. Bei ihrem nächsten Kommen wurde ihr die Medaille angeboten, und nachdem sie diese genau betrachtet hatte, erlaubte sie, dass man diese wieder an dem Rosenkranz befestigte, der dann für ihren Gebrauch behalten wurde und der ihr lieb zu sein schien.

Für eine ganz lange Zeit war sie ein niemals ausbleibender Besucher unserer Séancen. Ihre große Ähnlichkeit mit mir bildete immer eine Quelle des Staunens und des Gesprächs. Einzeln wurden wir häufig aus Versehen eins für das andere gehalten. Wenn wir zusammenstanden, waren die kleinen Unterschiede, von denen ich gesprochen habe, ersichtlich und bemerkbar. Bei einer Gelegenheit jedoch war ein Geistlicher der Kirche von England zugegen. Wir, die „französische Dame" und ich, standen Seite an Seite, als sie ihm die Hand zum Gruß hinhielt. Er blickte erst die eine von uns und dann die andere an, wurde schließlich verwirrt und nervös, als er die beiden, die sich so ähnlich waren, sah, so dass er nicht wusste, wer der

Geist und wer ich war. Anstatt ihre dargebotene Hand zu nehmen, erfasste er die seines nächsten Nachbarn und – streckte diese dem Geist entgegen.

Kapitel XXI.
Eine bittere Erfahrung

„Erfahrung ist ein harter Schulmeister."
Carlyle

Ich habe ein wenig gezögert, ob ich die Geschichte der bitteren Erfahrung erzählen soll oder nicht, die ich und unser Kreis durchzumachen hatte und deren Folgen jahrelanges Leiden, sowohl psychisch als auch körperlich, insbesondere für mich waren. Aber da dies eine getreue Wiedergabe von einem Teil meiner Arbeit und Erfahrung ist, habe ich das Gefühl, dass ich es nicht zurückhalten darf.

Die wertvollsten Lehren im Leben sind oftmals solche, die uns die meisten Leiden verursacht haben, und obgleich ich über den unverschuldeten Schmerz, den ich während dieser Zeit erlitt, bitter grollte, hat die Lehre, die ich daraus gezogen habe, mein Verständnis für die Geheimnisse der Geisterphänomene geöffnet, besser, als es eine Lebenszeit voller Erfolge getan haben könnte. In der Tat hatte der Erfolg, der unsere Experimente begleitete, in vieler Hinsicht zum Großteil mich und vielleicht alle von uns blind gemacht für die zarte Natur der Bedingungen, die notwendig sind, die Manifestationen hervorzubringen. Uns selbst unbewusst, oder vielleicht durch Eingebung, nicht wissend warum, hatten wir viele der für den Erfolg notwendigen Mittel etabliert, und das Ergebnis schien die Vorstellung zu rechtfertigen, dass wir nur unsere Energie zu aktivieren brauchten, um alle Phänomene zu erlangen, die wir wünschten. Wie diese Dinge hervorgerufen wurden, war etwas, das wir nicht vorgaben zu verstehen. Wir wussten, dass die Gegenwart mancher Personen günstig war und die von anderen nicht, auch dass Wetterextreme nicht vorteilhaft wirkten. Ein Gewittersturm war nachteilig und eine garantierte Verhinderung guter Resultate, aber außer diesen ganz elementaren Regeln hatten wir, glaube ich, keine positiven Erkenntnisse erlangt. Wir tasteten uns im Dunkeln voran, und den Erfolg, den wir hatten, verdankten wir augenscheinlich mehr einer

Reihe von glücklichen Zufällen als einer wissenschaftlichen Erkenntnis von dem, was erforderlich war, um ihn hervorzubringen.

Gerade unser Erfolg bildete eine Quelle der Gefahr für uns. Ich habe bereits von dem unbestimmten Gefühl der Beunruhigung gesprochen, das Yolandes Handlungen mir verursachten. Obgleich ich sie als eine vollkommen frei und unabhängig Handelnde ansah, keiner irdischen Autorität verantwortlich, konnte ich mich niemals einer Art von Besorgnis ihretwegen erwehren. Ich empfand etwas Ähnliches wie das, was eine Mutter fühlt, wenn ihr Kind aus dem Bereich ihrer Aufsicht gelangt und sie fürchtet, dass es die Linie überschreiten könne, von der sie annimmt, dass sie die Grenze der Schicklichkeit bezeichnen soll. Ich glaube nicht, dass meine Besorgnis jemals in Worten zum Ausdruck kam. Tatsächlich wusste ich nicht, wovor ich mich fürchtete.

Meine Freundin, Mistress F., schickte sich an, England zu verlassen, und ich hatte beschlossen, sie zu begleiten. Die Abfolge der Séancen – bei weitem nicht die erste Reihe – näherte sich dem Abschluss, und ich plante meine Abreise für die Zeit nach ihrer Vollendung. Die Anstrengung der Arbeit fing an, sich bei mir bemerkbar zu machen, und ich sah der Aussicht auf eine lange Ruhe mit großer Freude entgegen. Wir waren mit dem Einpacken unserer Besitztümer, der Haushaltseinrichtung, der Bilder, Porzellansachen und dergleichen beschäftigt gewesen und fühlten uns völlig ermüdet durch die ungewohnte Arbeit. Nachdem wir die letzte Wagenladung sicher an Bord des Schiffes, das diese zu unserer nordischen Heimat tragen sollte, gesehen hatten, gingen wir in das Haus des Freundes, mit dem wir die wenigen Tage zu verleben gedachten, die vergehen mussten, ehe wir England verlassen konnten. Ich würde viel darum gegeben haben, hätte ich mich zeitig zur Ruhe zurückziehen können, statt in einer Séance zu sitzen. Aber da mich alle erwarteten, blieb mir nichts anderes übrig, als meinen gewohnten Platz unter meinen Freunden einzunehmen, und ich versprach mir ein Ausruhen und Schlummern im Kabinett.

Die ungewohnte Arbeit, die Sorge, welche die Vollendung der verschiedenen Obliegenheiten begleitete, das Fertigstellen von Gemälden, ein Bazar, für den ich allerhand Skizzen versprochen hatte, das Abstatten und Entgegennehmen von Besuchen, meine kranken Pfleglinge, die ich ungern verließ, dazu noch der Umzug unseres Haushalts, hatten mir mehrere schlaflose Nächte und sorgenvolle, angestrengte Tage bereitet, sodass ich an diesem Abend nicht das geringste Interesse am Tun der Geister hegte, und ich hoffte nur, dass sie mich diesmal nicht sehr lange hier aufhalten würden. Dabei dachte ich, dass, wenn ich endlich zu Bett kommen könnte, ich dort bis zum Mittag des nächsten Tages bleiben würde.

Ich weiß nicht, wie lange Zeit während der Séance verstrichen war, ich weiß nur, dass Yolande ihren Krug auf ihre Schultern nahm und außerhalb des Kabinetts weilte. Was sich eigentlich ereignete, sollte ich später erfahren. Alles, was ich wusste, war eine schreckliche, qualvolle Empfindung, als wenn ich zusammengeklappt und zusammengequetscht würde. Ähnlich, denke ich, müsste sich eine hohle Guttapercha-Puppe[15], fühlen, wenn sie Empfindungsvermögen hätte und sie ein kindlicher Eigentümer heftig umarmt.

Ein Gefühl des Entsetzens und furchtbaren Schmerzes kam über mich, als ob ich den Halt des Lebens verlor und in irgendeinen grauenhaften Abgrund fiel, jedoch nichts wissend, nichts sehend, nichts hörend, außer dem Echo eines Schreis, den ich wie aus der Entfernung vernahm. Ich fühlte, dass ich immer tiefer sank, und wusste nicht wohin. Ich versuchte, mich zu retten, nach etwas zu greifen, aber ich verfehlte es. Und dann kam eine Leere, aus der ich mit einem Schauder des Entsetzens erwachte und dem Gefühl, als wäre ich zu Tode geschlagen. Meine Gedanken schienen wie verweht zu sein, und nur nach und nach konnte ich sie genügend sammeln, um schemenhaft zu verstehen, was geschehen war.

Yolande war erfasst worden, und der Mann, der sie ergriffen hatte, behauptete, dass ich es sei. Dies war es, was mir gesagt wurde. Die Aussage kam mir so außergewöhnlich und unbegreiflich vor, dass ich hätte lachen können, wenn nicht meine vollständige Hilflosigkeit und Schwäche mich unfähig machten, zu denken oder

---

[15] Guttapercha ist eine kautschukähnliche Masse aus dem Saft verschiedener Sträucher. Ursprünglich wurde sie hauptsächlich aus dem Guttaperchabaum gewonnen, nach dem sie benannt ist.

sogar mich zu bewegen. Mir war, als ob nur sehr wenig Leben in mir geblieben sei, und dieses Wenige war eine Qual. Die Lungenblutungen, die mein Aufenthalt in Südeuropa anscheinend geheilt hatte, traten wieder auf, und das Blut erstickte mich fast. Eine ernste, langwierige Krankheit war das Resultat, und unsere Abreise von England verzögerte sich um einige Wochen, da ich nicht transportiert werden konnte.

Die Erschütterung war schrecklich, und was ich schlimmer empfand als die Bestürzung selbst, das war meine vollständige Unfähigkeit, diese zu verstehen. Es fiel mir niemals ein, dass irgendjemand es wagen würde, mich des Betrugs zu bezichtigen. Mein Ruf war, wenigstens nach meinem Dafürhalten, unantastbar. Ich hatte zusammen mit meinen Freunden gearbeitet, zuerst von einem angeborenen Verlangen nach Wissen getrieben und später aus reiner Liebe für die Sache an sich, mit dem Wunsch, sie zu verbreiten.

Die Tat des Mannes, der Yolande ergriffen hatte, bereitete mir weniger Kummer als der rachsüchtige Drang, den ein anderes früheres Mitglied unseres Kreises beseelte. Es war dies ein Künstler von großem Talent, und seine Ratschläge und Winke bezüglich meiner Malerei waren wertvoll für mich. Ich wollte seine Belehrungen in barer Münze bezahlen. Er nahm dies aber nicht an, wobei er mir zu verstehen gab, dass zwischen solchen gleichgestimmten Seelen Geld eine Frage ist, die nicht berührt werden dürfe. Er war mit einigen mir widerstrebenden Ideen einer angeblichen Wahlverwandtschaft zwischen uns erfüllt, die mich veranlassten, seine Gesellschaft zu meiden, und dies, glaube ich, war der Grund für die Veränderung, die er mir gegenüber zeigte, und für die falschen Gerüchte, die er verbreitete.

Er ist jetzt in die andere Welt hinübergegangen und wird dort erkennen, dass man, wenn man seinen Nächsten schädigt, die Aussicht auf das eigene Glück vermindert. Ich habe ihn niemals wiedergesehen, und es tat mir leid, als ich kurze Zeit nachher von seinem Tod in einer Irrenanstalt hörte, wo er, wie ich erfuhr, schon früher zeitweise interniert gewesen war. Ich hatte hiervon nichts gewusst, aber es erklärt viele der besonderen und merkwürdigen Ideen, die er zu verbreiten liebte und die ich unmöglich verstehen konnte.

Ich tadelte den Mann, der die Hauptursache meines Kummers war, nicht allzu sehr. Er achtete die Opfer, die ich brachte, wahrscheinlich für nichtig, für hinfällig die Arbeit, die wir getan und für nichtig die Jahre des Studiums, die uns zu unserer gegenwärtigen Stellung geführt hatten. Er war ein Bilderstürmer, der annahm, er täte wohl daran, wenn er die falschen Götter, als die er sie betrachtete, zerstörte. Ich glaubte, dass er wegen seines Verdachts zu entschuldigen ist, wenn ich mich an die außerordentliche Ähnlichkeit zwischen mir und der „französischen Dame" erinnerte, die er häufig gesehen hatte, und dann waren Yolandes unmittelbare Nähe und naive Natürlichkeit und ihre vollständige „Menschlichkeit", wenn ich das Wort gebrauchen darf, zu viel für ihn in seiner Unwissenheit.

Kapitel XXII.
Ein neuer Anfang

„Das sei ferne, dass wir fliehen sollten!
So wollen wir ritterlich sterben . . .
und unsere Ehre nicht lassen zuschanden werden."
1. Macc., Kapitel 9, Vers 10

Die Folge dieses Unglücksfalls war zunächst ein vollständiger Zusammenbruch meiner Gesundheit, dann ein völliges Entsetzen vor der Erwähnung spiritualistischer Phänomene, die meinem Wunsch gemäß ein verbotenes Gesprächsthema für mehrere Jahre bildeten. Jedoch in der klaren Luft und dem Sonnenschein Schwedens, bei dem Leben im Freien und dem Umherschweifen in den Wäldern, beim Segeln auf den Seen und der Arbeit in meinem Garten, beim Reiten oder Fahren dauerte es nicht lange, bis sich mein Gesundheitszustand besserte, obgleich er mehrere Jahre hindurch nicht vollständig wiederhergestellt wurde.

Mit der wiederkehrenden Kraft war es mir möglich, die Niedergeschlagenheit abzuwerfen, die mich bedrückte, und ich grübelte, trotz meines Entschlusses, das Gegenteil zu tun, über das Warum und Weshalb des Unfalls. Da ich mich jedoch lange Zeit in der Mitte eines einfachen, offenen, gottesfürchtigen Volkes befand, dessen Glaube an Gott und die Lehre seiner Bibel niemals erschüttert worden war, zeigte sich glücklicherweise keine Notwendigkeit, meine Kräfte anders zu gebrauchen als sie zur Hilfe der Kranken anzuwenden. In dieser Region von beinahe urwaldähnlichen Waldungen, wo die Hüttenbewohner auf kleinen Flecken von urbarem Land inmitten der Wälder wohnen, weit entfernt von Nachbarn oder vom Verkehr mit der Außenwelt, ist den Leuten ein hartes, armes Leben beschieden, indem sie Roggen anbauen, um ihr Brot zu bereiten, und einige wenige Kartoffeln ernten, für die gesorgt werden muss wie für lebende Wesen, um sie vor dem bitteren Frost des langen Winters zu schützen.

Diese Dinge, Roggen und Kartoffeln, bilden die Hauptnahrungsmittel für die Menschen, und sie sind in der Tat glücklich, wenn ihr Fleckchen Erde genug davon hervorbringt, um ihnen zu ermöglichen, einen Teil zu verkaufen oder einzutauschen gegen Baumwolle oder Wolle, die sie zur Kleidung für die Familie verweben. Die Weberei ist ihre Winterbeschäftigung, wenn die Erde hart gefroren ist. Arm, sehr arm sind sie, aber trotzdem zufrieden, solange sie Gesundheit und Kraft haben. Aber wenn Unglücksfälle oder Krankheiten über sie kommen, dann ist ihr Schicksal wirklich traurig.

Wir hatten viele Menschen zu bedenken und für sie zu sorgen. Es gab zwar einen Arzt, der sie besuchen sollte, wenn sie krank waren, aber er schien sehr wenig Wert auf das Leben seiner Patienten zu legen oder wenigstens auf das Wohlergehen seiner armen Patienten, und wenn an einem unfreundlichen, rauhen Wintertag nach ihm geschickt wurde, zeigte er beträchtlichen Widerwillen beim Aufbruch zu einer langen Schlittenfahrt in der Kälte. Und wenn er, nachdem er alle möglichen Auskünfte über den Patienten eingeholt hatte, den Fall nicht für einen solchen hielt, bei dem es um Leben oder Tod ging, oder wenn es so war, dass die gesellschaftliche Stellung des Patienten nicht wichtig genug war, um ihm infolge der Vernachlässigung Unannehmlichkeiten zu verursachen, entschloss er sich ohne Ausnahme, seinen Besuch bis auf einen schöneren Tag zu verschieben. Ich glaube nicht, dass viele Ärzte diesem Herrn ähnlich sind, aber so war er. Infolgedessen kamen die armen Leute aus vielen Meilen im Umkreis zu uns, um Hilfe bei Krankheit zu suchen, da es bekannt war, dass wir einen Vorrat der einfacheren Hausmittel zur

Hand hatten, was nötig war, da wir mehrere Meilen von der nächsten Stadt entfernt lebten.

Der Kreis meiner Patienten wuchs schnell, und die guten Ratschläge sowie die Hilfe meiner Geisterfreunde wurden fortwährend in Anspruch genommen. Der Arzt verabreichte nach einer Weile ausnahmslos die Arzneien, die sie anrieten. Nicht dass er an Geister glaubte, aber solange ich nicht Gifte verlangte, nahm er freudig meine Diagnosen an und schrieb die von mir gewünschten Rezepte, wohl zufrieden, dass ihm eine ermüdende Reise dadurch erspart blieb.

Merkwürdigerweise gab es nur zwei Todesfälle auf den Besitzungen während unseres Aufenthalts dort vor, und diese betrafen Personen, die vollständig in Behandlung des Arztes gewesen waren. Dies war die einzige Art, auf die ich meine mediumistischen Gaben lange Zeit gebrauchte, bis das wechselhafte Leben mich abermals in Kontakt mit Personen brachte, die dem Studium des Spiritualismus und seiner Phänomene folgten. Es waren meist Studenten der Philosophie des Spiritualismus, die noch nicht selbst irgendwelche praktischen Experimente durchgeführt hatten. Manche von ihnen waren die Freunde, die mir früher mit ihrer Teilnahme geholfen hatten, und ich konnte nicht anders, als ein warmes Gefühl der Dankbarkeit für sie zu hegen, die mir trotz der verleumderischen Gerüchte eine Hand der Freundschaft boten und mich ihres unveränderten Vertrauens versicherten.

Eine Reihe von Séancen wurde veranstaltet, deren Zweck das Photographieren der materialisierten Gestalten bildete, und in diesem Tun waren wir erfolgreich. Eine vollständige Wiedergabe unserer Experimente erschien in der Zeitschrift „*The Medium and Daybreak*“ vom 28. März 1890, und die Photographien, die wir erhielten, wurden in derselben Zeitschrift vom 18. April desselben Jahres wiedergegeben.

Diese Photographien nahmen wir mit Hilfe des Magnesiumblitzlichts auf, und obgleich ich mich sehr für den Erfolg des Experimentes interessierte, wirkte das Licht sehr schädlich auf meine Nerven, die während einer Séance in hohem Maß sensitiv sind. Während dieser Experimente fing ich an, einige besondere Nachwirkungen der Séancen auf ihre wahre Ursache zurückzuführen. Bei unseren Versuchen in dieser Richtung litt ich vom allerersten Anfang an immer mehr oder weniger an Übelkeit und Erbrechen nach einer Materialisations-Séance. Ich hatte mich daran gewöhnt, dies als eine natürliche, nicht zu vermeidende Folge hinzunehmen. Das Übelbefinden zeigte sich immer, außer wenn ich nur von den Mitgliedern unseres heimatlichen Kreises oder von Kindern umgeben war. Während des Verlaufs der „photographischen" Séancen nahm die erwähnte Unannehmlichkeit so sehr zu, dass ich meistens ein oder zwei Tage nach einer Sitzung darniederlag, und da die Symptome des Zustands denen der Nikotinvergiftung glichen, wurden Experimente vorgenommen, und es zeigte sich, dass sich keine solch unangenehmen Empfindungen einstellten, wenn den Séancen ausschließlich Nichtraucher beiwohnten. Wenn sich wiederum kranke Personen im Kreis befanden, fühlte ich mich nachher mehr oder weniger ohne Ausnahme unwohl. Mit Personen, die an den Gebrauch von Alkohol gewöhnt waren, zeigte sich das Unbehagen beinahe ebenso deutlich wie mit Rauchern.

Diese Séancen waren für mich in vieler Hinsicht lehrreich: Ich lernte, dass sich viele Gewohnheiten, die der Allgemeinheit der Menschheit gebräuchlich und gesellschaftlich akzeptiert sind, für die Erfolge einer Séance oder wenigstens für die Gesundheit des Mediums als schädlich erweisen. Vielleicht war ich im Gegensatz zu früher empfindlicher für diese Einflüsse geworden, da ich die schlechten Wirkungen nicht so stark bemerkt hatte, als ich in England lebte, oder ich hatte es möglicherweise dem glücklichen Umstand zu verdanken, dass sehr wenige unseres englischen Kreises Raucher waren. Ich weiß nicht, woher es kam, aber alle oder beinahe alle des schwedischen Kreises rauchten, und ich hatte darunter zu leiden.

Ein anderer, vollständig unvorhergesehener Erfolg dieser Séancen war der, dass ich mich noch Wochen danach oftmals bei der Frage ertappte, ob nicht alles ein böser Traum war, aus dem ich bald erwachen würde. Die Séancen waren zuerst nicht mit der Absicht veranstaltet worden, sie regelmäßig fortzusetzen, sondern sie entstanden wie folgt:

Einer meiner Knabenfreunde sagte zu mir: „Tantchen! Morgen ist mein Geburtstag, wirst Du mir ein Geschenk geben?" „Vielleicht. Warum?" „Weil, wenn du es tun willst und du noch nichts besorgt hast, wünsche ich mir stattdessen eine Séance. Siehst du, ich habe einer Menge von Leuten davon erzählt, und sie drängen mich, ihnen eine Einladung zu einer Séance zu verschaffen. Daher dachte ich, wenn du nichts dagegen hast, würde mir dies lieber als ein Geschenk sein."

Ich willigte ein, erfreut, dass er ein solches Interesse dafür zeigte. Ernest jedoch fand die Schwierigkeit in der Zusammenstellung eines Kreises größer, als er sie erwartet hatte, und einige Tage vergingen, ehe alles in Ordnung war. Er wurde überhäuft mit Ansuchen, der Séance beiwohnen zu dürfen, aber die Teilnehmerzahl hatte zwanzig bis fünfundzwanzig nicht zu überschreiten. Alle Eingeladenen waren mir persönlich verhältnismäßig fremd, obgleich ich die meisten von ihnen dem Namen nach kannte.

Einer unter ihnen, der Sohn des Herausgebers einer Lokalzeitung, war, wie ich später erfuhr, ein enthusiastischer Theosoph und gab vor, das größtmögliche Interesse am Erfolg der Séancen zu haben –, er war auch Photograph, und dieser Tatsache war es zu verdanken, dass ich dem Vorschlag zustimmte, die materialisierten Gestalten zu photographieren.

Die Idee, einmal angeregt, fand großen Beifall, und eine Reihe von Séancen zum Zweck photographischer Experimente wurde veranstaltet. Die meisten der Teilnehmer an der „Geburtstags-Séance" willigten ein, daran teilzunehmen.

Ein getreues und detailliertes Protokoll jeder Séance wurde vom Photographen festgehalten, der die Forschung mit dem lebhaftesten Interesse verfolgte. Seine Begeisterung steckte die anderen an, und die Erfolge gingen weit über das hinaus, was wir erwartet hatten.

Die Manifestationen schienen kein Hemmnis infolge der angestellten strengen Tests zu erfahren. Tatsächlich kam es mir vor, als ob unsere unsichtbaren Freunde dadurch in ihrem Tun angespornt wurden, über alle Hindernisse, die man ihnen in den Weg legte, zu triumphieren, was ihnen mit vollkommenem Erfolg gelang.

Mehrere Photographien nahmen wir mit Hilfe des Magnesiumlichts auf, von denen hier Kopien wiedergegeben sind, nämlich die Porträts von Yolande und Leila. Diese Photographien, für uns eine Quelle der Befriedigung und Beglückwünschung, wurden in den Händen unserer Feinde ein Vorwand für einen persönlichen Angriff auf mich. Ob der Photograph das begeisterte Interesse, das er zeigte, simulierte, oder ob er selbst ein Opfer der Raubgier seiner Freunde für Sensationsartikel wurde, weiß ich nicht. Ich ziehe es vor zu glauben, dass ihn seine Freunde zu ihrem Werkzeug machten und gebe ihm so den Vorteil des Zweifels. Wie vorher erwähnt, schrieb er genaue Notizen von jeder Séance nieder. Am jeweiligen Ende brachte er mir ein Manuskript und schlug vor, dieses mit meiner Einwilligung zu einem späteren Zeitpunkt zu veröffentlichen, denn die Bedingungen des Einlasses waren folgende: Jedes Experiment sollte als streng privat angesehen und nichts ohne meinen Wunsch veröffentlicht werden. Der Photograph, ebenso wie die anderen, gaben hierzu ihre Zustimmung. Ich las sein Manuskript hastig durch, machte eine Abschrift, strich meinen Namen aus, wo er ausgeschrieben war, und gab ihm das Original zurück, erfreut über die unparteiische Art, mit der er das Thema behandelte, und über die scharfe Beobachtungsgabe, die er während der gesamten Séancen gezeigt hatte. In diesem Manuskript äußerte er, dass er ebenso gewisse Überzeugungen wie bestimmte Zweifel hatte. Dagegen hatte ich jedoch nichts einzuwenden, da seine Ansichten und Meinungen in vielerlei Hinsicht dieselben wie meine eigenen waren. Ein Mensch, der in dieser Forschung keine Zweifel zu überwinden hat, wird sich kaum als kraftvoller Verbündeter erweisen. Als der Artikel jedoch einige Tage später ohne meine Einwilligung und ohne die Zustimmung der anderen Teilnehmer erschien, geschah dies in einem solch verstümmelten Zustand, untermischt von Verdacht und Beschuldigungen, dass ich mich vor Entsetzen gelähmt fühlte und kaum meinen Augen traute.

Yolande, wie sie materialisiert erschien.
(Photographiert bei Magnesiumlicht). Am 8. März 1890.

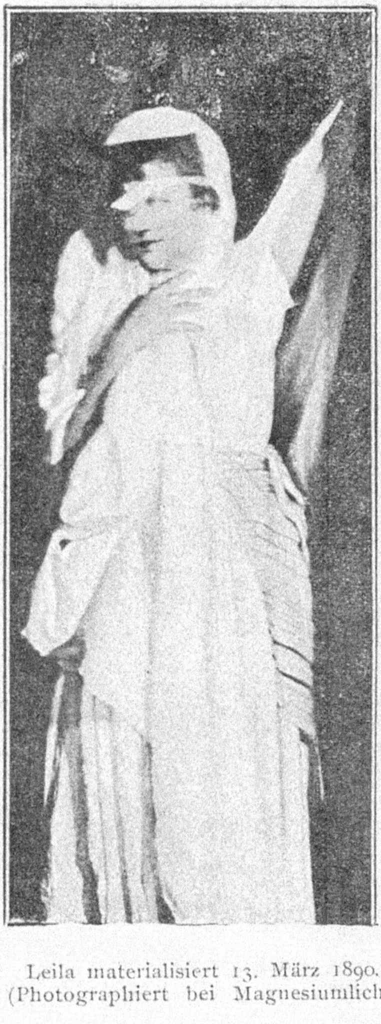

Leila materialisiert 13. März 1890.
(Photographiert bei Magnesiumlicht).

Leila, wie sie zum Teil materialisiert erschien.
am 13. März 1890.
Photographiert bei Magnesiumlicht.

Ich vermochte nicht zu verstehen, wie irgendjemand so viel Freundschaft heucheln, sich so viel Mühe geben konnte, um unparteiisch zu schreiben und zur selben Zeit Ansichten zu veröffentlichen wagte, die nicht nur den von ihm selbst, sondern auch von den anderen Teilnehmern erzählten Tatsachen in vollständigem Widerspruch gegenüberstanden. Wenn ich die beiden Artikel nebeneinander lege und sie zu erklären versuche, scheint es mir unmöglich, dass ein und dieselbe Person diese geschrieben haben kann.

Der Platz erlaubt es mir nicht, beide Artikel hier wiederzugeben, aber in einem künftigen Band beabsichtige ich, sie wörtlich anzuführen und es meinen Lesern zu überlassen, das Geheimnis der Wahrheit und seiner verunstalteten, aber anscheinend korrekten Wiedergabe zu enträtseln. Ich habe weder einen persönlichen Beweggrund noch den Wunsch, einem irregeleiteten Gegner, dessen Namen ich sogar nicht erwähne, Schaden zuzufügen. Da dieses Werk jedoch in die Hände einiger Personen fallen kann, die nur die verstümmelten Berichte gelesen haben und nun annehmen könnten, dass mein Schweigen den Unwahrheiten Gewicht verleiht und sie gewissermaßen zur Wahrheit stempelt –, da ich ferner bis zur gegenwärtigen Zeit seine Berichte über die Séancen nicht veröffentlicht habe, die deutlich gezeigt haben würden, dass die Leser jenes Artikels getäuscht wurden, so geschieht es einfach aus einem Gefühl der Pflicht der Öffentlichkeit gegenüber und insbesondere für die, die durch die falschen Gerüchte irregeführt worden sind, diese Erklärung zu geben. Die erwähnten Berichte wurden in jeder Zeitung des Landes nachgedruckt. Man breitete sich darüber aus, fügte hinzu oder veränderte. Leitartikel der gehässigsten Art erschienen in mehr oder weniger prominenten Zeitungen und unterhielten die Leute in Schweden während eines Zeitraums von drei Wochen. In dieser Zeit war die Entrüstung meiner persönlichen Freunde, die sich um mich sammelten, so groß, dass ich einschreiten musste, um die Ausführung einiger Pläne, nach denen man die Beleidiger zur Rechenschaft ziehen wollte, zu verhindern. Wäre nicht die treu ergebene Anteilnahme einiger meiner Freunde gewesen, so hätte ich das Elend dieser Zeit nicht ertragen können. Jeder riet mir, eine Weile fortzugehen. Sogar der Urheber des Skandals – wahrscheinlich entnervt durch den Sturm, den er hervorgerufen hatte – war der Erste, mir dies anzuraten. Obgleich ich selbst gerne dies alles verlassen hätte – den anonymen Briefschreibern entfliehen, die mich täglich mit den schändlichsten Auslassungen ihrer eigenen unehrenhaften Natur belästigten, den elenden Schmähungen entrinnen, die mir auf Schritt und Tritt begegneten –, fürchtete ich mich doch. Ich befürchtete, dass ich den Beschuldigungen meiner Feinde Nahrung geben würde, wenn ich ihnen den Rücken zukehrte. So blieb ich auf meinem Posten und versuchte, meiner täglichen Arbeit nachzukommen.

Es war eine schreckliche Prüfung, und wäre ich mir nicht bewusst gewesen, nichts getan zu haben, dies zu verdienen, so wäre ich zusammengebrochen. Unter der fortwährenden Anspannung fing meine Gesundheit an ernstlich zu leiden, und es fiel mir zuweilen schwer, ausreichend Mut zu fassen, um meine täglichen Spaziergänge zu unternehmen und die verstohlenen Bemerkungen, mit denen die Vorübergehenden auf mich hinwiesen, anzuhören. Zu diesem Zeitpunkt wurde mir das Motto, das mir als kleines Kind von meinem Vater gelehrt wurde gleichsam zu einem Rettungsanker: *„Fais ce que tu dois, advienne qui pourra. („Tue, was du sollst, komme, was da wolle.")* Ich wiederholte oftmals diese Worte und fand Ermutigung, Halt und Stütze in ihnen.

So blieb ich, und die Strömung änderte sich, denn eine Gegenbewegung formierte sich. Die Heftigkeit der sensationslüsternen Zeitungsschreiber, welche die Zeile für einen Penny liefern, erweckte Widerspruch selbst unter Personen, die zuvor dem Thema des Spiritualismus keinerlei Beachtung geschenkt hatten. Ein ritterlicher Geist war erwacht, eine Frau zu beschützen, die unbarmherzig verfolgt wurde. Freunde sammelten sich damals um mich, und die Angelegenheit, für die ich so intensiv gearbeitet hatte, gewann viele eifrige Förderer, die vielleicht niemals von dem Thema gehört hätten, wäre es nicht wegen der unverdienten Beschuldigung gewesen, die auf mir lag.

Später im selben Jahr wurde eine andere Reihe von Séancen abgehalten, dieses Mal für einen alten und geschätzten Freund, den Kaiserlichen Staatsrat Aleksandr Aksakov aus Sankt Petersburg, der zusammen mit einigen russischen Freunden zu einem Besuch in unser Heim kam. Da das Photographieren der materialisierten Gestalten der Zweck unserer Arbeit war, wurde der Kreis in diesem Fall nur von den Mitgliedern unseres Haushalts und unseren russischen Gästen gebildet. Außerdem wählten wir noch ein paar Personen hinzu, von denen, die an früheren Séancen teilgenommen hatten und die wir am geeignetsten dafür erachteten.

Viele Photographien wurden aufgenommen, aber keine von ihnen war vollständig gelungen, wenigstens so, wie wir es wünschten. Trotzdem erhielten wir viele Dinge, die wir weder erwartet noch Versuche dafür angestellt hatten. Einige dieser unerwarteten Erfolge faszinierten uns sehr. Einer von ihnen war das zufällige Photographieren vom Gesicht eines Mannes, während man den Apparat für das Kabinett eingestellt hatte und das Magnesiumlicht testete, um es ohne Fehler am folgenden Tag nutzen zu können, an dem die Séance abgehalten werden sollte. Als das Licht aufblitzte, erscholl ein allgemeiner Ausruf: „Ich sah das Gesicht eines Mannes hinter Mistress E."

Infolgedessen wurde die Platte entwickelt, und tatsächlich war das Gesicht eines Mannes deutlich wie mein eigenes über mir hinter meinem Stuhl zu sehen, ein Antlitz, das einen bedeutend deutlicheren Anblick gewährte als das meinige, denn wegen der Helligkeit des Blitzlichts waren meine Augen und Gesichtszüge so verkrampft, dass sie ein seltsames Aussehen boten. Wer der Mann war, erklärte uns Walter später.

Die vollständige Geschichte wurde in dem Magazin *„The Medium and Daybreak"* vom 21. April 1893 und später in Buchform in Skandinavien und Deutschland veröffentlicht unter dem Titel: *„Die Toten leben"*. Die Geschichte von diesem Vorkommnis, wie sie berichtet wurde, ist zu lang, um sie hier wiederzugeben, aber die wesentlichen Tatsachen sind wie folgt:

„Eines Tages, am 3. April 1890, war ich eifrig damit beschäftigt, Geschäftsbriefe zu schreiben, und als ich wegen einiger Worte zögernd überlegte, schrieb meine Hand den Namen „Sven Strömberg". Ärgerlich darüber, dass ich meinen Brief verdorben hatte, warf ich das Papier in ein Fach und vergaß es, aber erwähnte diesen Vorfall beiläufig in einem Brief, der später am Tag geschrieben wurde. Auf unsere Frage an Walter, ob er wisse, wer der Mann sei, der photographiert worden war, antwortete er durch Automatisches Schreiben: „O ja, er heißt Sven Strömberg, starb in Amerika oder Kanada am 31. oder 13. März, ich weiß nicht, an welchem von beiden Tagen. Er sagt, dass er in einem Ort, namens Jemland (oder so ähnlich) gelebt hat. Aber wie dem auch sei, er ist tot, und seine Frau sowie ein halbes Dutzend Kinder sind in Amerika. Er wünscht, dass Ihr es seine Angehörigen wissen lasst, dass er tot ist – dass er hochgeachtet und sehr betrauert starb usw."

In Erwiderung auf diese Mitteilung erbaten wir uns eine vollständige Auskunft, aber Walter schien die Einzelheiten vergessen zu haben. Am nächsten Tag schrieb er uns, dass Sven Strömberg mit seiner jungen Frau aus seinem Heimatdorf Ström ausgewandert war, dessen Namen er dann bei seiner Ankunft in Kanada angenommen hatte. Er hatte sich in einem entlegenen Winkel niedergelassen, genannt New-Stockholm, wo ihm Kinder geboren wurden und wo er am 31. März 1890 starb, drei Tage bevor er seinen Namen durch meine Hand auf einen halbfertigen Brief schrieb. Er hatte seine Frau gebeten, die Nachricht von seiner Krankheit und seinem Tod seinen Eltern und Angehörigen in seiner alten Heimat mitzuteilen, und da sie es nicht getan hatte, lag ihm viel daran, dass sie davon benachrichtigt werden sollten, dies war der Grund für sein Erscheinen unter uns.

Die ganze Geschichte wurde in der Walter eigenen humoristischen Art erzählt, unterbrochen durch Bemerkungen hinsichtlich der Besorgnis des verstorbenen Sven Strömberg, seine Freunde in Schweden wissen zu lassen, dass er sich eine gewisse Bedeutung in seinem kanadischen Exil erworben hatte.

Mister F. unternahm es, die Menschen in Ström von Svens Tod zu benachrichtigen. Die Geschichte wurde dem Konsul Öhlen, dem schwedischen Vertreter in Winnipeg, erzählt, und er wurde ersucht, Nachfrage über ihre Wahrheit zu halten. Da ihn die Sache sehr interessierte, veröffentlichte er Mister Fs. Brief in den *„Canadensaren"* und der *„Manitoba Free Press"*, und das Resultat war, dass die tatsächliche Wahrheit und jede Einzelheit, die von Walter erzählt worden war, ihre Bestätigung fanden. Außerdem schickte jemand den Zeitungsbericht an Mistress S. Strömberg, der Witwe. Sie bekannte, dass sie zwar ihren Angehörigen in Ström in Schweden geschrieben hatte, doch da die nächste Postanstalt zwölf Meilen entfernt war, hatte sie noch nicht Zeit gehabt, ihren Brief dorthin zu bringen, da der Tod ihres Mannes ihr soviel Arbeit hinterlassen hatte. Sie bekam einen solchen Schreck, als sie das Schreiben von Mister F. in der Zeitung las, dass die arme Frau sich sogleich aufmachte, ihren Brief zur Post zu bringen. Das sind in Kürze die Einzelheiten dieses Falls.

Die ganze umfangreiche Korrespondenz, die das Herbeischaffen der Tatsachen bedingte, zusammen mit der Bestätigung all der Aussagen sind im Besitz von Mister Fidler in Göteborg, der sich der unendlich großen Mühe unterzog, diese Angelegenheit zu untersuchen.

Eine andere unerwartete Manifestation erregte in mir größeres Interesse als Sven Strömberg, dessen Name anfing mir unangenehm zu werden, da ich ihn so oft erwähnt hörte. Die überraschende Manifestation war Yolandes größtes Werk und in der Tat ihr letztes, denn danach sagte sie uns Lebewohl und verließ uns, um, wie wir damals dachten, niemals wiederzukehren.

Kapitel XXIII.
Die „Gold-Lilie" – Yolandes letztes Werk

„Und nimm von ihnen zwölf Stecken . . . und schreibe eines jeglichen Namen auf seinen Stecken. Des Morgens aber, da Mose in die Hütte des Zeugnisses ging, fand er den Stecken Aarons, des Hauses Levi, grünen, und die Blüte aufgegangen und Mandeln tragen."
4. Moses, Kap. 17, Vers 2 und 8

Das letzte Werk Yolandes war eines jener unerwarteten Ereignisse, die während der Aksakov-Séancen, wie wir sie nannten, vorkamen. Obgleich reich an unvorhergesehenen Erfolgen, waren wir unfähig gewesen, das gesetzte Ziel zu erreichen, für das diese Séancen abgehalten wurden, und ich fing an zu befürchten, dass unsere Anstrengungen vergeblich sein würden.

Die fortgesetzte Anspannung und andere Sorgen in geschäftlicher Beziehung begannen meinen Nerven fühlbar zu werden, und das Bewusstsein, dass dies grundsätzlich ungünstig für den Erfolg war, beunruhigte mich. Abgesehen davon ist es sehr schwer, Sorgen auf Kommando abzuwerfen, und obgleich ich dazu mein Möglichstes tat, konnte ich mich doch nicht eines vollständigen Gelingens rühmen.

Am Abend des 28. Juni 1890 versammelten wir uns in unserem gewohnten Séance-Zimmer. Es war der obere Vorsaal des Hauses, ein Raum in der Form eines Achtecks, der vom Dach durch ein großes, geschmackvolles Glasfenster erhellt wurde, das wir so eingerichtet hatten, dass es ein abgedämpftes, mildes Licht gleichmäßig über alle Teile des Zimmers verbreitete.

Die Bedingungen schienen in jeder Hinsicht so ungünstig wie nur möglich zu sein. Zunächst hatte ich mir durch einen unglücklichen Zufall meinen Arm verbrannt. Beim Anzünden einer Hängelampe war ein Stück des Streichholzes auf mein Kleid gefallen, und der dünne Musselin stand augenblicklich in Flammen. Meine Arme waren entblößt, und obgleich die Flamme schnell gelöscht wurde, hatte doch meine Haut schmerzhafte Brandwunden erlitten. Hinzu kam noch, dass ich den ganzen Tag an einem leichten, aber irritierenden Zahnschmerz gelitten hatte.

Diese kleinen Unbehaglichkeiten, zusammen mit dem heftigen Sturm, der das Haus bis auf seine Grundpfeiler erschütterte, versprachen nicht viel für den Erfolg unserer Séance. Wir schlugen vor, sie bis auf den nächsten Tag zu verschieben, stellten aber fest, dass dies den meisten unserer Freunde nicht passte, da sie anderweitige Verbindlichkeiten hatten, und als wir die Angelegenheit Walter vortrugen, sagte er uns, dass Yolande besonders wünschte, dass wir es an diesem Abend versuchen sollten. Also blieb uns keine andere Wahl, als unsere Plätze sogleich einzunehmen. Dass jeder sich beruhigte und sammelte, war nicht leicht. Das Geräusch der Türen und Fenster, die in anderen Teilen des Hauses vom Wind hin und her geschlagen und von den verschiedenen Glasscheiben, die zerbrochen wurden, hatte einen höchst beunruhigenden und störenden Einfluss auf jedermanns Nerven, und insbesondere auf die meinen. Der Sturm ließ im Verlauf des Abends an Heftigkeit nach, aber nach meiner Erfahrung, schien es mir ein hoffnungsloses Unterfangen zu sein, unter solchen Bedingungen unsere Sitzung fortzusetzen, und ich wollte soeben vorschlagen, diese aufzugeben, als ich einen Duft von Blumen bemerkte, der so zunahm, dass er beinahe überwältigend wurde. Ich liebe keine starken Wohlgerüche, und von diesem wurde mir beinahe übel wegen seiner Süßigkeit. Walter gab uns eine Botschaft, in der er ersuchte, uns so still und ruhig wie möglich zu verhalten und dass niemand mit mir sprechen sollte, denn Yolande sei im Begriff, uns eine Blume zu bringen. Die äußeren Bedingungen aber wären so ungünstig, dass wir alles tun müssten, um ihr zu helfen. Was wir tun konnten, wurde getan, und die Tatsache, dass wir etwas zu erwarten hatten, half dabei, uns in eine bessere Stimmung zu versetzen. Wir hatten Sand, Wasser und einen Blumentopf in Bereitschaft, wie wir es gewohnt waren, obgleich dies alles während vieler Monate niemals verlangt worden war.

Der starke Duft wirkte so gewaltig auf mich, dass ich fast erstickte. Ich streckte meine Hand aus, dabei erwartend, Blumen zu fühlen. Aber da war nichts! Gleich danach prallte etwas Großes, Schweres, Kaltes und Feuchtes gegen mich. Mein erster Gedanke war, dass es irgendein toter Körper oder feuchter Gegenstand sei, und dies verursachte mir eine so grässliche Empfindung, dass ich beinahe ohnmächtig wurde. Ich hielt die Hand von Mister Aleksandr Aksakov. Da hatte ich das Gefühl, als ob mich eine Reihe von elektrischen Schlägen träfe, die mich jede Berührung mit etwas anderem schmerzlich empfinden ließen.

Jede einzelne Erschütterung verursachte, dass mir die Schweißtropfen aus allen Poren meiner Haut drangen. Der Schmerz meines verbrannten Arms verging, auch das Zahnweh war vergessen, und merkwürdigerweise beobachtete jeder, dass Yolande ihren Arm hielt, als ob er verletzt sei, und dass sie, wenn sie zufällig berührt wurde, zusammenzuckte, als ob sie Schmerz empfand. Ich fühlte mich sehr durstig und trank viel Wasser, aber das war nichts Außergewöhnliches während einer Séance. Was außerhalb der Vorhänge vorging, erfuhr ich anschließend aus den Aufzeichnungen von Mister F.. Yolande hatte mit Hilfe von Mister Aksakov Sand und Gartenerde in den Blumentopf geschüttet und diesen mit ihrem Schleier bedeckt, wie sie es in England bei der Wasserflasche getan hatte, als die *Ixora crocata* emporgewachsen war.

Die weiße Draperie sah man langsam, aber stetig in die Höhe steigen. Sie breitete sich aus, wobei sie höher und höher wurde. Yolande stand dabei und bewegte die wie aus Sommerfäden gewebte Umhüllung, bis sie eine Höhe weit über ihren Kopf erreicht hatte. Alsdann entfernte sie diese sorgfältig, und es zeigte sich eine hohe Pflanze, niedergebogen von einer Menge schwerer Blüten, die jenen starken, süßlichen Duft verströmten, über den ich mich beklagt hatte.

Es wurden Aufzeichnungen über die Größe der Pflanze gemacht, und man stellte fest, dass sie ungefähr sieben Fuß von der Wurzel bis zur Spitze hoch oder ungefähr anderthalb Fuß höher als ich selbst war. Sogar dann, wenn sie sich unter dem Gewicht der elf großen Blüten beugte, die sie trug, erschien sie größer als ich. Die Blumen von vollendeter Schönheit maßen im Durchschnitt acht Zoll. Fünf waren völlig aufgeblüht. Drei öffneten eben ihre Blüten, und drei standen in Knospen, ohne jeden Fehler oder Flecken, und sie waren feucht von Tautropfen. Sie waren wunderbar schön, aber seit jenem Abend bereitet mir der Duft von Lilien immer ein Ohnmachtsgefühl. Yolande schien über ihren Erfolg sehr erfreut zu sein und sagte uns, dass, wenn wir die Lilie zu photographieren wünschten, wir es tun sollten, da sie sie wieder fortnehmen müsse. Sie stand daneben, und Mister Boutlerof photographierte die Lilie mit Yolande zweimal. Er sagte dazu: „Dies sind keine sehr schönen Exemplare der photographischen Kunst!“ Aber da waren sie, und wenn man die jämmerlichen Bedingungen in Betracht zieht, unter denen sie entstanden, ist es nur zu verwundern, dass sie überhaupt erlangt werden konnten. Das Photographieren geschah mit Hilfe des Magnesium-Blitzlichts.

Als dies vollendet war, wurden wir aufgefordert, uns vollständig ruhig abwartend zu verhalten, um Yolande zu ermöglichen, die Pflanze zu entmaterialisieren. Wir versuchten dem Wunsch zu entsprechen, aber unter den Verhältnissen war es kaum möglich, dem Vorgang gegenüber gleichgültig und vollständig ruhig zu bleiben.

Die Folge davon war, dass, nachdem wir bis Mitternacht gesessen hatten, Yolande uns verzweifelt sagte, dass sie die Pflanze nicht hinwegnehmen konnte. Walter schrieb: „Yolande hat die Pflanze nur unter der Bedingung erhalten, dass sie diese wieder zurückbringt. Sie findet, dass das Medium erschöpft ist und nichts mehr ertragen kann. Ihr müsst die Blume im Dunkeln stehen lassen, bis Yolande wiederkommen und sie nehmen kann."

Mister Fidler und Mister Boutlerof nahmen die Pflanze und trugen sie in einen dunklen Raum eines anliegenden Zimmers, wo sie eingeschlossen blieb, während wir weitere Anweisungen erwarteten, wie wir in dieser Hinsicht handeln sollten. Uns war gesagt worden, dass kein Licht darauf fallen dürfe, da dies Yolande die Schwierigkeit, sie hinwegzunehmen, vergrößern würde. Aber die Neugier gewann die Oberhand über uns, und wir brachten den Blumenstock eines Morgens in den Salon und photographierten ihn viermal in verschiedenen Stellungen, sodass, obgleich wir die wunderbar gewachsene Pflanze selbst nicht behalten durften, wir doch den besten Beweis davon haben, dass sie in absoluter und unwiderlegbarer Wahrheit existiert hat.

Mir tat Yolande sehr leid, die sichtlich zu leiden begann, denn sie schien über das Schicksal der großen Lilie sehr beunruhigt zu sein. Ich glaube, Yolande hat drei Versuche unternommen, sie fortzunehmen, ehe es ihr gelang. Der letzte geschah am 5. Juli – acht Tage später, nachdem die Pflanze in unserer Mitte aufwuchs –, wo sie ebenso geheimnisvoll verschwand, wie sie gekommen war. Alles, was wir wussten, war dies: Die Pflanze stand abends um 9 Uhr 23 in unserer Mitte, und um 9 Uhr 30 war sie fort, nicht ein Fäserchen verblieb, um zu zeigen, dass sie jemals existiert hatte, außer den Photographien, die wir aufgenommen hatten, und einigen abgefallenen Blüten. Die Erde war aus dem Blumentopf, in dem sie während acht Tagen gestanden hatte, entfernt worden, aber kein Zeichen der Pflanze war zurückgeblieben. Mehrere unseres Kreises behaupteten, dass die Pflanze in einem einzigen Augenblick verschwunden war. Der Duft schien einen Moment das Zimmer fast überwältigend zu erfüllen und war dann auf einmal verflogen.

Die Goldene Lilie und das Medium.
Die aufrechtstehende Pflanze mass 7 Fuss, wenn sie so gebogen war, wie oben zu sehen, war ihre Höhe ungefähr 6 Fuss.

Die Goldene Lilie, hervorgerufen in einer Séance am 28. Juni 1890. Wurde eine Woche behalten, während welcher Zeit 6 Photographien genommen wurden, nach welcher Zeit sie sich auflöste und verschwand.

Über den genauen Zeitpunkt, an dem die Lilie verschwand, konnte man sich nicht einigen, auch nicht über die Art und Weise ihres Verschwindens, aber sie war fort! Während der Woche, in der die Lilie sich in unserem Besitz befand, hatten wir mehrere Unterhaltungen mit Walter, die sich auf die Blume bezogen. Wir wünschten die Erlaubnis zu erhalten, ehe wir die Verantwortung auf uns nahmen, diese zu photographieren und baten Walter, uns zu helfen, diese zu erlangen. Wir fragten zunächst:

„Was soll mit der *Lilium auratum* geschehen?"
„Ja, das ist mehr, als ich weiß. Yolande ist besorgt deswegen und möchte heute Abend wieder versuchen, die Lilie hinwegzunehmen."
„Können wir sie nicht bezahlen und behalten?"
„Das könntet ihr, wenn ihr wüsstet, woher sie gekommen ist. Aber Yolande weiß dies selbst nicht zu sagen. Auf alle Fälle soll die Pflanze fort, wenn Yolande es bewerkstelligen kann. Vermag sie es nicht, dann muss die Blume hierbleiben."
„Worin besteht die absolute Notwendigkeit, sie zurückzunehmen?"
„Habt ihr nicht soviel aus eurem Katechismus gelernt? Ihr wurde gesagt, nicht Dinge zu nehmen, die euch nicht gehören. Es nützt nichts, mit einem weiblichen Wesen die Gründe zu erörtern, die maßgebend für seine Entschließungen sind. Yolande sagt: ‚Die Lilie hat zu gehen, und daher wird sie wohl auch gehen müssen.'"
„Dürfen wir die Pflanze herausnehmen, sie anschauen und ihre Maße aufzeichnen?"
„Ich weiß es nicht. Yolande gab Befehl, dass die Lilie nicht dem Licht ausgesetzt sein soll."
„Wir haben sie begossen."
„Tut weiter nichts, sonst tadelt sie mich!"
„Bitte, uns eine Erklärung zu geben, auf welche Weise die Blume gebracht wurde!"
„Ich kann es nicht, ich weiß nur, dass sie am vorigen Abend vor euch hier war, bereit, zusammengesetzt zu werden, wenigstens eine Stunde zuvor, ehe ihr sie gesehen habt."
„Ist damit gemeint, dass die Lilie hier war, ehe wir zur Séance kamen?"
„Ehe irgendjemand zur Séance kam. Yolande teilte mir mit, dass sie sie in Bereitschaft hat und besorgt war, die ungünstigen Bedingungen würden sie hindern, die Blume zu materialisieren."

Ein anderer merkwürdiger kleiner Umstand in Bezug auf die Lilie war der, dass Yolande, da sie nicht fähig war, uns zu erzählen, woher sie die Pflanze hatte, uns mitteilte, sie wolle es uns auf andere Weise wissen lassen. An jenem Abend, als die Lilie verschwand, fand sich vor dem Entschwinden ein Stück grauer Stoff an ihrem Stengel. Der Stengel ging direkt durch ein Loch in der Mitte des Stoffes. Wie das Stück Zeug dahin kam, war ebenso geheimnisvoll wie alles Übrige. Es war nicht vorhanden, als wir die Pflanze bei Tageslicht photographierten. Doch allem Anschein nach war es dort eingewachsen und konnte nicht entfernt werden. Yolande jedoch unterwies Mister Aksakov, es von dem Stengel abzuziehen, was er tat, da war kein Riss darin, nichts als das runde Loch, durch das der Stengel hindurchgegangen war. Sie sagte uns, dass sie den Stoff aus demselben Land bekommen hatte, wo die Blume gewachsen war. Bei der Untersuchung des grauen Tuchs ergab sich, dass es ein Stück Mumienleinwand war, noch aromatisch von den Wohlgerüchen der beim Einbalsamieren verwendeten Spezereien.

Dies führte uns zu der Mutmaßung, dass die Pflanze aus Ägypten gebracht wurde. Eine Weile zuvor hatte Mister Oxley an Mister F. ein Stück Mumienbinde aus einem der Königsgräber in den Pyramiden übergeben. Mit den Stoffen verglichen, die für das Einbalsamieren weniger wichtiger Persönlichkeiten gebraucht wurden, hielt man diesen für einen von besonders feiner Webart. Es enthielt 1008 Maschen im Quadrat von einem Zoll, während man bei dem der Lilie 2584 Maschen im Viertel eines Zolls zählte.

Kap. XXIV.
Werde ich „Anna" sein oder „Anna" ich?

Nach diesen Experimenten sanken auf einige Zeit meine Kräfte auf einen sehr niedrigen Grad, und nach ein- oder zweimaligen vergeblichen Versuchen, schriftliche Mitteilungen oder einfache Manifestationen zu erlangen, gab ich es auf und widmete meine ganze Aufmerksamkeit der täglichen Arbeit und der Malerei, die ich mit vermehrter Freude wieder aufnahm, da einige meiner Werke mit einem ersten Preis auf einem Kunstwettbewerb ausgezeichnet worden waren. Zwei meiner schwedischen Landschaften wurden zu solch hohen Preisen verkauft, dass dies mir große Hoffnung für die Zukunft machte. Ich widmete mich ein Jahr lang ernstlichem Studium und beabsichtigte im folgenden Sommer zum Zweck des Skizzierens eine lange Ferienzeit in Norwegen zu verbringen. Der Verkauf zweier

Bilder machte mich zum stolzen Besitzer von genügend Mitteln für eine größere Reise, und ich trat diese an mit dem Entschluss, mich rückhaltlos dem freudigen Genuss hinzugeben.

Ich liebe es sehr, dieses „Land der Mitternachtssonne", mit seinem strahlenden Himmel, mit seinen Fjelds und Fjorden, mit seinen wilden, zerklüfteten Berglandschaften, seinen Überresten von den Kultstätten der alten Götter, seinen Geistergeschichten und seinem Aberglauben, das Land von Odin, von Thor und den Walküren, die auf die Seelen der in der Schlacht gefallenen Helden warten, um sie hinüber nach Walhalla zu tragen. Ich liebe das Volk dieses Landes, die charakterfesten und tapferen Skandinavier mit ihrer freien Unabhängigkeit des Gedankens, mit ihrer ehrlichen Geradlinigkeit und Einfachheit der Sprache und ihrer ritterlichen Verteidigung von dem, was sie für recht erachten. Selbst ehrlich und aufrichtig, erwarten sie von anderen, ebenso zu sein, nicht nur aufrichtig in der Tat, sondern auch in Gedanken. Sie weisen keine Pflicht von sich, weil sie unangenehm ist oder ihre Beweggründe missverstanden werden können, und was sie unternehmen, setzen sie mit Energie durch, sei es die Erforschung des Spiritualismus oder eine Reise zum Nordpol.

Um einigen dieser guten Freunde beizustehen, ließ ich mich bewegen, die Materialisations-Experimente wieder aufzunehmen, dieses Mal mit einem mehr prüfenden und kritischen Geist als je zuvor. Ich fühlte, dass ich trotz meiner Erfahrung mit diesen Phänomenen ebenso weit entfernt war, sie zu verstehen, als jene, die noch deren Studium begannen. Ich hatte viel über Séancen mit anderen Medien gelesen und war stolz auf die Tatsache, dass ich unter allen Umständen mein Bewusstsein beibehalten hatte und nicht wie sie in Trance fiel und bewusstlos wurde. Dennoch konnte ich nicht sehen, dass meine Sinne mir von großem Nutzen gewesen waren, mich zu befähigen, den modus operandi der Manifestationen zu verstehen. Ich fühlte, dass diese Freunde sie mir in mancher Hinsicht helfen würden. Sie schienen vor allen Dingen mehr von der Theorie und Philosophie zu wissen als ich. Sie beachteten Dinge und machten Bemerkungen darüber, die entweder meiner Beobachtung entgangen oder die ich nicht als wichtig betrachtet hatte. So fing ich gewissermaßen ein neues Studium an. Gleich zu Beginn beschloss ich, nicht wieder hinter den Vorhängen zu sitzen, mochten wir nun irgendwelche Manifestationen erhalten oder nicht. Ich wollte meine Augen ebenso gut wie meine Ohren gebrauchen. Wenn ein Kabinett unbedingt notwendig war, wie man uns so oft gesagt hatte, gut, dann sollte auch ein Kabinett da sein. Aber ich wollte außerhalb davon sitzen.

Dieser Entschluss machte die Arbeit ziemlich beschwerlich, und zuerst war es anscheinend nutzlos, sie weiter fortzusetzen, da die Notwendigkeit der Dunkelheit es beinahe unmöglich machte, die Gestalten zu sehen, wenn sie nun erschienen. Aber dies wurde besser, als wir mit den Séancen fortfuhren, und zuletzt glaubte ich, auf dem rechten Weg zu sein, um zu lernen. Ich konnte beobachten, was vorging und war nicht von meinen Ohren allein abhängig, Kenntnis von dem zu erhalten, was sich zutrug. Trotzdem war ich meinem Wunsch noch nicht nähergekommen, wirklich herauszufinden, wie sich diese Dinge ereigneten. Ich sah, dass sie geschahen, ich sah die Erfolge, aber das Wie und Warum blieb ein undurchdringliches Geheimnis.

Es war bei einer jener Séancen in Oslo, als ein Teilnehmer ein Stück von der Gewandung „entnahm“, die eine der Geistergestalten bekleidete. Später entdeckte ich, dass ein großes, viereckiges Stück Stoff an meinem Kleiderrock fehlte, teilweise herausgeschnitten, teilweise herausgerissen. Mein Kleid bestand aus schwerem, dunklem, wollenem Stoff. Das „entnommene“ Stück der Umhüllung erwies sich als von derselben Form wie das an meinem Rock fehlende, aber deutlich größer und von weißer Farbe, das Gewebe fein und dünn wie aus Sommerfäden hergestellt.

Etwas Ähnliches war früher einmal in England vorgekommen, als jemand die kleine Ninia um ein Stück ihrer überreichen Gewandung bat. Sie willigte ein, aber wie es schien, ungern, und der Grund ihrer Abneigung wurde klar, als ich nach der Séance ein Loch in meinem neuen Kleid fand, das ich zum ersten Mal angezogen hatte. Da dies beinahe schwarz war, schrieb ich diesen kleinen Unfall mehr einem Missgeschick von Seiten Ninias zu als irgendeiner paranormalen Ursache. Nun, da es ein zweites Mal geschah, fing ich an zu verstehen, dass es kein Zufall war und dass mein Kleid oder die Kleidung der Personen in der Séance die Grundlage oder die Basis bildete, aus denen die blendenden Gewänder der Geistergestalten gezogen wurden. Dieselbe Sache ist ein- oder zweimal vorgefallen, aber wenn der Geist bereitwillig gegeben oder selbst das Stück von seiner Gewandung abgeschnitten hatte, entging mein Kleid der Verstümmelung.

Die Experimente, die ich mit meinen guten Freunden unter diesen neuen Bedingungen vornahm, waren von außerordentlichem Interesse für mich und gaben mir viel Stoff zum Nachdenken. Es beschlich mich fast ein Gefühl von Unbefriedigtsein hinsichtlich dieser materialisierten Gestalten. Ich konnte mein eigenes Empfinden in Bezug darauf nicht analysieren, aber ein unbestimmtes Gefühl des Zweifels, das noch nicht die Form eines Gedankens angenommen hatte, fing an, mich zu quälen. Ich wusste kaum, wie es entstanden war oder woher es kam, doch ich konnte nicht davon loskommen. – Es verfolgte mich fortwährend!

Nun, da ich gewissermaßen ein Glied des Kreises geworden war, anstatt die isolierte Stellung im Inneren des Kabinetts einzunehmen, wie ich es zuvor getan hatte, verfügte ich über einen doppelten Beobachtungsstandpunkt, insofern als ich aus der Position eines gewöhnlichen Teilnehmers des Kreises sehen und zur selben Zeit meine eigenen Empfindungen überwachen und aus dem Blickwinkel des Mediums beobachten konnte. Die Tatsachen, die ich unter diesen Verhältnissen lernte, waren für mich sehr wertvoll.

Bei der letzten Séance, ehe ich meine Reise, zum Zweck des Skizzierens, fortsetzte, war es mir möglich gewesen, in meinem Tagebuch meine Gedanken, Eindrücke und Gefühle wiederzugeben, und da es eine ziemlich gute Illustration von dem ist, was ein Medium während einer Materialisations-Séance empfindet, so berichte ich es genau so, wie ich es damals in meinem Tagebuch niedergeschrieben habe:

„Wir erreichen Oslo pünktlich und nehmen eine Tasse Tee ein, ehe wir uns ins Séance-Zimmer begeben. Meine Stimmung sinkt bis unter Null, und meine Nervosität steigert sich, je näher der Zeitpunkt der Séance heranrückt. „Du siehst nicht sehr beglückt aus“, bemerkt Janey. „Ich fühle mich auch nicht so“, erwidere ich, obgleich ich mir sofort Vorwürfe deswegen mache, wenn ich daran denke, wie viel Mühe sich alle gegeben haben, mein Wohlbefinden und den Erfolg der bevorstehenden Séance zu sichern, und ich versuche, etwas weniger wie ein Märtyrer auszusehen, indem ich meinen Tee trinke und den Bemerkungen über die Vorkehrungen für den Abend zuhöre. Als wir das Séance-Zimmer erreichen, werde ich von mehreren alten Bekannten begrüßt, und ich sehe, dass die zwei kleinen Kinder wieder da sind, zusammen mit einem anderen kleinen Jungen, dem Sohn von Mistress Pettersson, dem Medium.

Ich fühle mich getröstet durch den Anblick der Kinder. Es sind liebe kleine Wesen. Sie bringen ihre Schemel und setzen sich, als wäre es selbstverständlich, zu beiden Seiten von mir nieder. Sie plappern miteinander und mit mir wie ein Paar kleine Elstern.

Das Gas ist heruntergedreht, es lässt ausreichend Licht, um jeden Gegenstand im Zimmer zu sehen, und ich kann die Zeit an der nicht sehr deutlichen Uhr am entfernten Ende erkennen. Es kommt mir zu hell vor, aber es ist nicht nötig, eine Veränderung anzuraten, bis es sich nicht unbedingt als Notwendigkeit herausstellt.

Jemand gibt mir zwei Tüten Konfekt. Aber wie gewöhnlich kann ich es während einer Séance nicht ertragen, irgendeine Aufgabe zu übernehmen, für die ich zu sorgen habe. Sogar die Sorge für diese zwei Päckchen ist zu viel. Darum übergebe ich sie zusammen mit meinen Handschuhen meinem nächsten Nachbarn.

Der kleine Jonte erhält eine Tüte mit der Weisung, etwas vom Inhalt seinem kleinen, in die Geisterwelt eingegangenen Bruder Gustav zu geben, wenn er kommen sollte. Ich entspanne mich, finde zu ruhigem, stillem Sitzen und erfasse eine Hand von jedem der beiden Kinder. Es fällt mir jedoch ein, dass ich vielleicht, indem ich dies tue, in irgendeiner Weise die Energie der beiden Kinder in Anspruch nehme. Daher lasse ich ihre Hände los, denn die kleinen Wesen brauchen alle Kraft, die sie besitzen, für sich selbst.

Wir sitzen einige Zeit, ohne dass sich irgendetwas ereignet, obgleich sich etwas entschieden im Inneren des Kabinetts hinter mir bewegt. Unser Gesang hilft uns, die Aufmerksamkeit vom Kabinett abzulenken und die Konzentration während der langen Zeit des Wartens in uns wach zu erhalten. Das Licht wird heruntergeschraubt, und augenblicklich kommt eine Gestalt mit solcher Plötzlichkeit hinter den Vorhängen hervor, dass jedermann erschrickt.

Dieser Gestalt folgt eine kleinere, die um mich herumgeht und zu dem kleinen Jonte kommt, der seinem Brüderchen aus der Geisterwelt sogleich das Paket Süßigkeiten überreicht, indem er sagt: „Das ist für dich, lieber, kleiner Gustav."

Die kleine, weiße Figur kommt zurück, das Paket haltend, und öffnet eifrig mit schnellen Fingern das Papier, reicht es der kleinen Maja, die etwas vom Inhalt nimmt. Dann schüttet der kleine Geist etwas davon auf meinen Schoß und schiebt dies zu Jonte hin, der mit verlangenden Blicken auf seinen Anteil wartet.

„Ist es Dein Bruder, Jonte? Ist es Gustav?", ruft eine Stimme aus der Nähe. „Sage mir, ist es Gustav?"
„Ja, es ist Gustav", antwortet Jonte mit einem Mund voller Schokoladenbonbons.
„Geh, kleiner Gustav", fährt er fort, „zu Mama und gib ihr auch davon. Komm, ich werde dich hinführen. Du brauchst dich nicht zu fürchten. Ich werde auf dich achtgeben."

Aber Gustav geht ohne Hilfe und schüttet den Rest vom Inhalt des Pakets auf den Schoß seiner Mutter, streichelt ihr Gesicht mit seinen winzigen Händen und zieht sich zurück auf seinen vorherigen Platz neben seinem Bruder und seiner Schwester. „Geh zu Papa, kleiner Gustav, geh, mein Kleiner, er wünscht, dich zu sehen", bittet die Mutter, die sehr bewegt zu sein scheint. Aber Gustav achtet nicht auf ihre Worte. Er bleibt einige wenige Minuten länger bei den Kindern, dann schmilzt er langsam in der Luft hinweg. Dann ist er fort.

Währenddessen erscheint mehrmals eine andere Gestalt zu meiner Linken, ohne dass es ihr gelingt, vollständig aus dem Kabinett herauszukommen, eine hohe, vollkommen entwickelte Erscheinung, die jetzt mit schnellen Schritten bis in die

Mitte des Kreises geht und dort von Mister Lund begrüßt wird, der von seinem Platz aufsteht, um ihr entgegenzugehen.

Ich weiß nicht, wer es ist, vergesse auch danach zu fragen. Diese Figur verursacht einiges Erstaunen im Kreis, denn bisher boten die Gestalten einen Anblick von einer Art eingehüllter Erscheinungen und hatten ein scheues, zurückhaltendes Benehmen, aber diese hier wandelt umher, als ob sie uns durch ihr Kommen in unsere Mitte eine Gunst erweise. Sie fegt an mir vorbei, als ob ich nicht existiere, und ich fühle mich auch deshalb durch sie ein wenig bedrückt. Eine Minute vorher war ich anscheinend die wichtigste Persönlichkeit in dem Zimmer, nun bin ich ein „Nichts". Ich bin ziemlich neugierig über das Aussehen dieser stattlichen Persönlichkeit, aber sie kehrt mir ihren Rücken zu, und ich kann nur nach der Figur urteilen, dass sie sehr groß zu sein scheint, und ich bemerke, als sie neben Mister Lund steht, dass sie nicht viel kleiner ist als er. Sie geht zurück in derselben würdevollen Art, wie sie gekommen ist. Ich bin geneigt, sie daran zu erinnern, dass sie mir eigentlich dankbar sein müsste und mir, die ich hier sitze, einige Beachtung schenken sollte, anstatt an mir in so unzeremonieller Weise vorbeizurauschen. Aber nun ist sie fort, und ich habe nicht den Mut gefunden, mich geltend zu machen. Ich fühle mich merkwürdig schwach und kraftlos und kann nur empfinden. Die Kraft zu handeln fehlt mir.

Nun kommt eine andere Gestalt, kleiner, schlanker und mit ausgestreckten Armen. Am entfernten Ende des Kreises steht jemand auf und geht ihr entgegen, und die beiden liegen sich in den Armen, dann hört man unbestimmte Rufe, wie „Anna!" „O Anna!" „Mein Kind! Mein geliebtes Kind!"

Alsbald steht jemand anderes auf und schlingt die Arme ebenfalls um diese Gestalt. Es mischen sich Schluchzen, Ausrufe und Segenswünsche ineinander. Ich fühle meinen Körper hin- und herschwanken und alles wird dunkel vor meinen Augen. Ich fühle jemandes Arme um mich, obgleich ich allein auf meinem Stuhl sitze. Ich fühle jemandes Herz gegen meine Brust schlagen. Ich fühle, dass etwas vorgeht. Niemand ist mir nahe außer den beiden Kindern. Niemand beachtet mich. Alle Augen und Gedanken scheinen auf die weiße, schlanke Figur konzentriert zu sein, die dort steht, umschlungen von den Armen der beiden schwarzgekleideten Frauen.

Es muss mein eigenes Herz sein, das ich so deutlich schlagen fühle. Doch diese Arme um mich? Ich empfand niemals zuvor eine Berührung so deutlich wie diese! Ich fange an, mich zu fragen, welche von beiden ich bin. Bin ich die weiße Gestalt oder bin ich die, die auf dem Stuhl sitzt? Sind es meine Hände, die sich um den Hals der alten Dame schlingen, oder sind diese meine, die auf meinen Knien vor mir liegen, oder ruhen sie auf dem Schoß der Gestalt, wenn ich es nicht bin, die auf dem Stuhl sitzt?

Sicherlich sind es meine Lippen, die geküsst werden. Es ist mein Gesicht, das von Tränen nass ist, die diese guten Frauen so reichlich vergießen. Doch wie kann dies sein? Es ist ein schreckliches Gefühl, so den Halt seiner Persönlichkeit zu verlieren. Ich verlange danach, eine dieser Hände auszustrecken, die so hilflos daliegen, um jemand zu berühren, nur um zu wissen, ob ich wirklich ich selbst bin oder nur ein Traum – ob ich existiere oder ich gewissermaßen in ihrer Person verloren bin. Ich fühle die zitternden Arme der alten Dame, die Küsse, die Tränen, die Segenswünsche und Liebkosungen der Schwester, und ich frage mich in einer qualvollen Erwartung und Verwirrung: Wie lange kann das dauern? Wie lange wird es zwei von uns geben? Welche werde ich am Ende sein? Werde ich ich selbst oder wird „Anna" ich sein?

Dann fühle ich zwei kleine Händchen in meine erschlafften Hände schlüpfen, und sie geben mir einen neuen Halt über mich selbst, und erleichtert spüre ich, dass ich ich selbst bin und dass der kleine Jonte, müde von dem Verborgensein hinter den drei Gestalten, sich einsam vorkommt und meine Hände erfasst, um Nähe und Trost zu finden.

Wie bin ich erfreut über eine Berührung, selbst von der Hand eines Kindes! Meine Zweifel über das „Wer bin ich?" und „Wo bin ich?" sind hinweg. Während ich dies empfinde, verschwindet die weiße Figur vom Kabinett, und die beiden

Damen kehren zurück zu ihren Plätzen, aufgeregt und tränenvoll, aber von Glück überwältigt.

Es war noch viel mehr, was diesen Abend geschehen sollte, aber ich fühlte mich gewissermaßen schwach und gleichgültig gegen alles um mich her und nicht geneigt, mich für das, was vorkam, zu interessieren. Merkwürdige und beachtenswerte Vorgänge fanden statt, aber für den Moment schien mein Leben aus mir herausgezogen zu sein, und ich sehnte mich nach Einsamkeit und Ruhe. Ich wünschte dringend, entfernt von irgendeiner Stadt auszuruhen, und sobald die Séance vorüber war, weilten meine Gedanken auf der langersehnten Ferienreise. Ich erholte mich bald, und nach einigen Tagen reiste ich in die Berge.

Die Erinnerung an die sonderbaren Empfindungen, die mich während des Sehens von Anna und ihren Freunden überwältigt hatten, quälte mich grausam. Vergeblich versuchte ich, meinen Gedanken zu entfliehen und meine Aufmerksamkeit den herrlichen Landschaften zuzuwenden, von denen ich umgeben war. Die Erinnerungen an jene Séance verfolgten mich, drängten sich mir auf, bis ich in einer Art Selbstverteidigung genötigt wurde, stillzustehen und sie zu prüfen, während sie mich bedrückten. Gedanken über unbegreifliche Ereignisse, die schon lange verdrängt worden waren, stiegen nun wieder erneut auf und verlangten nach Aufklärung. Die Erinnerungen vom Ergreifen Yolandes und von vielen Vorkommnissen, die vielleicht der Aufmerksamkeit von jedem anderen außer mir entgangen waren, standen erschreckend vor mir, und ich fühlte, dass ich nicht weitergehen konnte, bevor diese Dinge aufgeklärt waren.

Kapitel XXV.
Aus Dunkelheit zum Licht!

„Dort auf dem dunklen Totenmeer
von fern die Ewigkeit strahlt her,
Ein rätselhaft bewölktes Bild,
Mit Schattengestalten angefüllt,
Längst tot, wir kennen sie nicht mehr.“
Longfellow

Während einiger Monate nach meinen Erfahrungen in Norwegen quälte ich mich mit Mutmaßungen hinsichtlich spiritualistischer Phänomene, und einige Werke, die ich gelesen hatte, erhielten das Thema in meiner Erinnerung lebendig. Oftmals überblickte ich in Gedanken all die unaufgeklärten Vorkommnisse, all die Argumente, die für und wider den Ursprung der Geistermanifestationen hervorgebracht wurden, und ich wog sie in der Waagschale mit meinen Erfahrungen als Gegengewicht.

Dass die Manifestationen echt waren, daran konnte nicht gezweifelt werden. Aber woher kamen sie? Dies war die Frage, die eine Antwort verlangte. Waren die materialisierten Gestalten, an denen ich soviel Interesse genommen hatte, mein „transzendentales Bewusstsein“, das unabhängig von meinem Willen handelte? Oder könnte es möglich sein, dass es der alte, gefürchtete Feind der Menschheit, der Teufel, war, der uns zu täuschen versuchte, indem er das Gewand von langverlorenen Freunden annahm, um uns so in einen Abgrund von Unrecht und Betrug zu stürzen? Hatte ich ihm all die Jahre gedient und andere in die Täuschung geführt? War mein Leben eine Reihe von Fehlern gewesen? Würden jene, deren Augen ich für die lebendigen Tatsachen zu öffnen versuchte, mich verfluchen, weil ich sie vom rechten Pfad abgeführt hatte?

Der Gedanke war furchtbar und allgegenwärtig, aber ich fürchtete mich, die Wahrheit zu erfahren. Ich hatte nicht genügend Mut, ihr ins Angesicht zu schauen, wenn dies tatsächlich die Realität sein sollte. – Besser Ungewissheit als Bestätigung dieser Furcht! Ich erinnerte mich des Glaubens meiner Kindheit und Jugendzeit, des Zutrauens in die große Güte Gottes. Ich entsann mich, was ich fühlte, als die Hilfe, die ich erbat und die allen Gläubigen zugesagt ist, nicht kam, wie ich sah, dass ich meine Hoffnung auf Sand gebaut und keinen festen Grund hatte, auf dem ich das zertrümmerte Gebäude wieder aufrichten konnte. Und nun war auch dies fehlgeschlagen. Hier wiederholte sich dieselbe traurige Erfahrung. Ich fand nirgends festen Boden für meine Füße. Das Leben war hassenswert und der Tod das furchtbare Ende eines nichtssagenden Daseins voller Prüfungen und Leiden!

Ich konnte verstehen, wie es kam, dass ein Medium widerrief und bekannte, dass spiritualistische Manifestationen nur eine schreckliche Komödie und ein elender Betrug seien. Wenn meine Zweifel und Befürchtungen sich bestätigten, war nur ein einziger ehrlicher Weg auch für mich offen, und ich musste tun, was andere vor mir getan hatten. Dies würde schlimmer als der Tod sein. Deshalb wollte ich warten. Ich wollte die Wahrheit wissen, ich wollte die schrecklichen Zweifel lösen, koste es, was es wolle! Sollte ich getäuscht worden sein und andere getäuscht haben, dann wollte ich nicht sterben, bis ich nicht mit allen Mitteln, die mir zu Gebote standen, versucht hatte, das bewirkte Unrecht wieder ungeschehen zu machen.

Dieser Entschluss, einmal gefasst, war wenigstens etwas, wofür ich leben konnte, und ich fing sogleich an, Pläne zu entwerfen, um Experimente auszuführen. Ich wollte die Tatsache ignorieren, dass ich ein Medium war. Ich wollte so handeln, als ob man meiner Persönlichkeit Misstrauen entgegenbringen muss, ich wollte mir selbst nicht vertrauen. Experimente sollten ausgeführt werden, um zu zeigen, welchen Anteil ich an der Hervorbringung dieser Manifestationen hatte. Ich wollte weder meinen Gedanken und Gefühlen trauen noch meinen eigenen Sinnen. Wenn ich irgendeinen Einfluss bei der Darstellung der Geistergestalten hatte, so verlangte ich, es zu wissen.

Ich war immer der Ansicht gewesen, dass ich weder bewusst noch unbewusst irgendwie teilnahm in deren Darstellung, außer in der Hergabe meiner Kräfte, denn weil ich niemals das Bewusstsein verlor, so konnte es nicht anders sein. Doch der Teufel hat viele Mittel und Wege, und er kann mich vielleicht glauben lassen, dass ich niemals meine Verstandeskräfte verloren hätte. So disputierte ich hin und her mit mir selbst.

Nachdem ich mich entschlossen hatte, das zu lösen, was mir eine wichtige Lebensfrage schien, fühlte ich meinen Mut zurückkehren. Anstatt zu wünschen, dass mein Leben bald beendet sein möge, damit ich Ruhe oder wenigstens Frieden im Grab fände, begann ich zu fürchten, dass der Tod kommen könne, bevor ich meine Aufgabe vollendet hatte, und ich verlangte danach, ans Werk zu gehen.

Ein Anfall einer Krankheit, wohl durch die aufreibende Sorge verursacht, begleitet von einer plötzlichen Erkältung, hob die Möglichkeit zu Experimenten auf, und als der Arzt bezüglich meiner vollkommenen Genesung Zweifel äußerte, empfand ich ein Gefühl der Erleichterung, dass ich durch den Tod zugleich der Arbeit wie der Demütigung entgehen könne. Ich fühlte eine Art Triumph bei dem Gedanken, dass ich dann gegen meinen Willen verhindert sein würde, meinen Entschluss auszuführen. Ich rechnete mir die Selbstaufopferung, die ich beschlossen hatte, positiv an. Aber ich frohlockte innerlich, dass der Tod die Angelegenheit in seine eigenen Hände nehmen und die Frage zum Abschluss bringen werde, ohne meine Wünsche zu beachten, und dass ich dann frei sein würde. Dann wären wenigstens die Zweifel, soweit sie mich selbst betrafen, zu Ende. Ich würde wissen, ob Geisterkontakte, Geistermitteilungen und Manifestationen wahr sind. Wenn sie es nicht wären, dann würde mir die Demütigung erspart bleiben, zu bekennen, dass ich Unrecht getan hätte. Aber sollten sie dennoch wahr sein, und wenn ich aus irgendeinem Grund nicht zurückkehren könnte, um die Wahrheit zu verkünden, nun, dann würde ich nichts zu bekennen haben. Jedenfalls würde ich der Aufgabe, die ich mir selbst gestellt hatte, entrinnen und könnte es dann anderen überlassen, dies für sich selbst herauszufinden.

Dann kam mir jedoch der Gedanke, dass diese Idee selbstsüchtig und feige war. Wenn ich andere irregeführt hatte, musste ich alles daran setzen, zu versuchen, das Unheil wieder gutzumachen. Starb ich, so verlor ich jedoch die Gelegenheit dazu! Froh zu sein, zu sterben, um einer selbstauferlegten Aufgabe auszuweichen, war schwach und unwürdig. Ich hatte kein Recht, die Arbeit der Wiederherstellung anderen zu überlassen. Nein! Ich musste das Werk selbst tun und die Wahrheit oder Unwahrheit dieses wichtigen Themas beweisen. Ob wahr oder unwahr, ich durfte nicht davor zurückschrecken, dies bekanntzumachen!

Ich begann mich zu erholen. Ich musste gesund werden! Ich konnte nichts tun, während ich krank war und verlor so wertvolle Zeit. Ich missgönnte es den Stunden und Tagen, wie sie vorbei eilten, ohne dass ich fähig war, meinen gewohnten Pflichten nachzukommen.

Es war ein Sonntagmorgen, ein heller Sommertag. Ich hatte mich mit einem Buch in der Hand auf mein Sofa gelegt, aber meine Gedanken waren mit Plänen über die praktische Ausführung von spiritistischen Tests beschäftigt, sodass ich dem Inhalt des Buches nicht viel Aufmerksamkeit schenkte. Plötzlich überkam mich ein merkwürdiges, ohnmächtiges Gefühl, ein Empfinden des Niedersinkens, und die gedruckten Seiten, die ich zu studieren versuchte, wurden sonderbar undeutlich. Sollte ich bewusstlos werden? Alles wurde dunkel vor meinen Augen, und ich glaubte sicher, dass ich wieder krank werden würde. Ich wollte jemanden rufen, aber erinnerte mich, dass niemand auf dieser Seite des Hauses anwesend war.

Das Ohnmachtsgefühl verging beinahe augenblicklich, und ich war froh, niemanden deshalb gestört zu haben. Ich blickte auf mein Buch: Sonderbar, wie weit entfernt und undeutlich es erschien! Ich hatte mich vom Sofa fortbewegt, aber jemand anderes lag dort und hielt das Buch. Wer konnte das sein? Wie wunderbar leicht und stark fühlte ich mich! Das Gefühl der Ohnmacht war vergangen, und an seiner Stelle hatte sich ein erstaunliches Empfinden von Gesundheit, Stärke und Kraft eingestellt, das ich nie zuvor gekannt hatte. Das Leben erwachte in mir frühlingsfrisch, fast überschäumend, es durchfloss meine Adern wie elektrische Ströme. Jeder Teil meines Körpers erglühte vor frischer Energie und einem Gefühl von vollkommen unbeschränkter Freiheit. Zum ersten Mal wusste ich, was es heißt, zu leben!

Wie merkwürdig! Das Zimmer erschien so klein, so beengt, so dunkel – und jene undeutliche Figur auf dem Sofa? Wer war sie? Ich schien etwas Vertrautes in der stillen Gestalt wiederzuerkennen, ich empfand etwas wie eine schwache Erinnerung, sie gekannt zu haben, aber diesem unwiderstehlichen Gefühl von Freiheit musste ich mich hingeben. Ich konnte nicht an diesem Ort bleiben, aber wohin sollte ich gehen? Ich bewegte mich zum Fenster. Sonderbar, wie nebelhaft meine Umgebung erschien! Die Wände näherten sich mir anscheinend, dann verschwanden sie, aber wohin, das konnte ich nicht sagen.

Dieses Phänomen verursachte mir kein großes Erstaunen, obgleich ich mich etwas darüber verwunderte, denn dort in einer geringen Entfernung sah ich einen Freund, den ich erkannte, jedoch nicht, wie man gewöhnlich Freunde wiedererkennt durch Vertrautheit des Gesichts oder der Gestalt. Selbst in diesem Moment, wo ich dies schreibe, könnte ich nicht erklären oder sagen, ob er einen einzigen wohlbekannten Gesichtszug hatte. Ich wusste nur, dass er mein Freund ist und dass er mein Freund seit undenklichen Zeiten gewesen war –, ein Freund, besser, weiser und stärker als ich. Ich bedurfte eines Freundes, und der Freund war nun gekommen. Er sprach, oder vielleicht bediente er sich keiner Sprache, obgleich ich das, was er mir zu sagen hatte, besser verstand, als wenn er die beredtesten Worte irgendeiner Zunge gebraucht hätte. „Ob ich sah, wo ich mich befand?“ Ja, ich konnte es sehen, obgleich sonderbarerweise der Sonnenschein verblichen war und wir in einer engen Straße standen, sogar in keiner angenehmen, und als ich umherblickte, hielt ich meinen Freund an der Hand, und ich fühlte mich dadurch sicher. Es war ein fremder Ort, doch kam er mir merkwürdig bekannt und heimisch vor. Dunkle, düstere, überhängende Felsen erhoben sich zu beiden Seiten des Weges, der hier und da durch vorspringende Felsmassen eingeengt wurde, die den Pfad versperrten. Der Boden war mit rauhen Steinen bestreut und mit verschlungenem Gestrüpp aus Unterholz bewachsen.

Hier und da zeigten sich tiefe Löcher, in die unachtsame Wanderer fallen mussten. Meine Augen suchten tastend die Straße entlang. Zoll für Zoll, Fuß für Fuß wurde ein anscheinend unüberwindliches Hindernis erreicht, und als ich ihm näherkam, war ich mir eines erhebenden Gefühls, eines Frohlockens bewusst, denn jedes Hemmnis wich zurück, als ich vorwärtsschritt, und mit Leichtigkeit kam ich an ihm vorüber.

Ein Abgrund gähnte mir mit offenem Rachen auf meinem Fußweg entgegen, und bestürzt darüber sah ich keine Hoffnung, einen verhängnisvollen Fall in seine morastigen Tiefen vermeiden zu können. Beherzt blickte ich vorwärts, und als ich weiterging, wurde ein schmaler Pfad sichtbar. Wenn ich schwindelfrei blieb und sicher und vorsichtig zu schreiten vermochte, dann konnte ich über diese Tiefe gefahrlos steigen. Es war ein langer, ermüdender Weg, und obgleich mich jetzt ein Freund begleitete, so geschah dies doch nur eine kurze Zeit. Aber ich fürchtete mich nicht, denn obgleich es dunkel und freudlos war, obschon mich kalte Nebel umgaben, die das Blut erstarren ließen und den Mut dämpften, so leuchtete doch hie und da ein warmes, helles Licht hervor, das mein Herz mit Freude und Dankbarkeit erfüllte. Während ich die Straße rückwärts entlang blickte, empfand ich ein merkwürdiges Gefühl von Eigentumsrecht.

Das Licht, das in unterbrochenen Strahlen leuchtete, schien sich über alles ausgebreitet zu haben, und ich konnte meine Fußstapfen den Weg entlang sehen, wo ich von der Straße abgewichen war, wo immer ich versucht hatte, die Hindernisse zu umgehen, und wo ich zurückgedrängt und gezwungen worden war, diese zu übersteigen. Ich sah die Abgründe, in die ich gefallen war und aus denen ich mich hatte wieder mühsam emporarbeiten müssen, und ich fand dann sogleich, dass ich die Gefahren hätte vermeiden können, hätte ich das Licht gesehen, das jetzt über allem lag. Begierig wieder vorwärtsschauend, sah ich das Licht in der Ferne hervorleuchten, während die Schatten zu unseren Füßen lagen, und ich fühlte ein brennendes Verlangen, ihm vorwärts entgegenzudrängen. Selbst als ich dies nur empfand, glitt mir ein Lichtstrahl entgegen und leitete meine Schritte.

„Kannst du die Straße allein wandern?“, fragte mein Freund. „Ist dein Mut der Aufgabe gewachsen?“
„Ja, ich kann es, wenn es notwendig ist. Es ist nicht so schwer, wie es aussieht, aber ich muss Licht haben, ohne dieses würde ich nicht sicher sein. Aber warum soll ich diesen Weg gehen? Gibt es keine besseren Straßen?“
„Blicke weiter!“

Ich schaute weiter, und während meine Augen spähten, hob sich nach und nach die Dunkelheit, und fern am Ende der Straße brach ein strahlender Lichtschein hervor und überflutete den Pfad mit unfassbarer Herrlichkeit. Ich konnte es nicht ertragen. Ich schämte mich und verbarg mein Gesicht, denn das Licht durchdrang mich durch und durch, und ich sah mich selbst, wie ich wirklich war und nicht wie ich mich in meiner Selbstüberhebung vorgestellt hatte. War es möglich, dass andere mich so sehen konnten, wie ich mich nun selbst sah? Ich klammerte mich an meinen Freund und fragte:

„Was ist das? Sage mir, was es bedeutet!"
„Es ist die Wahrheit, es ist, was du dich zu finden entschlossen hast."
„Und diese Straße, muss ich sie wandern, um dies zu erreichen?"
„Es ist die Straße, die du dir geschaffen hast. Du hast keine andere."
„So werde ich, wenn ich sie weitergehe, die Wahrheit finden. Ich kann nicht irren. Ich fühle, dass ich nicht fehlgehen kann."
„Du hast sie schon gefunden. Du brauchst sie nur zu erfassen und festzuhalten."
„Hilf mir, lass mich mehr sehen, lehre mich, es zu verstehen! Wie soll ich die Wahrheit erreichen, wie sie festhalten?"
„Du hast sie erreicht, du hast sie zuvor gesehen, aber du hast sie nicht erkannt. Sie hat deinen Pfad erhellt, aber du wolltest sie nicht anerkennen."
„Sie war so schwach, so undeutlich, ich wusste es nicht", sagte ich demütig.
„Du hast sie gefühlt, aber zurückgestoßen und Schranken zwischen ihr und dir aufgerichtet, und so war sie deinen Blicken verborgen."
„Ich wusste es nicht! ich wusste es nicht!"
„Du verschlossest deine Augen und wandeltest blind in Schlingen und Fallgruben. Du zogst es vor, lieber deiner eingebildeten Weisheit zu vertrauen als dem Licht, du wandeltest auf neuen Pfaden, die dich davon wegführten."
„Ich wusste es nicht! Ich wusste es nicht!"
„Du hattest das Licht in deiner Nähe. Du sahst es schimmern, aber es stieß dich ab, weil es Dinge offenbarte, die dich unangenehm berührten. Du zogst es vor, sie durch die Dunkelheit vor deinen Blicken verbergen zu lassen und versuchtest zu glauben, dass sie nicht vorhanden seien. Du vertriebst das Licht hinter dich zurück und gingst weiter in die Dunkelheit und Verzweiflung hinein."
„Ich wusste es nicht! Ich wusste es nicht!"
„Du dachtest in deinem Herzen: ‚Ich bin mir selbst genug. Ich will dies tun und jenes tun', und so straucheltest du, fielst in den Morast und wenn du bei jeder Wendung zurückschrecktest, kehrtest du um, in deinen Plänen verhindert, getäuscht durch deinen eigenen Wunsch. Dann und nur dann hast du nach Wahrheit verlangt." „Ich wusste es nicht! Hilf mir, die Wahrheit zu verstehen, an ihr festzuhalten! Hilf mir, mich diesem wunderbaren Licht zu nähern. Lass mich den Sinn des Lebens verstehen. Ich lasse dich nicht fort. Hilf mir! O hilf mir!"

Ich klammerte mich an meinen Freund. Wir wandten uns ab von der Betrachtung der Straße. Ein Gefühl der Bewegung, Verwirrung, von zunehmendem Licht, von höchstem, lebensvoll strahlendem Glanz und dann – wer kann das Unbeschreibliche beschreiben? Die Zeit war urplötzlich verschwunden, der Raum nicht länger vorhanden. Ich war überwältigt von meiner eigenen Unbedeutsamkeit. Welch geringes, kleines Atom in dieser unaussprechlichen Unermesslichkeit, dennoch eins mit derselben, davon geboren, dazu gehörig! Ich erfasste dies, selbst sogar mit dem Gefühl meiner Geringwertigkeit und wusste, dass, so unbedeutend und arm wie ich war, ich dennoch einen Teil dieses unsterblichen, unendlichen, unzerstörbaren Ganzen bildete, das ohne mich nicht vollkommen sein würde. Das Licht dieses großen Lebens durchdrang mich, und ich verstand, dass Gedanken die einzig wirklich greifbaren Substanzen sind und warum zwischen meinem Freund und mir keine Sprache notwendig war. Die Geheimnisse von Leben und Tod standen enthüllt vor mir, und ihre Bedeutung wurde klar. Offenbart waren der Grund von Sünde und Leid, offenbart das immerwährende Ringen nach Vollkommenheit, wie jedes Atom von Leben seinen bestimmten Platz hat, in das es hineinpasst wie kein anderes Atom, wie jede Veränderung und Entwicklung es seiner Bestimmung näherbringt. Sobald das Verlangen nach Erkenntnis in mir aufstieg, fand ich die Mittel, sie zu begreifen.

Das Wissen war mein, ich brauchte nur danach zu verlangen, und es lag in meinem Zugriff. Und ich hatte gewagt zu zweifeln, gewagt, die Macht Gottes in Frage zu stellen – ja, sogar sein Dasein! Ich hatte mich vermessen, die Tatsache des geistigen Lebens in Zweifel zu ziehen. Blind hatte ich die dunklen, schattenhaften Schranken der irdischen Existenz „das wahre Leben“ genannt.

Ich stand still mit meinem Freund, überwältigt von diesem neuen Gefühl der Wirklichkeit, dieser wunderbaren Wahrheit. Ich sah andere Wesen, lebende, strahlende Kreaturen und fühlte mich gedemütigt und beschämt wegen meiner eigenen Geringwertigkeit im Vergleich zu jenen. Doch meine Seele ging ihnen entgegen in Liebe, Freundschaft und Verehrung. Ich sehnte mich nach ihrer Freundschaft und ihrer Liebe.

Was ist das? Mein Sehnen ging von mir aus wie ein Strom silbernen Lichts. Es erreichte sie, eine leuchtende Strahlenlinie, ein Band der Gemeinschaft, entstanden einzig und allein aus meinem Verlangen. Ich konnte zu ihnen gehen, sie konnten zu mir kommen, sie waren sich meines Strebens bewusst, lächelten mir zu, und ich fühlte, dass ich über alle Maße gesegnet worden war.

Dort waren andere, für die ich ein unendliches Mitleid und ein unwiderstehliches Verlangen empfand, sie näher an mich heranzuziehen. Sie durften kommen, wenn sie es wollten, sie konnten sich nur nähern, wenn sie es wünschten, sie konnten zu mir kommen, wie ich jenen leuchtenden Kreaturen aus Liebe und Wahrheit nähern konnte. Wenn sie es mir nur gestatten wollten, konnte ich so viel tun, um die Schatten zu zerstreuen, von denen sie umgeben waren.

Sie hatten mir geholfen, sich mit mir vereint. Wir hatten zusammengearbeitet, manchmal hatten wir Erfolge gehabt, zuweilen war es uns misslungen. Wir waren durch Schwierigkeiten zurückgeschreckt worden, waren kopfüber in Schlingen gefallen. Dies alles hatten wir zusammen durchlebt. Wir hatten ohne Licht gearbeitet, aber sie trugen ihren Teil, ebenso wie ich es tat. Wir waren gleich schwach, gleich blind, gleich schuldig. Worin bestand jetzt der Unterschied? Warum bedauerte ich sie? Warum wünschte ich sie näher zu mir zu ziehen? Ich war nicht besser als sie, nicht höher, nein!

Es gab kein Besser, kein Schlechter, kein Höher, kein Niedriger. Wir waren alle dieselben, alle Glieder der großen Familie, alle Atome einer gewaltigen, schöpferischen Seele. Aber ich, das Atom, das weniger weise, weniger klug war als jene, die ich bedauerte, hatte das Licht gefunden, das sie noch suchten.

Das Licht hatte meine Seele durchdrungen, und unauslöschliche Freude erfüllte mich. Es war mein, dieses neugeborene Feuer. Es konnte nicht entfliehen in alle Ewigkeit. Es lag zum Greifen nahe, aber sie hatten es nicht erfasst. Es war um sie her und in ihnen, aber sie waren sich dessen nicht bewusst. Sie befanden sich in derselben Lage wie einst ich selbst auf der Straße. Ich wollte sie lehren. Ich wollte ihnen helfen.

Ich wollte ihnen zeigen, wie sie die Wahrheit erfassen und festhalten könnten, ihnen helfen, wie mein Freund mir zum Licht geholfen hatte. Sie würden wie ich verstehen, was dieses große Licht und die Liebe bedeuteten. Wenn sie nur einen kleinen Wunsch nach mir und meiner Hilfe aussenden wollten!

Ich streckte meine Arme aus, rief ihnen zu. Ich fühlte mein ganzes Sein mit einem schmerzenden Sehnen erfüllt, sie zu mir emporzuheben. Wie leicht konnte ich es tun! Wie leicht konnten sie an diesem herrlichen, neuen Leben teilnehmen, wenn sie wollten!

Wie vermochte ich ihre Aufmerksamkeit zu erwecken? Wie ihnen den Weg zu zeigen? O, hätte ich etwas von der strahlenden Schönheit jener herrlichen Wesen, deren Lächeln mich gesegnet hatte! O, wäre mir nur ein wenig des Lichtes und des Einflusses gegeben, die sie auf meinen Weg gestreut hatten! Ich wollte jene Wesen suchen, denn sie würden mir helfen. Ich wollte diese lebendige, herrliche Wahrheit in mich aufnehmen, sie sollte mein ganzes Wesen erfüllen, so dass ich wiederum deren Herrlichkeit aus jene ausstrahlen könne, die ich liebte und für die ich so große Teilnahme empfand. Mein ganzes Bewusstsein schloss ich in das Gebet ein: „Hilf mir, damit ich anderen helfen kann!“

Kapitel XXVI.
Das Geheimnis gelöst

„Der Seher sieht,
wie deutlich an ihm vorüberzieht
Ein Heer von Gestalten, bald naht und bald flieht,
Das in ewigem Wandel ihn umbebt,
Ein geheimnisvoll wechselndes Bild ihn umschwebt,
vom Werden zum Tode, vom Tode zum Werden,
von Erden zu Himmel, von Himmel zu Erden,
Bis Strahlen der Herrlichkeit, heilig und hehr,
verborgen bisher,
Den säumenden Blicken enthüllen das All,
Den unermesslichen Weltenball
Stets rollend umher
Im rasenden, tobenden Zeitenmeer."
Longfellow

Als der Wunsch, Hilfe zu erlangen, um anderen helfen zu können, eine feste Form gewonnen hatte, füllte und belebte er jede Faser meines Wesens, pochte und pulsierte, sammelte Kraft und Energie, bis das Handeln unwiderstehlich wurde und ich mich stark fühlte, zu verstehen, und stark, das Werk zu beginnen, das plötzlich für mich das große, belebende Prinzip des Glücks geworden war. Um andere zu lehren, musste ich selbst lernen. Aber wo anfangen? Es überraschte mich zu merken, wie schwer es war, sich des besonderen Themas zu erinnern, das zu verstehen ich mich quälend bemüht hatte. Mit einem Gefühl, das dem Schmerz glich, forschte ich in mir selbst nach einem Schlüssel des Verständnisses für das, was mir Kopfzerbrechen verursacht und mich unglücklich gemacht hatte. Es war so lange her, in gewisser Weise schien es einem halbvergessenen Traum anzugehören. Die Empfindung des Unbefriedigtseins war klar, aber wie war sie entstanden? Sie ähnelte dem Gefühl der Bedrückung, das ein Schlafender erfährt, wenn er aus einem unangenehmen Traum erwacht, während er unfähig ist, sich die Vision wieder zurückzurufen, aus der die Empfindung geboren wurde. Dass ich von einem Zustand der Existenz geträumt hatte, die in gewisser Hinsicht von der gegenwärtigen verschieden war, wusste ich, und ich wusste auch, dass ich den Traum wieder zurückrufen musste, um das Geheimnis zu finden, das ich zu lösen wünschte. Ereignis auf Ereignis enthüllte sich, Bildern gleich, die ich als zu dem Traum gehörend erkannte, unklar, verschwommen und undeutlich, in denen ich mich selbst an der Darstellung der Handlung teilnehmen sah. Es waren Bilder, die mir ein Gefühl der Scham und Demütigung gaben, und eilig ließ ich sie in die Nebel des Vergessens zurückfallen. Ich war fähig, die Vorkommnisse einen nach dem anderen zu erfassen. Doch im besten Fall bildeten sie eine gebrochene Kette, und ihr Mangel an ununterbrochener Reihenfolge bekümmerte oder quälte mich. Ich konnte nichts finden, um die Lücken auszufüllen. Hatte ich es vergessen? Oder war der Traum nur eine unzusammenhängende Kette von Gedanken oder Einbildungen gewesen? Wer ich war, welchen Namen ich trug, schien keine Bedeutung zu haben. Auch war ich nicht in der Lage, mich dessen zu erinnern. Aber durch all die trübe und undeutliche Nebelhaftigkeit des Traumes war meine eigene Persönlichkeit, das Ich, das nun die unbestimmten Fäden und Schatten zu erfassen versuchte, immer dasselbe geblieben. Es war das einzig deutliche, greifbare und unverkennbare Faktum, das keiner Anstrengung bedurfte, um es in mein Gedächtnis zurückzurufen, und ich war fähig, ihm nach und nach Schritt für Schritt zu folgen, hindurch durch all die Verwicklungen meiner seltsamen Erfahrung. Ich nahm die Fäden des Traumlebens einen nach dem anderen wieder auf und sah alles in seiner Vollständigkeit. Ich sah, wie es durch andere beeinflusst worden war, wie viele andere Individuen damit in Berührung gekommen waren, wie viele miteinander streitende Sympathien und Anziehungskräfte es hin- und herbewegt und von seinem ursprünglichen Zweck abgelenkt hatten. Aufmerksam wie beim Entwirren einer verwickelten Garnsträhne folgte ich den Fäden von Ursache zur Wirkung, von Beweggrund zur Handlung, und ich sah, dass die Motive rein und ernst waren. Ich sah das dringende Verlangen nach Wissen und das Verlangen nach Hilfe, es zu erreichen. Ich sah, wie dieses Verlangen jene anzog, die bereitwillig zu helfen wünschten. Aber auch ihnen fehlte das Wissen, und das Ergebnis war daher Misserfolg.

Mein Interesse an dem geheimnisvollen Traumleben zog mich unwillkürlich nieder oder aufwärts. – Es ist einerlei, welches, weil dort weder das eine noch das andere existiert. Aber es brachte mich näher zu einer nebelhaften, wolkenähnlichen Region, in der man sich bedrückt und eingeengt fühlte, als ob die Atmosphäre dicht, schwer und materiell geworden sei. Ein Gefühl wie Furcht und Beklemmung lastete auf mir, und ich hatte ein inneres Verlangen, dem Empfinden der Schwere zu entfliehen, das nach und nach über mir und um mich hereinbrach. Doch der Wunsch zu lernen war stärker, und all meine Energie sammelnd, bekämpfte ich den Drang, der nach klarer Luft und Freiheit strebte.

Es war ein unbestimmtes Gefühl der Vertrautheit in jener nebelhaften Undeutlichkeit. Es lag etwas in den Formen und Gestalten, das mir das Traumleben lebhaft zurückrief, und allmählich wurde ich mir bewusst, dass in dieser Region das Traumleben tatsächlich gelebt wurde. Ich sah, dass diese ganze nebelhafte Welt von Leben überströmte, von wirklichem Leben – ringende Individualitäten, jede mit Zielen, ehrgeizigen Plänen, Hoffnungen, Befürchtungen, Freuden, Verzweiflungen, merkwürdig ähnlich und doch verschieden. Jede bestand scheinbar aus sich selbst heraus, doch jede war abhängig von der anderen, jede war zugleich beeinflussend, leitend, anziehend oder sich gegenseitig abstoßend. Von meinem Beobachtungsstandpunkt aus betrachtet, schien es mir, als ob diese Nebelwelt selbst ein lebendes Etwas entwickelte, das aufsteigen wollte, vervollkommnet und geläutert, in die Welt der Wirklichkeit hinein. In diesem Etwas erkannte ich den Geist der Menschlichkeit, er war jenen vollkommenen Wesen ähnlich, die ich erst kürzlich sah.

Als ich dies wahrnahm, wich die Furcht vor der nebelhaften Welt einer lebendigen Teilnahme und einem großen Interesse. Ich wusste, dass es jene Welt war, in der die Ereignisse des Traumlebens dargestellt wurden. Aber ich fragte mich, wie es kam, dass die Gegenstände so anders waren. Diese Felsen, diese Seen, die zuvor so fest, so undurchdringlich zu sein schienen, waren nur Nebel oder Wolken, durch die ich ohne Widerstand hindurchging. Sie boten kein Hindernis für mein Fortkommen. Ich drang so leicht hindurch wie ein Pfeil durch die Wolken und kam in nähere Berührung mit den menschlichen Geistern, die ich von weitem gesehen hatte.

Merkwürdigerweise waren sie sich meiner Nähe nicht bewusst. Sie gingen an mir vorüber, ohne mich zu sehen, sie nahmen keine Notiz von meinem freundlichen

Entgegenkommen. Jeder von ihnen schien ganz vertieft in seine eigenen Gedanken, die sich im Kreis drehten um den Mittelpunkt, dem Ich jeder Individualität, niemals dasselbe außer Acht lassend. Alle wetteiferten miteinander, um die Wichtigkeit dieses Ichs zu vergrößern.

Wie blind, wie irrend sie eiferten, diese Ringenden, getrieben durch die geheimnisvolle Kraft, sich zu entwickeln, zu verbessern, größer und vortrefflicher zu werden, sich über das Niveau ihrer Umgebungen zu erheben. Sie gehorchten dem Instinkt, aber indem sie ihre Augen vor dem Licht verschlossen, arbeiteten sie blind und tastend. Sie häuften Vorräte an, die sie, wie sie glaubten, über ihre Mitmenschen erheben würden, doch stattdessen begruben sie sich selbst unter ihnen. Sie gehorchten dem inneren Drang, der sie vorwärtstrieb, sich zu etwas Besserem und Größerem als zuvor zu entwickeln, doch sie waren ohne Kenntnis, wie sie ihr Besitztum zu ihrem Vorteil und zur Förderung ihrer Wünsche nutzen könnten. Sie arbeiteten mit Energie, als ob das Traumleben das Ganze – das A und O – des Daseins wäre. Doch sie wussten, dass die Vernichtung sie mit Sicherheit heimsuchen würde. O, wenn sie nur das Licht sehen könnten, durch das ich sah, und wenn sie wissen könnten, was dieser große Impuls, dieser Instinkt, bedeutet und wie sie ihn missverstehen. Sie würden eilen, die Fehler, die sie begingen, wieder gut zu machen. Sie wussten um den Tod und handelten dennoch so, als ob sie nicht daran glaubten.

Ich fühlte ein unendliches Mitleid und eine große Teilnahme für diese Irrenden und war durchdrungen vom Verlangen, ihnen mein Kleinod zu zeigen, das ich gefunden hatte und das für mich der Schlüssel zu all den Geheimnissen dieser wunderbaren Existenz war. Dadurch sah ich, dass dieses Leben, das alle Dinge belebt, unsterblich, ewig ist, dass es keinen Tod gibt, keine Vernichtung, dass es dasselbe Leben ist, das für immer und immer Gestalt auf Gestalt durchströmt. Es wohnt in den Felsen, dem Sand, dem Meer, in jedem Grashalm, jedem Baum, jeder Blume, in allen Formen der Tierwelt und gipfelt im Denken und Empfinden des Menschen.

Dadurch erkannte ich, dass alle Ereignisse, jeder Fortschritt, alle Bewegungen, Revolutionen nur der Ausdruck des Gehorsams gegen die Gesetze sind, die das Universum regieren, und dass die Bewegungen, die anscheinend von Menschen durch ihren eigenen, freien Willen organisiert und ausgeführt worden waren, in Wirklichkeit durch natürliche Gesetze hervorgebracht werden, vor denen es kein Entrinnen gibt. Jene Persönlichkeit, deren Intelligenz am schnellsten die Notwendigkeit des Handelns begriff und ihren Wert erkannte, wurde dadurch bisweilen ein Führer seiner Mitmenschen.

Ich konnte verstehen, dass für die Entwicklung der Intelligenz und des Fassungsvermögens der Geist durch alle Organismen hindurchgehen muss, um all jene Fähigkeiten und Eigenschaften zu sammeln, die jedem zugehörig und eigentümlich sind. Der Geist und die Intelligenz des Menschen sind das Ergebnis und die Ansammlung all des Wissens, das während einer Unendlichkeit von Existenzen in verschiedenen Gestalten und unter verschiedenen Bedingungen gesammelt wurde, und dies muss ewig weiter und weitergehen...

Ich konnte erkennen, dass die erste Erscheinung des Verstandes in der Gestalt eines Menschen diesen noch längst nicht zu seiner höchsten irdischen Vollkommenheit bringt, denn es gibt viele Stufen der Menschheit.

Im Urmenschen erweitert der Geist seine Erfahrung und findet ein neues Feld für seine Entwicklung Er geht dann, nachdem dieses erschöpft ist, einen Schritt weiter. So entwickelt sich der Geist Stufe für Stufe in einer ewig vorwärtsstrebenden, fortschreitenden, erweiternden Richtung, während das Vergehen der Gestalten, die er benutzt, nur der Beweis dafür ist, dass sie ihre Aufgabe erfüllt und dem Zweck gedient haben, für den sie gebraucht wurden. Sie kehren zu ihren ursprünglichen Elementen zurück, um wieder und wieder gebraucht zu werden als Mittel, wodurch der Geist sich betätigen und die Entwicklung erlangen kann, derer er bedarf. All dies verstand ich so deutlich, es erschien so einfach, so verständlich, so vollständig, und ich wunderte mich, wie es kam, dass ich es nicht zuvor gewusst hatte. Wo waren meine Gedanken gewesen, dass ich diese einfachen Dinge nicht zu erkennen vermochte? Erst jetzt, durch die Hilfe meines neuen, kostbaren Schatzes zeigten sich mir diese Gesetze deutlich und klar.

Wie ich mich sehnte, dieses Licht auf all die schattenhaften Orte leuchten zu lassen, auf all die Dunkelheiten, die vor mir ausgebreitet lagen in diesem geheimnisvollen, unwirklichen Leben, in dem es so viel Blind-Ringende gab, die nicht wussten, wonach sie strebten. Ich erinnerte mich meiner eigenen Betrübnis, meiner eigenen Sorgen, meines Verlangens und Wunsches nach Erleuchtung. Dies alles erschien mir jetzt, mit der großen Not verglichen, die ich sah, so unbedeutend, so kleinlich, dass ich nur ungern meine Gedanken zu irgendeiner Betrachtung von persönlichem Interesse zwang. Ich fürchtete mich nicht mehr vor dem, was die Wahrheit offenbaren konnte. Das Licht war mir bereits so lieb, so kostbar geworden, dass ich, mochte kommen, was da wollte, es niemals wieder fahren lassen würde. Schon jetzt hatte es mir große Mängel, Fehler und Schwachheiten in mir selbst gezeigt und die Gelegenheiten in meinem Leben, die ich hätte besser nutzen sollen. Es hatte mir offenbart, was das Leben ist und was es werden kann, und ich wusste, dass mit Hilfe dieses großen, heiligen Lichtes alles Verborgene enthüllt, alle Dinge deutlich, alle Düsternisse erhellt werden konnten.

Das sehnende Verlangen, diesen Blinden zu helfen, wurde stärker, unwiderstehlicher. Aber sie sahen mich nicht, sie beachteten mich nicht, und ich strebte vergeblich, mich verständlich zu machen. Ich streckte meine Hände aus, aber sie gingen vorüber. Ich rief, aber sie waren in andere Dinge vertieft und hörten mich nicht. Dann wurde ich mir bewusst, dass, um in den Bereich dieser Geister zu kommen, auch ich mich in Nebel kleiden musste. Es war ein abstoßender Gedanke, doch um den Armen zu helfen, wollte ich es tun. Aber wie? Diese Frage stieg in mir auf, und blitzschnell erkannte ich, dass ihre Beantwortung der eigentliche Mittelpunkt meines Suchens war und dass dieser bisher nur in einer unklaren, unbestimmten Sehnsucht gegenwärtig gewesen war.

Dieses Verlangen hatte mich in eine Sphäre aus strahlendem Licht gebracht, wo nur Liebe und Mitgefühl herrschten, hatte mich zu dieser undeutlichen, schattenhaften Welt von Unwirklichkeiten geführt, in die das Licht kaum dringen konnte.

Hier war es, wo Kenntnis und Erfahrung erlangt werden mussten! Ich musste lernen, wie ich mich mit diesem Nebel bekleiden konnte, diesem Material, so nichtmateriell, so unbestimmt, musste lernen, wie es zu behandeln und zu bilden ist, wie es anzufassen und festzuhalten ist, dieses Etwas, das keine Substanz hat. Dies erschien unmöglich, doch ich sah, dass es funktionieren musste.

Lange Zeit suchte ich nach Mitteln, um mein Vorhaben zur Ausführung zu bringen. Dann kam mir jemand zu Hilfe, und gemeinsam überlegten wir, wie diese Angelegenheit vollbracht werden konnte. Er beantwortete meine Frage, wie ich diese nicht-materielle Substanz zusammenhalten kann: Er zeigte mir, wie ich die wolkenähnliche Nebelmasse konzentrieren und durch das gleichzeitige Hineinatmen der mir innewohnenden Lebenskraft mit einem Teil meines Ichs beleben konnte, wenn ich zugleich mein Verlangen und mein intensives Bestreben willentlich hineinzwang. Dann verdichtete sie sich und wuchs an Gestalt wie jene schattenhaften, nebelartigen Wesen um mich herum, die sich meiner Existenz nicht bewusst waren. Jenes so entstandene Wesen war meine eigene Schöpfung, mein ganz besonderes Eigentum, belebt mit meinem Leben, im Dasein erhalten durch meinen Willen, gehorsam meinem Wunsch oder Befehl, von mir abhängig in jedem Moment seines Daseins. Wenn die Intensität meines Willens nachließ, wenn mein Wunsch oder mein Interesse nur ein Jota wankten, so wusste ich, dass dieses schattenhafte Abbild von mir in den Nebel, aus dem es kam, zurückkehren und aufhören musste zu existieren.

Doch für jene Kinder des Nebels war diese meine Schöpfung real, so greifbar wie sie selbst, und es mangelte ihr weder an Leben noch Intelligenz. Nur ich war mir der Tatsache bewusst, dass dieses erschaffene Wesen bloß ein Schatten der Wirklichkeit war, in vielerlei Hinsicht mangelhaft, aber ich war zu unerfahren, ihm das zur Vollkommenheit Fehlende zu verleihen. Doch welche Möglichkeiten standen mir noch offen? Mit welchen weiteren Eigenschaften konnte ich diese schattenhafte Schöpfung noch begaben, wenn ich erst meine eigenen Kräfte vollkommen kennengelernt haben würde?

Wahrlich, ich hatte das Geheimnis enthüllt! Doch nur einen kleinen Teil davon, irgendein anderer Weg und andere Mittel mussten existieren, um etwas noch Vollkommeneres zu erreichen. War es nicht so?

Mit Hilfe meines Freundes riefen wir nun zusammen einen gespensterhaften Schatten ins Dasein, der keinen von uns beiden darstellte, sondern nur ein unfertiges, unförmiges Ding, das wir mit unendlicher Mühe zu einer Gestalt zu bilden versuchten. Aber unser Wille und unsere Ansicht von der Richtigkeit der Vorgehensweise stimmten nicht überein, und das Resultat war daher ein Misserfolg. Der Schatten, den wir zusammen aus dem Nebel erschaffen hatten, war in vielerlei Hinsicht mangelhaft, und wir waren bestrebt, diese Mängel zu beseitigen, die Fehler zu verbessern, den Schatten so zu schaffen, wie der vorhergehende war – das Gegenstück einer lebendigen Wirklichkeit. Doch ungeachtet unserer Mühen gelang es uns nicht, und trotz des Wunsches, ein Wesen hervorzurufen, das dem ersten ähnelte, konnten wir im besten Fall nur ein elendes Abbild aufbauen, das nicht belebt werden konnte wegen des widerstreitenden Willens seiner Schöpfer.

Dies also war das Geheimnis, und ich empfand ein Gefühl von brennender Scham und Demütigung. Ich hatte meinen Freund getadelt wegen des Misslingens, an dem ich selbst auch schuldig war. Ich hatte meinen Willen in das Werk der Schöpfung hineingebracht, und die Ideen kreuzten sich gegenseitig wie die Linien von zwei nassen Zeichnungen, die, gegeneinander gelegt, dadurch ausgelöscht, verwischt und unkenntlich werden. Irregeleitete Energie, die nicht durch Verstand und Wissen regiert wird, muss Misserfolge im Erreichen des vorgenommenen Ziels haben, und so war es mit uns.

Das Geheimnis war nicht länger ein Mysterium, und ich sehnte mich, meiner Reue Ausdruck zu verleihen wegen der Schroffheit, die ich meinem Freund gegenüber gehegt hatte. Wie leid tat es mir, wie sehr wünschte ich, es wieder gutzumachen und zu helfen, anstatt zu tadeln! Ich sah, dass ich es war, die den Weg in den Irrtum geführt hatte, weil ich durch meinen Willen und Wunsch ein Ziel erreichen wollte, für das meine Kraft nicht ausreichte.

Als ich über diese Dinge nachdachte, kamen die Kümmernisse und Sorgen, die den gleichmäßig ruhigen Verlauf des Traumlebens gestört hatten, mir deutlicher als je zuvor ins Bewusstsein zurück. Ich erinnerte mich vieler halbvergessener Freuden und Leiden, die einstmals Wirklichkeit gewesen waren, der Mutmaßungen hinsichtlich eines künftigen Lebens, einer anderen Existenz außerhalb des Traums, und ich empfand ein mitleidig lächelndes Bedauern über die Unwissenheit der Träumerin, die das Traumleben mit der herrlichen Wirklichkeit verwechselt hatte. Nun, da ich das Problem gelöst hatte, schien meine Arbeit getan zu sein. Ich wusste jetzt, wie ich mich diesen im Dunkeln Ringenden nähern konnte, und ich wollte ihnen mit all meiner Kraft helfen. Ich wollte ihnen das Licht zeigen, durch das sie den rechten Weg zur Erkenntnis sehen würden. Ich wollte nicht im Lehren ermüden, aber jetzt war ich noch frei, mich aus dieser schattenhaften Region zu entfernen. Ich war frei, noch einmal die helle, durchleuchtete Luft zu atmen, die ich verlassen hatte, um die Schönheit jener anderen Welt mit vollen Zügen zu genießen und mich an der unaussprechlichen Liebe und Güte zu erfreuen, die von seinen Bewohnern ausging und sie beseelte.

Ich wollte zu den Bewohnern der Nebel zurückkehren! Aber zuerst musste ich neue Kraft und frischen Mut von jenen strahlenden Wesen sammeln, deren Lächeln mich erwärmt und durchdrungen hatte mit einer Exstase voller Liebe und Zuneigung! Doch eine merkwürdige Empfindung wie von einer großen Anziehungskraft hielt mich zurück, und vergebens versuchte ich, ihren Einfluss abzuschütteln. Ich verlangte nach Befreiung, nach Freiheit, doch ich war wie eine Gefangene, die zu jenem Gefängnis zurückgezogen wurde, aus dem sie entflohen war. Ich wusste, mochte ich auch widerstreben, so sehr ich wollte, dass ich dennoch jener Macht gehorchen musste, die mich zwang, zurückzukehren. So ergriff ich mit all meiner Kraft den Schatz, den ich gefunden hatte, und ich gehorchte. Betrübt und trotzdem mit einem Gefühl der Erhabenheit wegen meines errungenen Kleinods, kehrte ich zurück in mein Heim im Schattenland.

In derselben Weise wie bei seinem Verlassen, schienen die Wände sich mir nun zu nähern und zurückzuweichen. Ich ging hindurch wie durch einen Nebel und stand wie zuvor mit demselben Gefühl der Unwirklichkeit vor jener Frau, die ich so ruhig liegend mit dem Buch in der Hand erblickte, entweder schlafend oder tot. Dass der Körper dieser Frau das Gefängnis war, aus dem ich entflohen war, und dass ich wieder eine Gefangene werden musste, wusste ich jetzt. Ich wusste, dass ich mich zu fügen hatte. Es gab so viel für mich zu tun, um diesen armen, ringenden Geistern zu zeigen, dass es jenseits der Schatten eine lebende Wirklichkeit gibt, absolut und vollkommen, dass das Kleinod, das ich errungen hatte, auch ihnen zuteilwerden könnte, um ihnen auf dem Weg zur Freiheit zu helfen. Nur in die nebelhaften Gewänder gekleidet, konnte ich mich ihnen nähern und diese Dinge berichten. So war ich zufrieden, zurückzukehren und geduldig, um auf die Zeit der Befreiung zu warten. Ich kannte nun meine Pflicht und wollte sie freudig erfüllen.

Dasselbe Gefühl von Schmerz, von Ohnmacht und müdem Bedrücktsein kam über mich, und wieder war ich mir bewusst, dass ich auf meinem Ruhelager mit dem Buch in der Hand lag. Ich öffnete meine Augen, alles um mich herum war dasselbe geblieben. Nichts war verändert. Die Blumen, die Bilder, die Vorhänge sahen aus, wie sie immer ausgesehen hatten, aber eine große Veränderung war dennoch geschehen: Ich empfand inmitten dieser alten Umgebung ein Gefühl von Freude, Ruhe und absoluter Befriedigung, so wie ich es niemals zuvor gekannt hatte. Wie lange ich fortgewesen war, weiß ich nicht, denn in der Welt der Wirklichkeit, die ich besucht hatte, gibt es weder Zeit noch Raum noch irgendetwas, womit gemessen wird wie auf der Erde.

Seltsam, wie der Schatten und die Wirklichkeit ihre Plätze tauschen! Hätte ich es nicht besser gewusst, ich würde gesagt haben, dass jede irdische Szene die Wirklichkeit und jene Welt, die ich besucht hatte, die Traumwelt sei. Aber der Schatz, den ich dort gefunden habe, ist noch in meinem Besitz. Dieses eine Atom der lebendigen Wahrheit hat mir den Frieden gebracht, der höher ist als alle Vernunft, und in seinem hellen Licht sehe und weiß ich, dass die Geistermitteilungen und der Geisterverkehr Wahrheit sind, so wahr wie die Tatsache, dass Gott existiert.

Man mag sagen, dass ich geträumt hätte. Aber das macht nichts, denn ich weiß, dass es kein Traum war, sondern ein Vorgeschmack des Lebens, des wahren und unbestreitbaren, und dass diese Erfahrung mir während des noch kommenden

Teils meiner Reise durch die Schatten helfen wird, mit Geduld zu ertragen, was auch kommen mag, und mir Mut geben wird, zu kämpfen bis ans Ende.

Kapitel XXVll.
Geisterphotographien?

„Gleich wie du nicht weißt den Weg
des Windes … also kannst du auch
Gottes Werk nicht wissen, das er tut überall.“
Prediger Salomonis, Kap. l1, Vers 5

Ich war noch nicht lange mit dem Thema des Spiritualismus bekannt, als die Frage aufkam, ob es möglich sei, Photographien der Unsichtbaren zu erhalten – transzendentale, okkultistische oder Geister-Photographien, wie immer wir sie nennen mögen. Ich war mir damals noch nicht vollständig bewusst geworden, wie sehr ich durch die Séancen gelitten oder wie groß der Verlust an Lebenskraft gewesen war, den sie verursacht hatten. Da meine Gesundheit zu keiner Zeit sehr robust war, kam es mir nicht in den Sinn, dass meine Müdigkeit und vollständige Erschöpfung einigen von jenen zugeschrieben werden konnten, mit denen ich bei den Séancen in Berührung kam. Meine Freunde schlugen fortgesetzt Experimente vor, die in der Regel für mich ebenso interessant waren wie für sie, und unter anderem wurde die Idee, Geisterphotographien zu erhalten, fortwährend angeregt. Ich war eifrig bestrebt, jede Gelegenheit dafür zu nutzen. Aber da ich im Photographieren nicht geübt war, gab es weder ein System noch ein fortgesetztes Bemühen bei unseren Experimenten in dieser Richtung, und wir verstanden damals nicht, wie schwer es ist, verschiedene Formen des Mediumismus gleichmäßig zu ein und derselben Zeit zu entwickeln, ohne das Nervensystem zu überreizen.

Obgleich ich jede Gelegenheit, die gewünschten Photographien zu erlangen, wahrnahm, so war es doch erst im Jahre 1876, dass ich während meiner Anwesenheit in London glaubte, erfolgreich gewesen zu sein, und selbst dann schrieb ich den Erfolg nicht meinem Mediumismus zu.

Mistress Burns, die selbst eine hochbegabte, sensitive Person ist, ging mit mir zu dem Geisterphotographen Mister Hudson. Nachdem ich photographiert worden war, entwickelte Mister Hudson die Photoplatte und war ganz beglückt über den Erfolg, der meinen Besuch begleitet hatte, da eine sehr schöne Gestalt auf die Platte neben meine Photographie gebannt war. Er eilte mit der sensationellen Nachricht ins Zimmer, hocherfreut, mir das Bild zeigen zu können. Da blieb sein Fuß in einer Matte hängen. Er strauchelte, und die Photoplatte wurde in Stücke zerschlagen.

Kurz danach besuchte ich Paris und Brüssel. An letzterem Ort wurde ich eines Vormittags nicht weniger als zwanzigmal photographiert, ohne das geringste Anzeichen von dem zu erhalten, was wir erreichen wollten. Ich erinnere mich nicht, dass weitere Bemühungen während der nächsten zwei Jahre gemacht wurden, obgleich wir hier und da Versuche anstellten, wenn sich eine Gelegenheit dazu bot. Zwischen 1878 und 1880 unternahmen verschiedene Photographen Versuche, ohne erfolgreich zu sein.

Als ich 1880 nach Schweden ging, nahm ich eine Kamera und 288 Platten mit, die ich in der Hoffnung verbrauchte, dass wir zu irgendeiner Zeit einen Schimmer von dem sehen würden, was wir wünschten. Ich erhielt Hilfe von einem Photographen und setzte die Arbeit systematischer als bei allen früheren Gelegenheiten fort. Aber meine Gesundheit litt seit jener schrecklichen Erschütterung in der Séance in Newcastle 1880 beinahe sieben Jahre lang, sodass mein Mediumismus zu jener Zeit fast erloschen war. Als die vierundzwanzig Dutzend Platten daher aufgebraucht waren, wurde die Kamera vernachlässigt und zuletzt beschädigt.

1888, 1889 und 1890 stellten wir mehrere Versuche an und erlangten eine einzige Photographie im letztgenannten Jahr. Wie bereits geschrieben, geschah dies ganz unerwartet in der Villa O. P. in Göteborg, als ich für Mister Boutlerof Modell saß, der sehen wollte, ob die Kamera richtig eingestellt war und ob das Magnesiumlicht, das verwendet werden sollte, richtig funktionierte. Mister Aleksandr Aksakov und einige andere meiner Freunde besprachen das Thema der Geisterphotographien, als Mister Boutlerof die Unterhaltung unterbrach, während er hereinkam und sagte: „Ich habe die Kamera eingestellt auf den Stuhl in der Ecke des anderen Zimmers, und ich bitte Sie, Mistress Espérance, zu kommen, damit ich das Blitzlicht testen kann."

Dies war in der Abenddämmerung kurz vor dem Entzünden der Lampen. Wir erhoben uns alle und begleiteten Mister Boutlerof in das Zimmer, wo die Kamera stand. Es waren weder bestimmte Anordnungen noch Arrangements darüber getroffen worden, wo wir sitzen sollten, außer dass mir gesagt wurde, „auf dem Stuhl dort in der Ecke Platz zu nehmen." Ich tat es, und als das Magnesiumlicht fast augenblicklich aufblitzte, sahen alle Anwesenden die Figur eines Mannes hinter mir stehen. Diese Gestalt war weder vor noch nach dem Aufleuchten sichtbar, und alle waren neugierig zu erfahren, ob irgendein Abbild auf der Platte sichtbar war. Glücklicherweise blieb die Photographie dieses Unbekannten gesichert. Mit Unterbrechungen stellten wir dann Versuche in Göteborg, Oslo, Berlin und anderen Orten an, aber noch ohne Erfolg.

1896 ging ich nach England und erhielt während meines dortigen Aufenthalts einige für mich zweifelhafte Manifestationen, von denen angenommen wurde, dass es Geisterphotographien seien. Aus verschiedenen Gründen, auf die ich jetzt nicht näher eingehen will, war es mir nicht möglich, diese als echt anzunehmen, obgleich sie es vielleicht sein mochten.

Daraufhin beschloss ich, einen weiteren Versuch bei meiner Rückkehr nach Deutschland durchzuführen. Ich führte meinen Vorsatz aus und erhielt mehrere wolkenähnliche, undeutliche Gebilde von unsichtbaren Objekten, aber ich wurde so außerordentlich nervös, dass ich das Photographieren für zwei oder drei Wochen aufgeben musste. Dann versuchte ich es wieder und erhielt deutlichere Gestalten der Unsichtbaren. Zwei oder drei waren vortreffliche Porträts von anscheinend irdischen, lebenden menschlichen Wesen. Wieder quälten mich meine Nerven so sehr, dass ich es nicht einmal wagte, die Treppe hinunterzugehen. Tatsächlich hatte ich kaum den Mut, das Zimmer zu durchschreiten, sodass die Experimente aufhören mussten.

Eine der ersten Schattengestalten.
Photographiert am 8. Februar 1897, nachm. 3 Uhr.

Schattengestalt, photographiert am 9. Februar 1897, nachm. 3 Uhr.

Y-Ay-Ali, photographiert am 12. Febr. 1897, 3 Uhr nachmittags, während Lily F. im Sessel sitzt.

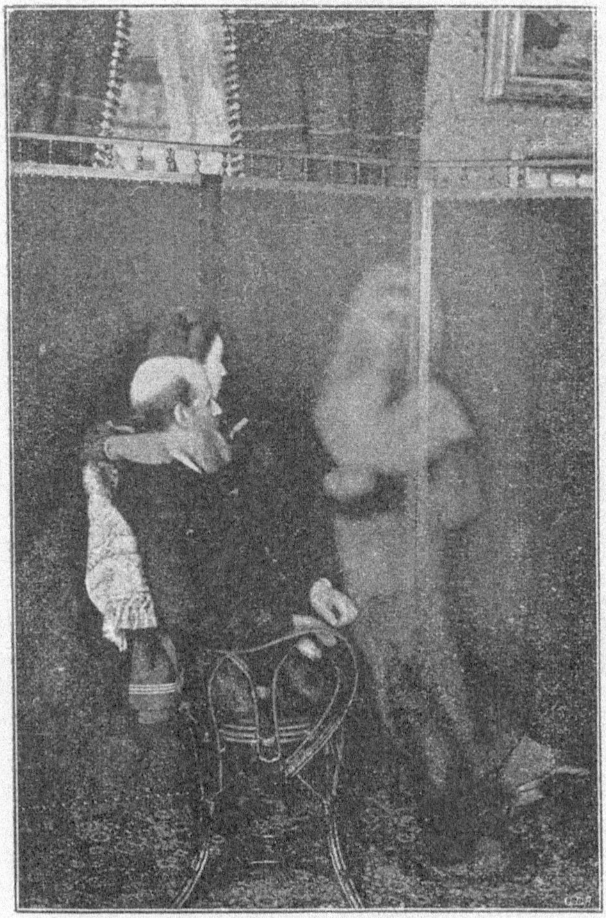

Geisterphotographie, erhalten am 12. Febr. 1897.
Nach Angabe der Geister ist es
das Portrait von »Yolande« (der Jüngeren).

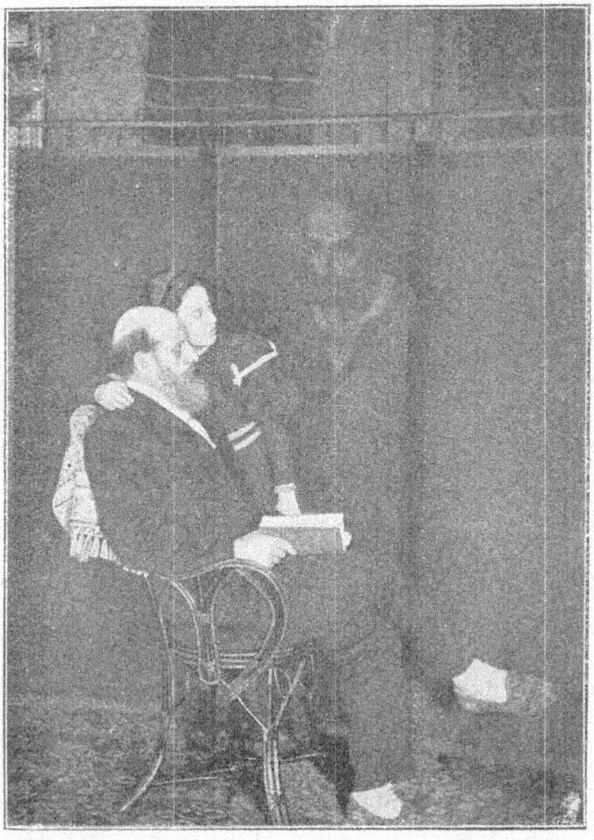

Portrait, erhalten am 14. Februar, 1897, 3 Uhr nachm.
Nach Angabe der Geister ist es das von Philipp Melanchton.

Yolande (die Jüngere), photographiert am 15. März 1897, 4 Uhr nachmittags.

Nach Angabe der Geister Photographie von Ninia, erhalten am 20. Februar 1897, 3 Uhr nachmittags.

Photographie, erhalten am 27. Februar 1897, 3 Uhr nachmittags. Nach Angabe der Geister ist es Elias ben Ammand von Nazareth, der sein Leben unter den Aussätzigen in Palästina zubrachte.

Im Januar 1897 reiste ich für ein paar Monate nach Göteborg in der Absicht, das Manuskript dieses Buches für den Druck fertigzustellen. Meine Freunde kauften eine neue Kamera mit allem nötigen Zubehör für eine neue Reihe von Experimenten in der Geisterphotographie. Am 28. Januar hatten sie alles bereit für dieses neue Studium. Da sie früher dem Thema des Photographierens keine Aufmerksamkeit entgegenbrachten, mussten sie noch viel lernen. Die ersten drei Tage nutzten wir zu einer Art von vorbereitenden Übungen im Experimentieren, um uns ein wenig mit der Kamera, mit dem Einstellen, Entwickeln, Abziehen usw. vertraut zu machen.

Am 1. Februar fingen wir an, systematisch zu arbeiten, konnten aber nur von Misserfolgen berichten. Wir hatten jedoch beschlossen, die Arbeit fortzusetzen, egal, was das Resultat sein möge, vorausgesetzt, dass meine Gesundheit nicht zu sehr angegriffen oder ein anderes unüberwindbares Hindernis eintreten würde.

Am 2. Februar, als wir eine der belichteten Platten entwickelt hatten, zeigte sich darauf eine sehr zart angedeutete, wolkenhafte Gestalt. Wir waren ungewiss, ob wir irgendeinen Wert darauflegen sollten und ob es vielleicht der Vorläufer von etwas Entschiedenerem und Deutlicherem sein mochte ...

Am nächsten Tag war ein Kopf auf einer der Platten, dessen Gesichtszüge und allgemeinen Umrisse uns an unseren alten und lieben Freund Georgio erinnerten, der vor mehreren Jahren gestorben war. Am 4. und 5. Februar erhielten wir eine leichte Andeutung von irgendeiner Gestalt. Am 6. waren all die belichteten Platten misslungen, aber am 7. ließ sich eine Art von Nebel erkennen, der einem Kopf ähnelte.

Am 8. und 9. Februar erschienen auf den Platten zwei sehr deutliche, wie aus Wolken gebildete Gestalten menschlicher Wesen. Weder Gesichtszüge noch klare Umrisse waren sichtbar – die Gestalten erinnerten etwas an Figuren, die aus

Schnee geformt waren. Diese jedoch sah man so deutlich, dass wir ermutigt wurden, weiter zu photographieren.

An den zwei folgenden Tagen, am 10. und 11. Februar, misslangen alle belichteten Platten. Wir fingen dann an, Mittel zu ersinnen, um unsere Arbeitsmethode zu verbessern. Wir entschieden uns, das Licht so einzurichten, dass die Platten ihm nur kurz ausgesetzt waren, weil an manchen Tagen, wenn der Himmel bewölkt blieb oder Schnee fiel, mit dem Belichten von 40 bis zu 100 Sekunden abgewechselt worden war. Mal hatten wir morgens und manchmal nachmittags photographiert, aber von nun an beschlossen wir, pünktlich um 3 Uhr nachmittags zu beginnen, ohne auf das Wetter zu achten. Ein anderer wichtiger Entschluss war, an trüben Tagen ein Magnesium-Blitzlicht zu gebrauchen, um das Belichten abzukürzen.

Bisher hatten wir das Photographieren in einem Eckwohnzimmer durchgeführt, das nach Süden und Westen lag. In dieser Hinsicht konnten wir nichts verbessern. Wir benutzten auch einen dunklen, braunen Schirm als Hintergrund. Auch in dieser Beziehung mussten wir uns sagen, dass keine Verbesserung möglich war, außer wir bedeckten ihn mit schwarzem Tuch, sodass jede weiße Gestalt umso sichtbarer sein konnte. Wir waren gewöhnlich fünf Personen, die an den Experimenten teilnahmen, nämlich mein Wirt, dessen Frau, ihre zwei Töchter und ich selbst. Wenn die Uhr drei schlug, betraten wir alle das Wohnzimmer, einer von uns gab dem Schirm die passende Stellung, ein anderer überprüfte die Kamera, während ein dritter neben dem Schirm saß, um die richtige Einstellung zu ermöglichen. Ein anderer war für die Fenstervorhänge zuständig und ordnete sie so, dass der beste Lichteffekt erzeugt wurde. Wir alle wechselten uns beim Bedienen der Kamera ab, und wenn wir endlich den Magnesium-Apparat zu sicherem Arbeiten gebracht hatten, hielten wir alles bereit und warteten stillschweigend dreißig Sekunden, belichteten die Platte fünf Sekunden und ließen dann das Magnesiumlicht aufblitzen. Zuweilen machten wir drei oder vier und manchmal sechs oder sieben Aufnahmen. Gleich darauf gingen wir in die Dunkelkammer und entwickelten die Platten. Wir hatten nun ungefähr vierzehn Tage gearbeitet und fingen wieder an, andere und möglicherweise bessere Arten des Verfahrens zu erwägen. Am 12. Februar jedoch wurden wir mit zwei Gestalten belohnt, von denen die Gesichtszüge der einen ganz deutlich waren. Dies ermutigte uns sehr. Am nächsten Tag hingegen hatten wir lauter Misserfolge.

Am 14. Februar erzielten wir zwei Gesichter, von dem einen wurde angenommen, dass es einige Ähnlichkeit mit der Mutter meines Wirtes hatte. Das andere erinnerte uns an Huss oder an jemanden, dessen Porträt wir möglicherweise gesehen hatten, der aber der seiner Kleidung nach zu urteilen in der Renaissance gelebt haben musste. Am folgenden Dienstag waren wir erstaunt, in den Tageszeitungen Artikel zu finden, die das Lebenswerk von Philipp Melanchthon beschrieben, der am 16. Februar 1497 geboren wurde, und wir erkannten dann die Ähnlichkeit zwischen der Photographie, die wir erhalten hatten und dem Porträt Melanchthons.

Am 15. und 16. Februar gelangen uns keine Aufnahmen. Hierüber waren wir nicht erstaunt, da ich mich nach einem heißen Bad ernsthaft erkältet hatte. Wir setzten jedoch unsere Experimente in der gewohnten Weise fort.

Am 17. Februar belichteten wir mehrere Platten wie zuvor beschrieben, und wir erlangten ein schönes Abbild der Unsichtbaren. Jedoch nach dem Entwickeln der Platten sahen wir erst, wie erfolgreich wir tatsächlich gewesen waren.

Am 18. und 19. Februar erschienen leichte, nebelhafte Formen von zwei Köpfen. Am 20. erhielten wir die Photographie eines Mädchens, von dem angenommen wurde, dass es unsere kleine spanische Freundin Ninia war, die in Santiago in Südamerika starb.

Am 21., 22., 23., 24. und 27. erhielten wir jeden Tag wenigstens eine oder zwei Photographien der Unsichtbaren, und bei drei dieser Aufnahmen saßen Fremde neben dem Schirm. Am 25., 26. und 28. misslang alles. Damit endeten vorläufig die „Februarexperimente", wie wir sie nannten.

Am 1. März ging ich nach Stockholm, um einige meiner Freunde dort zu besuchen, und ich blieb eine Woche fort. Als ich am 8. März zurückkehrte, war ich sehr erschöpft von Séancen, die ich dort durchgeführt hatte. Am 9. jedoch fingen wir wieder an und setzten das Photographieren jeden Tag fort bis zum fünfzehnten. Während dieser sieben Tage machten wir dreißig Aufnahmen, von denen sieben gelangen. Am nächsten Tag, dem 16. März, reisten Mistress F., Miss F. und ich nach Kopenhagen. In der Zeit von fünf Wochen hatten wir insgesamt 132 Platten belichtet, von denen 102 misslungen waren.

Ich habe sehr ernste Zweifel gehabt, ob es ratsam ist, irgendwelche Einzelheiten über diese photographischen Experimente zu geben, da ich sah, dass die Arbeit nur ein Versuch war und wir nicht das ausreichend erlangt hatten, was wir nach unserer Annahme für uns sehr wohl erreichbar hielten. Da jedoch der ganze Bericht über meinen Mediumismus mehr oder weniger ein Bericht von Experimenten ist, will ich vorliegendes Buch nicht mit Stillschweigen bezüglich dieser neuen Phase des Mediumismus' zu beenden, obgleich ich eigentlich dagegen bin, die Einzelheiten einer Arbeit wiederzugeben, die so unvollendet ist.

Die ganze Reihe der Photographien zeigte, dass wir rein auf der Experimental-Stufe standen. Aber unsere Arbeitsmethode und die Tatsache, dass nach vielen Jahren von fruchtlosen Versuchen und einigen Hunderten von Misserfolgen wir schließlich annehmbare Erfolge erzielten, können von Interesse für den Forscher okkulter Phänomene sein. Dies ist ein ausreichender Grund, hier das Wenige wiederzugeben, was wir vollbracht haben.

Aller Wahrscheinlichkeit nach hätte ich diese Photographien zehn oder zwanzig Jahre früher erlangen können, wenn ich ausschließlich daran gearbeitet hätte, nur diese zu erzeugen und andere Formen des Mediumismus unbeachtet gelassen hätte. Ich zweifle keinesfalls, dass die Photographien durch Geisterwirkung hervorgerufen sind. Aber ob sie wirkliche Photographien der Geister oder Photographien von dem sind, was die Geister auf den Platten hervorgebracht haben, lasse ich ungesagt, bis mir weitere Gelegenheit zur Erforschung geboten sein wird.

Ich messe dieser Arbeit viel Gewicht bei. Merkwürdigerweise litt meine Gesundheit nicht darunter, sondern verbesserte sich tatsächlich, während das tägliche Photographieren vor sich ging, daher sehe ich hierin eine Möglichkeit, dass ein großes Werk vollbracht werden kann, falls wir lange genug leben, um es auszuführen. Mistress F. zeigte großes Interesse an all den Einzelheiten und mühte sich Tag und Nacht mit dem Entwickeln, Fixieren und Aufziehen der Photographien, sodass wir alle vollständigen Anteil an der Arbeit hatten, und wenn mich irgendein ernstlicher Verlust an Lebenskraft schwächte, so ermöglichten mir die günstigen Bedingungen, mich so schnell wieder zu erholen, dass der Verlust unmerklich war.

Kapitel XXVIII.
Forscher, die ich gekannt habe

„Die Menschen sind Feinde von dem, das sie nicht kennen."
Arabisches Sprichwort

„Wenn die Fledermäuse das Licht der Sonne fliehen, beweist dies, dass die Sonne nicht leuchtend ist?"
Saadi

Wenn ich die Experimente und Forschungen des letzten Vierteljahrhunderts überblicke, kann ich erkennen, in welche Trugschlüsse ich unbewusst gefallen bin, zum großen Teil Irrtümer in der Beurteilung, aber in der Mehrzahl waren es Fehlschlüsse verursacht durch eine tadelnswerte Unkenntnis der einfachsten Naturgesetze. Hinsichtlich der Tatsache, dass, wenn wir einen gewissen Erfolg erzielen konnten, wir für Material, welches die nötigen Eigenschaften besitzt, sorgen mussten, hatten wir zu sehr übersehen oder vielleicht haben wir es zu sehr als selbstverständlich angenommen, dass diejenigen, die ein Interesse an dem Thema vorgaben, fähig waren, dieses zu beschaffen. Nur nach ernsten Erfahrungen, die durch viele Leiden gelernt wurden, hat sich uns diese Erkenntnis aufgedrängt. Es würde ebenso nutzlos sein, einen Ziegelbrenner mit Sand und Wasser zu versehen, in der Erwartung, dass er daraus gebrauchsfähige Ziegel fertigt, als einen Kreis zu bilden von der Mehrzahl der sogenannten Forscher und dann von den Geistern zu erwarten, Manifestationen hervorzubringen, die über alle Zweifel erhaben sind. Gleich dem Ziegelbrenner tun sie, was sie können, mit dem Material, das zu ihrer Verfügung steht, und wenn die Erfolge von zweifelhaftem Wert sind, so ist es nicht ihre Schuld, sondern die der Personen, die das Material lieferten.

Die meisten Personen, die ihre Aufmerksamkeit dem Studium dieser Kunst zuwenden, haben vermutlich die angenehme Überzeugung, dass sie besonders geeignet seien, die dazugehörigen Probleme zu verstehen und zu lösen, und sie führen ihre Forschungen auf verschiedene Weise aus. In der Regel gibt die Art ihrer Untersuchung Aufschluss über die Natur des Materials, das sie den Unsichtbaren zur Verfügung stellen.

Ich bin mit verschiedenen Arten von Forschern in Berührung gekommen, die darauf hinarbeiteten, eine oder die andere ihrer eigenen Lieblingstheorien bestätigt zu sehen. Jene Phänomene, die ihre eigenen Anschauungen unterstützen oder mit ihren vorgefassten Theorien übereinstimmen, werden eifrig von ihnen unterstützt, während alle anderen, die dieser Richtung nicht zuneigen oder ihren Ideen widersprechen, Geringschätzung erfahren. Diese Forscher sind gewöhnlich durch Theorien befriedigt, indem ihre Einbildung alles Übrige für sie ersetzt, daher der Ursprung von Begriffen wie „Spuk", „Schalen", „Gedankenformen", „Elementargeister" und ähnlichen Torheiten. Aber selbst diese misslungenen Produkte einer zu oberflächlichen Forschung sind jenen Schlüssen vorzuziehen, die durch eine andere Kategorie sophistischer oder wissenschaftlich gebildeter Forscher erzielt werden, die ihre Untersuchungen mit der Anmaßung beginnen, dass alle Personen unehrlich sind, außer ihnen selbst. Alle Meinungen, außer ihrer eigenen, sind beeinflusst oder ohne berechtigte Begründung. Alle Beobachtungen, außer den ihrigen, sind unzuverlässig, alle berichteten Phänomene unbegründet, wenn sie nicht selbst Augenzeugen davon waren. Alle Phänomene, die unter anderen Bedingungen erlangt wurden, als die von ihnen aufgestellten, sind unwürdig, geglaubt zu werden.

Ihr Urteil, kurz zusammengefasst, lautet folgendermaßen: „Wir haben Betrug gefunden, folglich ist gar keine Wahrheit darin." Oder mit anderen Worten könnten sie sagen: „Unser Verstand kann Betrug verstehen, aber er ist unfähig, die

Wahrheit zu erfassen, folglich existiert sie nicht." In derselben logischen Weise schließend, könnte man sagen: „Eine falsche Münze ist ein ausreichender Beweis dafür, dass es keine echten gibt." Die Beweisführung anderer könnte argumentieren: „Wenn es keine echten Münzen gäbe, würde es keine falschen geben." Aber so denken diese weisen Männer nicht.

Es gibt noch eine andere Kategorie, aber ich will meinen Landsleuten Gerechtigkeit widerfahren lassen und betonen, dass ich unter ihnen keinen dieser Art gefunden habe. Diese handeln nach dem Prinzip, einen Dieb anzustellen, um einen Dieb zu fangen. Sie heucheln das größte Interesse am Spiritualismus und machen so die Bekanntschaft von Personen, die den Ruf haben, Medien zu sein. Sie bitten, als ob es um ihr Leben ginge, um den Vorzug, einer Séance beiwohnen zu dürfen, gaukeln die wärmste Teilnahme und die freundlichsten Gefühle gegenüber dem Medium vor, und wenn ihnen endlich erlaubt wird, sich dem Kreis anzuschließen, nehmen sie sich eine Kamera oder ein Mitglied der Geheimpolizei mit, damit diese ihnen beim Entlarven des Betruges beistehen, von dem sie glauben, dass er geschehen wird.

Ein Forscher dieser Art, von der Geistlichkeit angespornt, verschmäht nicht, in die Privatwohnung eines Mediums durch Löcher zu spionieren, die er in die Tür oder Wand von dessen Zimmer gebohrt hat. Oder: Nachdem er das Medium in liebenswürdiger Weise eingeladen hat, ihm einen Freundschaftsbesuch in seinem Haus abzustatten, verschafft er sich Nachschlüssel oder öffnet auf andere Weise den Koffer des Mediums, um seinen Inhalt zu durchsuchen. Er veranlasst durch Versprechungen und Überredungen ein Medium, für einige wenige enge Freunde eine Séance zu geben und lässt dann ihn oder sie – häufig ein weibliches Wesen – bis auf die Haut entkleiden, um sich zu überzeugen, dass er oder sie an ihrem Körper nicht die Mittel bei sich tragen, mit denen sie den unschuldigen (?) und selbstlosen (?) Forscher täuschen. Wenn er über diesen Punkt beruhigt ist, bindet er das Medium mit Stricken fest, befestigt es mit Schrauben oder Riegeln an der Wand oder am Fußboden und erwartet dann mit beschaulicher Selbstzufriedenheit spirituelle Manifestationen.

Mein Blut kocht in mir, wenn ich von sensitiven Medien höre, häufig jungen Mädchen oder Damen, die solchen Entwürdigungen und groben Beleidigungen dieser „Forscher" ausgesetzt sind, die bei der ersten Andeutung von etwas, was ihrem beschränkten Verständnis verdächtig erscheint, bereit sind, den Unglücklichen, angeblich Schuldigen, anzuzeigen und die verurteilende Nachricht zu verbreiten, indem sie sich ihrer Geschicklichkeit als Detektiv stolz-vergnügt rühmen. Wissend, was ich weiß – und das ist wenig genug – von den Bedingungen, die zu erfolgreichen Manifestationen notwendig sind, kann ich nur darüber sehr erstaunt sein, dass solche Experimente überhaupt jemals von Erfolg gekrönt sind. Wenn das Material, das von den Forschern beschafft wird, hauptsächlich aus Verdacht, Intrigen und Zweifeln besteht, in den meisten Fällen vervollständigt durch die schädlichen Dünste von Alkohol und Nikotin, wie kann man sich darüber wundern, dass die einzigen Erfolge darin bestehen, Unehre und Schande im Namen der Wahrheit zu erbringen, jener Wahrheit, die sie zu verteidigen vorgeben? Dem Medium, welches das Opfer ist und dem der Skandal zur Last gelegt wird, aber bringen sie den Ruin!

Ich habe sagen hören, dass nur noch wenig gute Medien übriggeblieben sind, um für die Sache zu streiten. Ich bin nicht überrascht. Sie haben so viel unter den Händen unwissender Forscher gelitten, die sich auf ihre besondere Qualifikation als Gelehrte etwas einbilden, dass sie sich von der Arbeit zurückgezogen haben, schmerzerfüllt und entmutigt, zu Tode erschöpft, sodass ihnen sogar der Name der Wahrheit verleidet ist, für die sie das Beste gaben, was sie hatten: Zeit, Gesundheit, ihren Ruf.

Aber Gott sei Dank, es gibt eine lichtere Seite, es sind noch gute und wahre Menschen auf der Erde, Menschen, auf die der wissenschaftliche und der als Geheimpolizist arbeitende Forscher mit verächtlichem Mitleid blickt, aufrichtige, natürliche Personen, ehrlich in ihren Gedanken und Handlungen, die weder sich selbst noch ihren Nächsten dadurch erniedrigen wollen, dass sie einen Zweifel an dessen Ehrlichkeit hegen. Sie ziehen es vor zu glauben, dass jedermann schuldlos sei, bis er sich als schuldig erwiesen habe. Die jedem Menschen innewohnende Fassungskraft, jene geheimnisvolle Macht, die das Weltall regiert, gibt einem solchen Menschen in dieser Forschung einen Beobachtungsstandpunkt, die andere trotz der Hilfe aller irdischen Wissenschaften niemals hoffen könnten zu erreichen. Diese können irgendwann dahin kommen, an eine spirituelle Existenz zu glauben, jener aber weiß es.

Auch muss der Aufrichtige nicht in den Klassikern gelehrt sein. Er braucht nicht Griechisch von Latein unterscheiden zu können. Im Vergleich mit diesen „Forschern" ist er jedoch wie eine Himmelslerche einem Maulwurf gegenüber. Während diese, deren Interessen irdisch sind, ihrer Beschäftigung nachgehen im Pulverisieren und Aufwerfen von kleinen Hügeln des Bodens, in dem sie ihren Unterhalt finden, blind für alles auf der Erde über ihnen, kann der Vogel, obgleich er sein Heim tief unten auf der Oberfläche der Erde baut, auf leichten Schwingen in die Welt der Luft und des Sonnenscheins aufsteigen mit seinem freudigen Lobgesang. Von solch einem Menschen und denen, die ihm ähnlich sind, gelten die Worte: „Jene, die reinen Herzens sind, werden Gott schauen." Denn so ist es, dass nur die, die ein reines Gemüt, einen reinen Körper und ein aufrichtiges Verlangen nach Licht haben, die Wahrheit finden werden. Jene Menschen, deren Geist durch die Bande ihres Gaumens gefesselt wird, die ihr Gehirn umwölken und ihre Nerven durch das Gift des Nikotins zerstören oder sie durch das Feuer des Weins übermäßig erregen, sind nicht geeignet Anspruch zu erheben auf die Gemeinschaft mit denen, die in die Welt der Geister eingetaucht sind. Auch ist der, der nur durch das Verlangen, einer Lieblingsidee oder einem unbestimmten Traum Gestalt zu geben, angespornt wird, eine Theorie aufzustellen oder seinen Ruf als Mann der Wissenschaft oder als Entdecker zu vergrößern, keinesfalls besser geeignet für diese Tätigkeit.

Wenn nicht reinere und bessere Motive als diese ihn weiterführen, dann soll er sich nicht dieser Forschung widmen, denn sie wird ihm misslingen. Und der, der nur Betrug in anderen zu entdecken sucht, dabei die Falschheit in sich selbst verrät, wird das finden, was er sucht – nämlich die Unwahrheit. Die Wahrheit wird er jedoch niemals entdecken.

Aber Euch, die ihr des normalen Lebens müde seid, seiner nie endenden Sorgen, seiner Schmerzen, seiner Leiden, Euch, deren Herz nach Gewissheit verlangt, Euch, deren Lieben dahingegangen sind und Euch verzweifelt und schmerzerfüllt zurückließen, Euch, die ihr hungert und dürstet nach Beweisen eines künftigen Lebens, Euch sage ich: Reinigt Euer Bewusstsein von Vorurteilen, Euren Verstand von Gift, Euren Körper von den Unreinheiten der Krankheiten, die durch die Verwöhnung des Gaumens und der Sinneslust hervorgerufen sind, und beginnt Eure Forschung! Seid versichert, Ihr werdet finden, was Ihr sucht. Der Boden, den Ihr betreten wollt, ist heilig, entweiht ihn nicht mit Füßen, die mit dem Schlamm des Misstrauens beschmutzt sind, betrachtet das Werkzeug, durch das ihr Euch ihm nähern müsst, nicht als unwürdig des Vertrauens an. Kommt mit aufrichtigem Verlangen zu lernen, nicht aus den Fehlern, Mängeln und Schwächen anderer, sondern demütig die Wahrheit suchend, und Ihr werdet nicht vergeblich streben. Aber wenn es nicht mit betendem Herzen und dem ernsten Wunsch nach Hilfe und Erleuchtung geschieht, dann verschwendet keine Zeit auf die Forschung!

„Wo zwei oder drei versammelt sind in meinem Namen, da bin ich mitten unter ihnen", sagt der große Meister. So ist es auch in diesen Dingen. Wenn alle zusammengekommen sind, nachdem sie sich für diese Arbeit in richtiger Weise vorbereitet haben, wo kein Element des Verdachts lauert ist, wo Medium und Teilnehmerkreis sichtbar einander gegenübersitzen, beseelt von dem gleichen Verlangen nach Wahrheit, da werden die Manifestationen reiner und besser sein als in den alten Zeiten der Kabinette, Käfige, Fesseln und Tests, die ihren eigenen Zweck zuschanden machten.

Ich habe in diesem Buch den Missverständnissen, Unfällen und Fehlschlägen und der daraus hervorgehenden Krankheit und dem Elend, das viele der Forschungen begleitete, großen Raum gewidmet. Mein Zweck, indem ich diese dunklen Seiten des Gesamtbildes aufzeige, obschon ich doch viele hellere Episoden hätte auswählen können, ist der: Ich denke, dass durch diese Misserfolge wertvollere Lektionen erteilt werden als durch die brillantesten Ergebnisse.

Es gibt nur noch einen ernstlichen Unfall, einen Unglücksfall, der für mich wenigstens sehr gravierend war, der besonders hervorstechend ist und den ich noch nicht erwähnt habe. Dieser geschah 1893 in Helsingfors und war die Ursache, dass mein Haar während zweier Jahre grau und weiß wurde und ausfiel, bis es mit zurückkehrender Gesundheit wieder nachwuchs und schließlich ganz dunkel wurde, wie es vor dem Unfall gewesen war. Eine ausführliche Beschreibung dieser bemerkenswerten Séance kann vom *Verlag Oswald Mutze*, Leipzig, bezogen werden. Es trägt den Titel: *„Ein seltsames und belehrendes Phänomen im Gebiete der Materialisation von Aleksandr Nikolaevič Aksakov“*. Diese Schrift ist auch ins Französische übersetzt worden und kann von P. G. Leymarie, Rue du Sommerard 12, Paris, erhalten werden.

Ich habe versucht, Euch, meine Leser, in mein Vertrauen zu ziehen und Euch den Erfolg meiner Forschung dieses merkwürdigen Gebiets zu geben. Ich habe Euch aufrichtig meine Bekümmernisse während meiner Kindheit und Jugend bezüglich der geheimnisvollen Erscheinungen der „Schattenfreunde“ erzählt und wie die Nebel des Zweifels zerstreut wurden, als ich zu verstehen glaubte, wer sie waren.

Dann kamen unsere verschiedenen Experimente und die schrecklichen Leiden, von denen manche begleitet wurden, die so ernsthaft waren, dass in drei Fällen mein Leben an einem seidenen Faden zu hängen schien. Ich habe Euch erzählt, was in den meisten Fällen andere bezüglich der Phänomene geschrieben oder veröffentlicht haben, sodass ich keinen Anspruch darauf erhebe, dass alle Berichte ganz und gar mein Eigen sind. Ich habe sie in der Hoffnung verwendet, dass meine Erfahrungen umso leichter aufgefasst werden können und dass meine Zweifel und Schwierigkeiten beim Einschlagen neuer Pfade verstanden und anerkannt werden mögen.

Ich habe versucht, Euch einen Einblick in meine Gedanken, Gefühle und Empfindungen während jener Zeit zu geben. Wenn ich eine Beschreibung der Phänomene hätte auslassen können, würde ich es möglicherweise getan haben, aber ohne etwas davon zu erzählen, würden meine Zweifel und so vieles, was mir Kopfzerbrechen verursachte, unverständlich gewesen sein.

Viel – vielleicht zu viel – ist schon über diese Dinge geschrieben worden, und sie mögen infolgedessen in Verruf gekommen sein. Mein Zweck ist nicht so sehr der gewesen, von Phänomenen zu berichten, sondern sie vielmehr dazu zu verwenden, um zu zeigen, was in meinem Fall – in meinem Suchen nach Wahrheit – aus ihnen hervorging.

Ich habe das Wort „Medium“ in dem populären Sinn, wie es gewöhnlich verstanden wird, gebraucht. Dies habe ich getan, damit Ihr mir desto leichter folgen konntet. Nun komme ich zu dem Punkt, wo ich das Recht diese Bezeichnung zu führen, aufzuheben wünsche. Wenn Du, mein Leser, mir mit Bedacht gefolgt bist, so glaube ich, dass Du zu demselben Schluss über dieses Thema gekommen sein wirst wie ich.

Angesichts dessen, dass die Manifestationen in allen Fällen mit den Charakteristiken übereinstimmten, welche die Teilnehmer hatten, so meine ich, dass es selbstverständlich ist, dass diese das eigentliche Medium waren und ich selbst nur ein Teil desselben. Wenn der Kreis aus Kindern bestand, waren die Phänomene von kindlichem Charakter. Wenn Gelehrte zugegen waren, waren die Manifestationen wissenschaftlicher Natur. Als ich zuletzt die alte Idee von Medien und Mediumschaft beiseitelegte und beschloss, nicht länger von den übrigen abgesondert und des Gebrauchs eines meiner Sinne beraubt zu sein, denke ich, dass ich jenen Platz einnahm, den ich von Anfang an hätte besetzen sollen.

Selbst bei der Aufnahme der Photographien wechselten wir unaufhörlich die Plätze und hatten weder ein Kabinett noch ein besonderes Medium. – Wir alle waren das Medium! In einem Kreis von vielleicht zwanzig Personen, ist es vollständig töricht, einer Einzelperson die Manifestationen zuzuschreiben, die das Produkt der anderen neunzehn sind. Wenn sich die Phänomene auf zwanzig stützen, warum sollte einer der Restlichen gelobt oder getadelt werden für das, was durch alle von ihnen hervorgerufen ist?

Solange eine Person des Kreises von den übrigen abgesondert war, nahmen wir mehr oder weniger an, dass derjenige, welcher derart isoliert wurde, verantwortlich sei für das, was vor sich ging, während die anderen dazu da waren, um zuzuschauen und zu kommentieren. In jedem Fall möchte ich auf nachdrücklich von mir weisen, dass ich das „Medium" gewesen bin, wenn elf oder neunzehn andere Personen zugegen waren. Es mag korrekt sein, mir den zwölften oder zwanzigsten Teil anzurechnen, aber nicht mehr.

Wenn diese Schlussfolgerungen – das Resultat vieler Jahre Arbeit und bitterer Erfahrungen – angenommen werden und befolgt von Forschern und Leitern der spiritualistischen Kreise in der Zukunft, dann ist es gut, dass wir verschiedene Methoden versucht und gefunden haben, die sich als fehlerhaft erwiesen. Ich glaube jedoch nicht, dass wir bis jetzt die beste Methode zu dieser Erforschung anwandten oder entdeckten. Andere, welche die Arbeit aufnahmen, wo ich sie niedergelegt habe, mögen zuverlässigere und bessere Wege finden, als jene, die ich betreten habe. Es gibt so viel zu lernen, so viel zu verstehen. Selbst im besten Fall sehen wir „nur durch einen dunklen Spiegel", und wir tasten unseren Weg weiter in der Dunkelheit. Doch indem wir unseren Weg in dem Lichtschein fortsetzen, der hier und dort durch die Schatten bricht, können wir dennoch das größere Licht erreichen, indem „wir erkennen werden, gleichwie wir erkannt sind."

Nun ist meine Aufgabe vollendet. Jene, die nach mir kommen, mögen vielleicht leiden, so wie ich gelitten habe durch die Unkenntnis der göttlichen Gesetze. Doch die Welt ist heute weiser als sie es zuvor gewesen ist. Es kann daher sein, dass jene, welche die Arbeit in der nächsten Generation aufnehmen, nicht zu kämpfen haben, wie ich es tun musste. Vielleicht müssen sie sich nicht plagen mit der engherzigen Bigotterie und dem harten Urteil der „Überfrommen", die ihre anerzogenen Ideen und Gewohnheiten für unfehlbar halten. Doch ich will ihnen nicht eine zu ebene Straße wünschen, denn es scheint mir, wenn ich zurückschaue, dass die Leiden, die meine Forschung begleiteten – und es waren deren viele – in Nichts zurücksinken. Auch bedauere ich nicht, dass ich sie durchleben musste. Sie waren die Mahnenden, die mich warnten, dass ich vom rechten Pfad abgekommen war, und obgleich ich es damals nicht wusste, waren sie meine besten Freunde. Nun endlich habe ich gefunden, was ich durch all diese langen Jahre hindurch gesucht habe, Jahre harter Arbeit, unterbrochen von Sonnenschein und Stürmen, von Freuden und Schmerz. Nun kann ich laut ausrufen mit jubilierender Stimme zu allen, die es hören wollen: „Ich habe die Wahrheit gefunden – und derselbe große Erfolg kann auch euch zuteil werden, wenn ihr ihn suchen wollt, aufrichtig, ernsthaft, demütig und mit eifrigem Streben.“

Nachwort

An Mistress Elisabeth d'Espérance

Meine liebe Freundin!

Sie haben die Freundlichkeit gehabt, mir die Druckbögen Ihres Buches zuzusenden, über die Sie meine Meinung erbitten. Mit Vergnügen erfülle ich Ihr Ersuchen. Die Aufgabe, welche Sie sich gestellt hatten, war eine ziemlich schwierige, dennoch haben Sie erfolgreich vollendet, was Sie erstrebten. Die Gefahr, die zu vermeiden war, lag darin, zu viel oder zu wenig zu sagen. Wenn Sie zu viel gesagt hätten, würden Sie sich bei Einzelheiten aufgehalten haben, denn es wären zehn oder mehr Bände erforderlich gewesen, einen vollständigen Bericht über Ihren Mediumismus zu geben. Und bei alledem hätte dies doch etwas apologetisch (wie eine Art Selbstverteidigung) aussehen können. Hätten Sie zu wenig gesagt, so wären Sie vielleicht unklar geblieben. Sie haben jedoch einen Mittelweg gewählt, und was wichtig ist: Man gewinnt einen vollständigen Eindruck – und dazu einen sehr guten. Vielleicht bleiben Sie sogar jetzt noch für andere unverstanden, aber ich spreche für mich selbst, da ich Ihrer mediumistischen Laufbahn in all ihren Einzelheiten seit mehr als zwanzig Jahren gefolgt bin, so kann ich Sie besser verstehen, als viele andere es vermögen.

Von Geburt an mit der verhängnisvollen Gabe der Sensitivität ausgestattet, wurden Sie gegen Ihren Willen zum Medium. Einzig und allein getrieben durch ein

Gefühl der Pflicht der Wahrheit gegenüber, verweigerten Sie Ihre Hilfe denen nicht, die begierig waren, weiter in die Forschung einzudringen, für die Sie sich selbst mehr und mehr interessierten. Bald erreichten Sie sehr bemerkenswerte Phänomene, und Sie waren begeistert von der Idee, solche greifbaren Beweise von der glorreichen Wahrheit der Unsterblichkeit zu haben. Was für ein Trost für die arme, im Dunkel befangene Menschheit! Welch ein neues Feld für die Wissenschaft! Ein missionarischer Eifer erfasste Sie, und Sie waren zu jedem Opfer bereit für den Triumph des Beweises der Realität des Geisterverkehrs.

Vor langer Zeit, als ich zum ersten Mal mit dem Spiritualismus bekannt wurde, dachte ich oft, dass, wenn ich ein talentiertes Medium wäre, ich mein ganzes Leben, all meine Kräfte und Mittel freudig hingeben würde, um jedermann die Tatsache zu beweisen, dass es eine Geisterwelt gibt und dass der Verkehr mit ihr möglich ist. Glücklicherweise bin ich kein Medium, aber Sie sind es, und Sie waren beseelt von denselben Grundsätzen, die, wie ich dachte, mich geleitet haben würden, wäre ich mit der Gabe, die Sie besitzen, begnadet gewesen. An Ihrem Leben ersehe ich, welches die Resultate dann gewesen sein würden: Ihre Laufbahn ist ein Beweis dafür, dass die mit den besten Absichten und der vollen Aufrichtigkeit erreichten Ergebnisse nicht im Verhältnis zu stehen scheinen mit den Opfern, die wir gebracht oder mit den Hoffnungen, die wir gehegt haben. Ich kann mich daher mit dem Gedanken zufriedengeben, dass mein Schicksal kein besseres gewesen sein würde als das Ihrige. Und warum das? Aus Unkenntnis der Phänomene, ihrer Gesetze und Bedingungen, weil keine neue Wahrheit dem Menschengeist aufgezwungen werden kann, weil die großen Pioniere der Sache verurteilt sind, allein zu handeln, ohne Hilfe und Rat von anderen zu erfahren, die, um die Wahrheit zu sagen, noch ebenso unwissend sind wie sie selbst. Die Wahrheit ist nur tastend zu finden. Sie fanden sich in demselben Augenblick bitter enttäuscht, als Sie, vom „Missionsgeist“ getrieben, versuchten, jedem Erstbesten, jedem Fremden einen tatsächlichen Beweis spiritueller Manifestation zu geben. Damals war es, als Sie eine Entdeckung machten, „die sehr dazu angetan schien, alle Ihre Pläne, die Welt zu erneuern, umzuwerfen“. Sie beobachteten, dass die Manifestationen, die so leicht in ihrem Privatzirkel erreicht wurden, vor Fremden nicht stattfanden, weil sie sehr stark von dem geistigen Niveau abhingen, in dem sie erzeugt wurden.

Aber Ihr bitterstes Erwachen begann, als Sie unvermeidlich auf den gefährlichen Pfad der Materialisation gezogen wurden, wo alles ein Geheimnis war. Diesen Experimenten widmeten Sie sich mit einer Hingabe, die Ihrer würdig war. Im Inneren des Kabinetts sitzend, aber ohne sich in Trance zu befinden, bei vollständigem Bewusstsein bleibend –, was hatten Sie zu fürchten? Es war gut, dass Yolande, die Sie selbst so oft gesehen und berührt hatten, außerhalb des Kabinetts erschien. Was konnte überzeugender und beruhigender für Sie sein? Und siehe da, ein unerwarteter Zwischenfall stürzte Sie vom Himmel zur Erde! Sie hatten die Überzeugung, auf Ihrem Platz, im Besitz aller Ihrer Sinne zu bleiben, und nichtsdestoweniger war Ihr Körper der Willkür eines fremden Einflusses preisgegeben.

Sie fielen den Geheimnissen der Suggestion zum Opfer. Diese Geheimnisse wurden damals beinahe vollständig unbeachtet gelassen und in dem gegenwärtigen Fall durch die Frage verkompliziert: „Von wem ging die Suggestion aus?" Der äußere Schein war ganz gegen Sie. Sie allein konnten wissen, dass Ihr Wille nichts damit zu tun hatte, und Sie wurden von dem Geheimnis fast erdrückt. Es war ganz natürlich, dass Sie viele Jahre lang danach nicht einmal das Wort „Spiritualismus" hören wollten.

Zehn Jahre vergingen. Ich dachte, Sie wären der Sache für immer verloren. Aber die Zeit hat eine große Heilkraft, und einige gute Freunde bewogen Sie, die Sitzungen wieder aufzunehmen. Eine Reihe neuer Experimente im Photographieren der materialisierten Gestalten wurde veranstaltet. Glänzende Resultate – und ein neues bitteres Erwachen. Wieder wurden Sie beschuldigt, während Sie wussten, dass Sie nichts anderes getan hatten, als Sitzungen zum Vorteil anderer zu abzuhalten.

Es war eine Wiederholung desselben Geheimnisses, das Sie infolge derselben Unkenntnis unfähig waren zu lösen. Zu diesem Zeitpunkt geschah es, dass ich nach Göteborg kam, um die Photographier-Experimente wieder aufzunehmen. Niemals hatten Sie sich irgendwelchen „Tests" unterworfen, die mit professionellen Medien vorgenommen werden. Sie erlaubten mir jedoch, Sie wie eine Betrügerin zu behandeln, und Sie waren bereit, sich all den Prüfungsbedingungen zu unterwerfen, deren Anwendung ich für nötig erachten konnte. – Niemals der geringste Einwand! Ich kann bezeugen, dass Sie ebenso sehr interessiert waren, die Wahrheit herauszufinden wie ich selbst.

Nach einer langen Reihe von Experimenten und nach viel Mühen gelangten wir zu zwei Schlüssen: Der erste war, dass, ungeachtet Ihres vollen Bewusstseins im Kabinett passiv zu verbleiben, Ihr Körper oder eine Ihrem Körper ähnliche Gestalt von einer geheimnisvollen Kraft außerhalb des Kabinetts benutzt werden konnte. Selbst Ihr Geisterfreund „Walter" kündigte durch Ihre eigene Hand an, es könnte sich ereignen, dass von Ihnen nichts Sichtbares innerhalb des Kabinetts zurückbliebe. Dies war für Sie eine niederschmetternde Offenbarung. Noch ein anderer wichtiger Punkt wurde erreicht. – Die Zweifel und Verdächtigungen der im Zirkel Sitzenden waren zu entschuldigen, da sie mehr Begründung zu haben schienen, als Sie es jemals für möglich gehalten hatten.

All dies war höchst bedrückend.

Daher Ihr Entschluss: „Wenn ich irgendwelchen Anteil in der Herstellung der Geistergestalten hatte, so verlangte ich es zu wissen", und Sie beschlossen, nicht mehr hinter dem Vorhang sitzen zu wollen.

Unter diesen neuen Bedingungen erhielten Sie die ausgezeichnetsten Resultate, und dann fand ein merkwürdiger Fall statt, den Sie im Kapitel *„Werde ich Anna sein oder Anna ich?"* beschreiben. Ich fürchtete, Sie würden es unterlassen, diese Erfahrung zu erwähnen, aber ich bin erfreut, dass Sie alle Einzelheiten wiedergegeben haben. Dieser Fall ist wertvoll. Sie hatten da eine greifbare Verdoppelung des menschlichen Körpers. Dieses Phänomen liegt aller Materialisation zugrunde und ist die Quelle vieler sogenannter Entlarvungen gewesen. Aber für Sie, welch eine neue Bestürzung! Ich selbst erinnere mich sehr wohl an die Zeit, als Sie sich unter den schwersten Zweifeln mühten und mir schrieben: „Ist mein ganzes Leben ein Irrtum? Bin ich irregeführt worden? Wurde ich getäuscht und täuschte ich andere? Wie kann ich dann das Unrecht, das ich getan habe, ungeschehen machen?" Aus den Tiefen jener Welt, die Ihnen von Ihrer Geburt an so nahe war und für die Sie so eifrig und uneigennützig gearbeitet haben, kam das Licht, um das Sie so ernsthaft gebetet hatten. – Sie erhielten eine Antwort auf die Zweifel, die Sie niederdrückten. Ich bin erfreut, Sie nun wieder bei der Arbeit zu sehen.

In Ihren erst vor kurzem ausgeführten Experimenten im Photographieren gelang es Ihnen, eine neue Phase Ihres Mediumismus' zu entwickeln, die ich immer als Ihnen zugehörend angenommen habe, die aber zur Zeit meines Besuchs in Göteborg zu keinem weiteren Resultat führte, als zu dem im Kapitel *„Geisterphotographien?"* berichteten Fall. Die neuesten Ergebnisse, die Sie erhielten, vervollständigen Ihre früheren Materialisations-Experimente und stimmen überein mit der wunderschönen Vision, die Ihnen das Geheimnis erklärte. Wir können einen Geist nicht sehen, aber wir *wünschen*, ihn zu sehen. Wir können uns einen Geist nicht anders als in einer menschlichen Gestalt vorstellen, und so bilden „sie" zu diesem Zweck, was sie können. Solches waren die Gestalten und menschlichen Köpfe, die Sie in der Dunkelheit gesehen und gezeichnet haben.

Solcher Art waren ganz kürzlich die unsichtbaren menschlichen Gestalten, die Sie bei Tages- oder Magnesiumlicht photographiert hatten. Ich bin geneigt anzunehmen, dass, wenn Sie im Dunkeln gesessen hätten, Sie diese Gestalten ebenfalls gesehen haben würden. Solches waren schließlich auch die materialisierten sichtbaren Gestalten, die in Göteborg photographiert wurden und von denen Sie ein Bild unter dem Namen „Leila" hier im Buch geben. All diese Darstellungen sind nur Versuche, uns etwas Greifbares für unsere Sinne zu geben, Versuche, die lediglich beweisen, dass hinter diesen Gestalten geistige Faktoren tätig sind. Dass diese Gestalten nicht als Ebenbilder von Geistern zu nehmen seien, wurde uns von ihnen von Anfang an gesagt. Ich betrachte folgende drei Erscheinungsarten menschlicher Gestalten: 1) die transzendente, die für alle unsichtbare Erscheinung, 2) die halbtranszendente, die dem Medium allein sichtbare Erscheinung und 3) die materielle, die für alle sichtbare Erscheinung – als die drei Typen des Grund-Phänomens der Materialisation. Ausnahmsweise finden wir sie hier in der Erfahrung ein und desselben Mediums – in der Ihrigen – vereinigt, Grund genug, diese drei Typen als miteinander verwandt anzusehen. Die echte und vollkommene Materialisation einer menschlichen Gestalt ist ein Phänomen von großer Seltenheit – ein Phänomen, das in Ihren Séancen wiederholt vorgekommen ist! Wenn Sie, liebe Freundin, auf diesen Bahnen fortfahren und Herrin der Bedingungen werden, kann man nicht voraussagen, wohin Sie gelangen werden, oder welche guten Resultate noch erreicht werden können. Dies waren meine Eindrücke, als ich Ihr Buch las.

Es ist einzigartig. Es enthält nicht die Bekenntnisse eines widerrufenden oder sich verteidigenden Mediums, sondern die offene und traurige Geschichte von den Enttäuschungen einer wahrheitsliebenden und wahrheitssuchenden Seele, die der Willkür unbekannter, aber vielversprechender Kräfte preisgegeben war.

Indem ich diese Welt „der Schatten“ verlasse, rufe ich Ihnen zu: „Fahren Sie fort! Fahren Sie fort in Ihren Bestrebungen! *Fais ce que tu dois, advienne que pourra! (Tue, was du sollst, komme, was da wolle!)* Dies ist ein guter Sinnspruch für Sie. Ich werde Ihre nächsten Erfolge nicht sehen, aber Ihre Mission ist, dessen bin ich sicher, noch weit davon entfernt, vollendet zu sein. Eines Tages werden Sie Ihren Crookes[16] finden, der die zarte Natur Ihres Mediumismus verstehen und wissen wird, wie Ihre mannigfaltigen psychischen Gaben zum Nutzen der Wissenschaft und der Menschheit zu pflegen und weiterzuentwickeln sind.

Ihr treu ergebener

Aleksandr Nikolaevič Aksakov

Repioska, Russland, 5./17. September 1897

[16] Gemeint ist der britische Chemiker, Physiker Theosoph und Spiritualist William Crookes (1832-1919), der als Erster die Kathodenstrahlung sichtbar machte.

Frank-Daniel Schulten (Hrsg.)

Magischer Untersberg

Sagen, Mythen, Geschichten, Bräuche und Prophezeiungen rund um Europas geheimnisreichsten Berg

Man nennt ihn den *„Wunderberg"*, *„Europas einzigen Seelenberg"* oder bezeichnet ihn gar als das *„Herz-Chakra der Erde"*: Der Untersberg ist wie kein zweiter Höhenzug in Deutschland und Österreich von Sagen, Mythen und Geheimnissen umrankt.

Hier tummeln sich Ahnengeister, Zwerge, Moosleute, Riesen und Wilde Frauen. Im Dunkel der Nacht kann man die Wilde Jagd vernehmen oder der Nachtsennerin begegnen, die so hässlich ist, dass man danach nie wieder lachen wird.

Währenddessen warten in seinen Tiefen Monarchen wie Karl der Große darauf, wieder auf die Erde zurückzukehren.

In diesem Buch hat Bestseller-Autor Frank-Daniel Schulten zum ersten Mal alle klassischen Sagen, Mythen und Prophezeiungen rings um den Untersberg zusammengetragen. Sie stammen aus zahlreichen uralten Büchern und Manuskripten. Aber auch ganz aktuelle Erzählungen ergänzen diese Gesamtschau der Geheimnisse jenes wundersamen Berges.

Ca. 200 Seiten, mit zahlreichen Illustrationen. Paperback.
EUR 19,90.
ISBN 10: 3-932961-85-4.
ISBN 13: 978-3-932961-85-4.

Graf Stefan Colonna Walewski/Daniel Hornfisher

RÄY
Russisch-Ägyptisches Yoga

Die geheimen kaukasischen Übungen der Meister vom Nil: Der Schlüssel zu Gesundheit, Verjüngung, Wunscherfüllung, innerer Kraft und Erleuchtung

Verborgen im Kaukasus konnten uralte Geheimlehren unverfälscht fortleben. Manche von ihnen haben ihren Ursprung in Alt-Ägypten und stammen aus der Zeit, noch bevor die Pyramiden erbaut wurden. Um das Jahr 1900 wurde der polnische Graf Stefan Colonna Walewski dort in eine solche Tradition eingeweiht. Er hielt sein Wissen in einer geheimnisvollen Handschrift fest, dem legendären *Walewski-Manuskript*, das hier zum ersten Mal in deutscher Sprache erscheint. Die Kaukasischen Meister-Übungen sind einfach durchzuführen und außerordentlich wirksam. Mit ihrer Hilfe nehmen Sie heilsame, positive Ur-Energien auf und speichern sie gezielt im Körper. Sie erfahren, wie Sie diese Kräfte nutzen,

- Um sich selbst und andere zu heilen;
- Um Ihre Wünsche Wirklichkeit werden zu lassen;
- Um Ihren gesamten Körper und das Blut grundlegend zu verjüngen;
- Um beständige innere Kraft und Harmonie zu erlangen;
- Um unabhängig von negativen Einflüssen und Prägungen zu werden;
- Um mit Leichtigkeit immer höhere Bewusstseinszustände zu erreichen;
- Um im Klartraum verborgenes Wissen zu empfangen;
- Um Ihre natürliche Intuition in allen Lebensbereichen zu wecken;
- Um dauerhaft gesund und energiegeladen zu sein;
- Um Hellsehen und andere paranormale Fähigkeiten zu beherrschen;
- Um reine Lebensenergie in Ihrer Wirbelsäulenflüssigkeit zu speichern;
- Um die Funktion Ihrer Drüsen zu verbessern;
- Um tiefe Meditationszustände zu erfahren;
- Um Schutz vor negativen Energien aufzubauen;
- Um sich mit Ihrem Herzzentrum zu verbinden;
- Um Ihr wahres Selbst auszudrücken u. v. m.!

Paperback. 196 Seiten. ISBN: 978-3-932961-64-9. EUR 22,00.

Jiaogulan
„Chinas Pflanze der Unsterblichkeit“

Michael Blumert & Dr. Jialiu Liu

„Wie Ginseng. – Nur viel, viel besser!“

In abgelegenen Regionen Chinas gibt es Gegenden, in denen die Bewohner außergewöhnlich alt werden. Dabei erfreuen sie sich stets bester Gesundheit. Krebs, Herz-Kreislaufprobleme und viele andere Krankheiten sind kaum bekannt. Man führt diesen Effekt darauf zurück, daß die Einheimischen täglich eine bestimmte Wildpflanze zu sich nehmen. Ihr Name lautet *Jiaogulan.*

Zahlreiche wissenschaftliche Forschungen bestätigen: Dieses unscheinbare Kraut besitzt außerordentliche vorbeugende, verjüngende und heilende Eigenschaften. Jiaogulan ist unter anderem besonders reich an Saponinen. Diese Substanzen sind auch die Hauptwirkstoffe des Ginsengs. Während im Ginseng jedoch lediglich 28 verschiedene Saponine nachgewiesen sind, verfügt Jiaogulan über die beeindruckende Menge von 82 dieser wertvollen Inhaltsstoffe! – Einige davon sind sogar völlig identisch mit denen des Ginsengs!

Dieses Buch beschreibt Geschichte und Anwendung dieser kostbaren Pflanze. Besonderer Wert wird auf die ausführliche Darstellung wissenschaftlicher Studien gelegt. Sie beweisen nämlich eindeutig: Jiaogulan heilt zahlreiche Krankheiten und stärkt das Immunsystem. Er ist zugleich ein wunderbares Anti-Aging-Mittel. Er verlangsamt den Alterungsprozeß und hält den Körper gesund und fit bis ins hohe Alter. Darüber hinaus steigert Jiaogulan die physische Leistungsfähigkeit. Deswegen wird er bereits von vielen Sportlern verwendet, die ihre Fitneß damit deutlich verbessern!

In einem speziellen Kapitel zeigt Heilpraktiker Weicker, wie man Jiaogulan mit Ling Zhi kombinieren und täglich einnehmen kann. So verstärken beide Pflanzen ihre Wirkung sogar gegenseitig!

ISBN: 9783932961-33-5.
Ca. 136 Seiten, Paperback mit Abbildungen. EUR 16,80.